ADAC
Reiseführer

Dubai

Vereinigte Arabische Emirate und Oman

Von Elisabeth Schnurrer

Intro

Unterwegs

Service

Dubai, Vereinigte Arabische Emirate und Oman Impressionen

Moscheen und Malls im Morgenland

Dubai ist auf dem besten Wege, die **Urlaubsdestination** des 21. Jh. zu werden. Im Jahr 2004 besuchten 5 Mio. Gäste die aufstrebende Metropole am Arabischen Golf, bis 2010 soll sich ihre Zahl verdreifacht haben. Geschäftsleute und Urlauber bevölkern die feinen hellsandigen Küsten in Dubais Strandviertel *Jumeirah*, wo weltweit bekannte **Hotel-Ikonen** wie das *Burj al-Arab* oder *Madinat Jumeirah* zu Luxusaufenthalten unter arabischer Sonne einladen. Wie die Einheimischen strömen die Gäste in die zahllosen Souks und Shopping Malls in *Bur Dubai* und *Deira*, um sich dort mit Designerkleidung und Haute Couture, edlem Schmuck und exquisitem Parfum einzudecken. Auch wenn nicht gerade Promotion-Wochen wie das enorm beliebte **Dubai Shopping Festival** im Januar und Februar stattfinden, sind die Preise dank weitgehender Steuer- und Zollfreiheit ausgesprochen günstig. Gleiches gilt übrigens für die gesamten Vereinigten Arabischen Emirate.

Einheit in Vielfalt

Diese einzige **Staatenföderation** der islamischen Welt wurde 1970 aus der Taufe gehoben und besteht aus den sieben Emiraten Abu Dhabi, Dubai, Sharjah, Ajman, Umm al-Qaiwain, Ras al-Khaimah und Fujairah. Insgesamt leben hier etwa 4,3 Mio. Menschen, von denen etwa drei Viertel Ausländer sind: überwiegend Pakistani, Bangladeshi, Iraner, seltener auch Briten und andere westliche ›Expats‹, die hier ihren Lebensunterhalt verdienen. Die hohe Zahl von Fremdarbeitern ist eines der gemeinsamen Merkmale der Vereinigten Emirate, ansonsten achtet jedes auf ein eigenes Profil. In der Kapitale **Abu**

Unten: *Orientalische Pracht empfängt Gäste in der Lobby des Burj al-Arab in Dubai*
Rechts oben: *Windtürme zieren das Dach des Blue Souk von Sharjah*
Rechts Mitte: *Ein Blick aus diesen großen dunklen Augen scheint unwiderstehlich*
Rechts unten: *Traumschiffe im luxuriösen Jumeirah Beach Hotel in Dubai City*

Dhabi City etwa laufen die Fäden der Macht zusammen, **Dubai City** ist Handelszentrum und Tourismushochburg, **Sharjah** gilt dank seiner vielen Museen als ›Kulturhauptstadt‹, **Ajman** ist für den traditionellen Dhaubau bekannt, **Umm al-Qaiwain** erfreut sich einer bemerkenswerten Bankenkonzentration und **Ras al-Khaimah** widmete sich neben dem beginnenden Tourismus in erster Linie dem Gemüseanbau und dem Tagebergbau. **Fujairah** schließlich, das einzige Emirat

im Osten am Indischen Ozean, bezaubert mit abwechslungsreicher Natur und einladenden Tauchplätzen.

Sport und Spaß unter südlicher Sonne

Besonders im Hinterland der Küsten finden **Outdoorsportler** reichlich Herausforderungen. Es locken die felsigen Wadis des schroffen *Hajar-Gebirges* oder die unendliche Sandwüste der *Rub al-Khali*, des ›Leeren Viertels‹, bei den lauschigen Liwa-Oasen. Dort wird auf dem Moreeb Hill jedes Jahr im Herbst die **UAE Desert Challenge** für Motorräder und Geländewagen ausgetragen. Das ganze Jahr über kommen Anhänger des **Sand Skiing** auf den roten Sanddünen von Hatta auf ihre Kosten. Einen traditionelleren Zugang

zur Wüste bietet ein Ausflug auf dem Rücken eines Kamels oder eines der berühmten **Araberpferde**, vielleicht sogar mit anschließender Übernachtung in

Links oben: *Nakhl Fort im Oman bewacht seit vorislamischer Zeit die umliegende Oase*
Links Mitte: *Falken gehören zu den wichtigsten Statussymbole der Emiratis*
Links unten: *Vor der Ankunft von Geländewagen erschlossen Kamele die Wüste*
Rechts oben: *Dubais Sheikh Zayed Road wird von Wolkenkratzern gesäumt*
Recht Mitte: *Omanisches Mädchen*
Rechts unten: *Coffeepot Roundabout in der Innenstadt von Fujairah City*

einem Beduinenzelt. Die Emiratis sind passionierte Reiter und verfolgen die *Querfeldein-Endurance Races* ebenso gespannt wie die Rennen auf dem Turf von *Nad al-Sheba* in Dubai. Nicht weit davon finden an den arabischen Wochenenden, also donnerstags und freitags, auf der **Kamelrennbahn** Wettrennen der langbeinigen Wüstenschiffe statt. Und schließlich lädt in Dubai Citys Süden der *Emirates Golf Club* mit zwei 18-Loch-Plätzen zum Abschlag ein. Allenthalben, ob in *Ras al-Khaimah* oder *Al Ain,* wurden mittlerweile neue, außerordentlich gepflegte **Rasengolfplätze** geschaffen, die höchsten Ansprüchen gerecht werden.

Die meisten Aktivitäten finden während der **Wintermonate** Oktober bis März statt, wenn sich die Temperaturen auf angenehme 28–30 °C einpendeln. Dann sind die Bedingungen ideal für all die **Wassersportarten**, die entlang der Küsten reichlich angeboten werden: Jet Ski, Surfen, Schwimmen im Westen, Schnorcheln und Tauchen im Osten, Kanu fahren und Paddeln in den Mangroven von Kalba. Viel Spaß versprechen auch die großen **Wasserparks** wie der *Wild Wadi Water Park* in Jumeirah oder der *Dreamland Aquapark* vor den Toren von Umm al-Qaiwain City.

Auch für **Tierfreunde** lohnen sich Ausflüge ins ländliche Hinterland. Im *Sharjah Desert Park* etwa lassen sich Oryx-Antilopen, Affen und sogar Geparden studie-

ren, die Herzen von Vogelliebhabern schlagen beim Besuch der Sokotra-Kormoran-Kolonie auf der ›Vogelinsel‹ *Jazirat al-Sinniya* bei Umm al-Qaiwain höher, aber auch die Artenvielfalt in manchen Wadis der *Hajar-Berge* erfüllt sie mit Begeisterung. Schnorchler und Taucher schwärmen von der abwechslungsreichen *Unterwasserwelt* besonders vor der Ostküste. Immer bekannter wird auch die Halbinsel **Musandam** im äußersten Norden, in deren strömungsreichen Gewässern man sogar mit Delphinen und Walen schwimmen kann. Allerdings gehört die felsenreich-zerklüftete Region bereits zum Oman, dem geschichtsreichen Nachbarland der Emirate.

Tausend und eine Nacht im Oman

Nur drei Stunden fährt man mit dem Auto von Dubai City nach Musandam oder von Abu Dhabi City nach Maskat, der Hauptstadt des Oman. Und doch ist es, als besuche man eine **andere Welt**, als gelange man von den verspiegelten Hochhauspalästen am Arabischen Golf in eine Märchenwelt am Indischen Ozean. Das Bild der Städte und Dörfer bestimmen schlanke Minarette und die oft farbenprächtig gestalteten Kuppeln der Moscheen über den traditionellen Flachdächern der kubischen Wohnhäuser. Am beeindruckendsten ist wohl die große *Sultan Qaboos Moschee* in **Maskat**, einer lebendigen Stadt mit Parks, Museen und einladenden Souks. Schifffahrt und Handel machten den Oman bereits vor rund 2000 Jahren zu einer blühenden Wirtschaftsregion. In dem einst bedeutenden Hafenstädtchen **Sohar** am Meer soll sogar der legendäre Seefahrer Sindbad geboren sein. Historisch fundierter ist da schon die Geschichte der zahlreichen **Lehmforts** im Landesinneren, die von *Nizwa* und *Rustaq* bis *Nakhl* und *Jabrin* von der Verteidigungsbereitschaft und dem gestalterischen Einfallsreichtum der omanischen Imame und Sultane vergangener Jahrhunderte zeugen.

Religion bestimmt das Leben

Sowohl im Oman als auch in den Emiraten ist der **Islam** Staatsreligion. Er bestimmt das öffentliche Leben, selbst wenn in den großen Städten die allgegenwärtigen Moscheen häufig im Schatten moderner Wolkenkratzer stehen. Am deutlichsten wird die Bedeutung des Islam wohl beim Ruf des **Muezzin**, der die Gläubigen fünfmal am Tag zum Gebet mahnt. Nicht-Muslimen legt die religiöse Überzeugung indes meist keine nennenswerten Einschränkungen auf, es

Links oben: *Einer Woge gleich erhebt sich das Beach Hotel am Strand von Jumeirah*
Links unten: *Strahlend weiß sind die alten Kaufmannshäuser in Maskats Altstadt*
Rechts oben: *Palmen und das blaue Meer am feinen Sandstrand von Khor Fakkan*
Rechts Mitte: *Regelgemäß und modisch gekleidete islamische Frauen beim Shopping*

wird lediglich erwartet, dass sie sich in der Öffentlichkeit nicht allzu freizügig kleiden und ein zurückhaltendes Benehmen an den Tag legen. Auch die Frage des vom Koran verbotenen **Alkoholgenusses** ist tolerant gelöst, so gut wie alle großen Hotels in den Emiraten und im Oman schenken in ihren Restaurants oder Bars Bier, Wein und Cocktails aus. Eine Ausnahme bildet einzig das Emirat Sharjah, welches das islamische Recht anwendet und auf dessen Staatsgebiet keine ›berauschenden Getränke‹ verkauft werden dürfen.

Bei westlichen Neuankömmlingen sorgt mitunter der Anblick der zahlreichen schwarz verhüllten **Frauen** für Irritation. Die zunächst ungewohnte Kleidung ist aber kein Grund, respektlos zu schauen oder gar ungefragt zu fotografieren. Hält man sich an solche einfachen Regeln der Höflichkeit, steht wunderbar unbeschwerten **Urlaubstagen** unter strahlender Sonne und immerblauem Himmel in den Emiraten und im Oman nichts im Wege.

Der Reiseführer

Dabei hilft dieser ADAC Reiseführer, der **Dubai**, die sechs anderen **Emirate** sowie die nördliche Hälfte des **Oman** mit ihren Sehenswürdigkeiten und Attraktionen in sechs Kapiteln vorstellt. Einkaufsmöglichkeiten und architektonische Highlights werden ebenso beschrieben wie Naturschönheiten und Sportangebote. Herausragende Hotels, Märkte oder Ausflüge sind als **Top Tipps** gekennzeichnet. Die **Praktischen Hinweise** fassen nützliche Informationen zu Übernachtungen, Restaurants oder Touranbietern am Ende jedes Punktes übersichtlich zusammen. Das bewährte **Nummernsystem** sowie detaillierte **Übersichtskarten** und **Stadtpläne** helfen bei der Orientierung. Wichtige Hinweise sind im abschließenden Serviceteil **Dubai, Vereinigte Arabische Emirate und Oman aktuell A bis Z** zusammengefasst, ob es sich um Vorbereitungen vor der Reise, Geld, Klima oder Verkehrsmittel im Land handelt. Last but not least bietet das **Kaleidoskop** interessante Kurzessays mit wertvollen Hintergrundinformationen zu Land und Leuten.

Geschichte, Kunst , Kultur im Überblick

Mit Perlen und Petrodollar vom Wüstenreich zum Wirtschaftszentrum

um 5000 v. Chr. Ausgrabungsfunde wie Steinwerkzeuge und Pfeilspitzen belegen eine Besiedlung der Ostküste der Arabischen Halbinsel sowie des Hajar-Gebirges bereits während der Steinzeit.

um 2300 v. Chr. In der Bronzezeit ist die Region um das heutige Sohar im Oman als Magan bekannt. Hier wird Kupfer gefördert und Weihrauch aus dem Harz von Bowellia-Bäumen gewonnen. Die intensiven Handelsbeziehungen u.a. zum Zweistromland lassen sich auch für Oasen wie Hili beim heutigen Al Ain nachweisen.

1000–300 v. Chr. Dank des Baus unterirdischer Bewässerungssysteme (sog. Falaj) können mehr Lebensmittel in den tiefer liegende Oasen angebaut werden, die Zahl der Siedlungen steigt entsprechend.

6. Jh. n. Chr. An den Küsten im Osten der Arabischen Halbinsel etablieren sich einzelne Handelsniederlassungen wie Maskat am Indischen Ozean. In Jumeirah am Persischen Golf – nahe des heutigen Dubai Creek – ist eine Karawanenstation nachgewiesen. Das Innere der Arabischen Halbinsel bewohnen nomadisierende Beduinenstämme, die in erster Linie von Kamel- und Ziegenzucht leben.

ab 240 Die persische Dynastie der Sassaniden dehnt ihren Herrschaftsbereich auf den Osten der arabischen Halbinsel aus.

622 Im Gebiet des heutigen Saudi-Arabien flieht der Religionsgründer Mohammed aus seiner Heimatstadt Mekka ins benachbarte Medina. Mit diesem Ereignis beginnt die islamische Zeitrechnung.

630 Von Nordosten her erobert der islamische Heerführer Amr bin al-As die Arabische Halbinsel von den Persern und verbreitet die neue Religion auch dort.

633 Ein Jahr nach dem Tod des Propheten Mohammed wendet sich die omanische Hafenstadt Dibba wieder vom Islam ab. Die von Abu Bakr, dem Kalifen von Mekka, entsandte Armee besiegt die Abweichler in der ›Schlacht der Abtrünnigen‹. Danach gilt die Arabische Halbinsel als vollständig islamisiert.

637 Von Julfar in der Nähe des heutigen Ras al-Khaimah aus wird Persien von den islamischen Truppen erobert.

um 660 Omanische Kaufleute nehmen den Handel mit China auf und importieren insbesondere Porzellan. Arabische Exporte sind Perlen und Weihrauch.

8. Jh. Julfar entwickelt sich zu einer bedeutenden Hafenstadt, treffen sich hier doch die Karawanenwege aus dem Libanon und der als ›Weihrauchland‹ bekannten Provinz Dhofar im Süden des heutigen Oman mit den Seewegen nach Persien, Indien und China.

um 750 Im Oman erheben sich die Ibaditen, Angehörige einer islamischen Glaubensrichtung, die den Gläubigsten aus ihrer Mitte zum Imam wählt, erfolgreich gegen den Kalifen in Mekka. Bis zum Ende des 18. Jh. wird der Oman von Imamen, gewählten geistlichen Führern, beherrscht.

◁ *Mohammed im Kreise seiner Gefährten (türkische Miniatur aus dem 17. Jh.)*

1225 An der Ostküste der Arabischen Halbinsel etabliert sich Maskat als Handelszentrum. Wichtigste ›Ware‹ sind Sklaven aus Afrika, der Oman ist bis ins 19. Jh. einer der weltweit bedeutendsten Sklavenumschlagplätze.

1498 Auf seinen Reisen besucht der portugiesische Seefahrer und Entdecker des Seewegs nach Indien, Vasco da Gama, auch Khor Fakkan und Dibba.

1506–08 Die Portugiesen erobern das Königreich von Hormuz, die Stadt Julfar am Arabischen Golf sowie die omanischen Küstenstädte Quriyat, Qalhat, Sohar und Maskat.

1640–49 Der omanische Widerstand gegen die Portugiesen formiert sich unter Imam Nasir bin Murshid, dem es gelingt, die europäischen Besatzer nach Maskat und Mutrah zurückzudrängen.

1650 Imam Sultan bin Saif aus der Ya'arubi-Dynastie vertreibt die Portugiesen endgültig aus dem Oman und beginnt mit dem Wiederaufbau einer omanischen Flotte.

1698 Der Oman erobert Mombasa an der ostafrikanischen Küste von den Portugiesen.

1718 Weitere Küstengebiete in Persien, Indien und Ostafrika geraten unter omanische Herrschaft. Auch die Insel Sansibar wird Teil des mächtigen Omanischen Reiches.

1719–44 Die Einwohner der persischen Besitzungen des Oman erheben sich gegen die Regierung. Der Krieg endet 1744 mit dem Sieg des omanischen Imam Ahmed bin Said. Er begründet die Al-Bu-Said-Dynastie, der auch der aktuelle Herrscher des Oman angehört.

Im 15. Jh. landet Vasco da Gama an der Küste des Oman

Mitte 18. Jh. Das Gebiet nördlich der Linie Sharjah-Kalba wird von der Beduinensippe der Qawassim beherrscht. Neben Perlenfischerei und Handel gehören Überfälle auf die Kauffahrer der Omani und Engländer zu ihren Einnahmequellen. Bald ist dieser Teil der Peninsula deswegen als ›Piratenküste‹ verrufen.

1761 Auf einer Halbinsel an der Küste des Arabischen Golfs entdeckt ein Angehöriger der Bani Yas-Beduinen eine Süßwasserquelle. Dort entwickelt sich ein kleiner Ort, der Abu Dhabi, ›Vater der Gazelle‹, genannt wird.

1793 Shakhbut, Sohn des Bani Yas-Scheichs Dhiyab bin Isa al-Nahyan, siedelt von der Liwa-Oase nach Abu Dhabi über und lässt dort ein Fort errichten. Die Familie der Al-Nahyan regiert noch heute in Abu Dhabi.

ab 1805 Die anhaltenden Überfälle von der ›Piratenküste‹ aus auf englische Schiffe gefährden die Handelswege nach Indien. Die Briten beginnen eine Militäraktion gegen die Qawassim.

1819 Die Briten zerstören die Festung der Qawassim im heutigen Ras al-Khaimah und versenken alle Schiffe, die für Angriffe genutzt werden können.

1820 Der sog. ›General Treaty of Peace‹, ein Friedensvertrag zwischen den Briten und neun regionalen Herrschern, darunter den Scheichs von Ras al-Khaimah und Sharjah, Abu Dhabi, Bahrain, Ajman sowie Umm al-Qaiwain wird geschlossen. Er untersagt alle Piratenaktivitäten, belässt den Scheichtümern aber ihre innere Autonomie.

1822 Ein britischer Marineoffizier beschreibt die Siedlung Bur Dubai in seinem Tagebuch als »Ansammlung von Lehmhütten, umgeben von einer niedrigen Lehmmauer«.

1824 Der omanische Sultan Said bin Sultan verlegt seinen Regierungssitz von Maskat nach Sansibar.

1833 Maktoum bin Butti vom Al-Bu Falasah-Stamm der Bani Yas siedelt mit rund 800 Gefolgsleuten in Bur Dubai und erklärt sich zum von Abu Dhabi unabhängigen Herrscher. Er gründet die Dynastie der Al-Mak-

Eine detailfreudige Landkarte von 1618 zeigt ›Arabia Felix‹, das ›glückliche Arabien‹ ▷

toum, die das Emirat Dubai bis heute beherrscht.

1835 Der erste ›Maritime Truce‹ wird von den Scheichs von Sharjah, Dubai, Ajman und Abu Dhabi unterzeichnet und von Großbritannien garantiert. Er soll für die Dauer einer Perlentauch-Saison (Mai–November) alle Scharmützel auf See zwischen den Scheichtümern verhindern. Ähnliche Verträge werden in den Folgejahren abgeschlossen, 1843 sogar für die Dauer von zehn Jahren. Ihnen verdankt die Region den Beinamen ›Trucial Coast‹.

1838 Die Scheichs geben dem Drängen der Hegemonialmacht Großbritannien nach und erlauben ihr, des Sklavenhandels verdächtige Schiffe vor der Küste aufzubringen.

1853 Nach dem Auslaufen des Friedensvertrages von 1843 schließen die Scheichtümer den ›Perpetual Treaty of Peace‹. Er stabilisiert die weiterhin von den Briten garantierten bestehenden Herrschaftsstrukturen und verhindert so die Eroberung kleiner Scheichtümer wie Ajman durch ein größeres wie Abu Dhabi.

1856 Nach dem Tod des omanischen Sultans Said bin Sultan endet der Erbstreit seiner zwei Söhne mit der Teilung des Landes in die beiden Sultanate Oman und Sansibar.

1869 In Ägypten wird der Suezkanal eröffnet, der eine schnelle Schiffspassage zwischen Mittelmeer und Indischem Ozean ermöglicht. In der Folge verlieren die bislang so wichtigen omanischen Hafenstädte an Bedeutung.

1892 Großbritannien muss sich in der Golfregion und in Persien der Ansprüche Frankreichs und Russlands erwehren. Im ›Exclusive Agreement‹ sichert Großbritannien den unterzeichnenden Scheichtümern, darunter Abu Dhabi und Dubai, und dem Oman militärischen Schutz gegen Angriffe zu. Im Gegenzug versprechen diese, sich offizieller Kontakte zu Drittländern – also anderen imperialistischen Mächten – zu enthalten.

1894 Dubais Scheich Maktoum bin Hasher al-Maktoum fördert den Handel durch weitgehende Steuer- und Zollfreiheit.

1902 Persien führt hohe Zölle und Steuern auf Im- und Exporte ein. Dies schädigt insbesondere den Hafen Lingah am Zugang zum Golf, während Dubai dank seiner niedrigen Zölle profitiert.

um 1920 Angesichts der günstigeren Bedingungen lassen sich viele persische Händler in Dubai nieder; das ihnen zugewiesene Stadtviertel nennen sie in Erinnerung an ihre Herkunftsregion Bastakiya.

1922 Im heutigen Iran und Irak wird Öl gefunden. Die Trucial States garantieren daraufhin der britischen Regierung, nur einer von ihr unterstützten Ölgesellschaft Bohrrechte zu erteilen. In den 1930er-Jahren schließt Petroleum Concessions Ltd. Prospektionsverträge mit Abu Dhabi und Dubai.

ab 1929 Weltwirtschaftskrise und japanische Kulturperlen verdrängen im Arabischen Golf getauchte Perlen vom Markt.

1932 Im Emirat Sharjah eröffnet der erste Zivilflughafen der Region.

1945 Da es im Landesinneren nie präzise Grenzen gab, kommt es zwischen den Emiraten Abu Dhabi und Dubai angesichts der andauernden Suche der Briten nach Öl und der daraus entstehenden Frage nach Besitzrechten zum Konflikt um das Gebiet um Jebel Ali. Die Scharmützel dauern bis 1948, als die Briten einen Friedensschluss erzwingen und den Grenzverlauf diktieren.

1946 In Dubai eröffnet die erste Bankniederlassung, die British Bank of the Middle East.

1952 Weil Petroleum Concessions Ltd. auf dem Gebiet des Scheichtums Fujairah nach Öl bohren will und dazu einen Geschäftspartner braucht, erkennt Großbritannien auch dieses Emirat an.

1952–55 Der Konflikt zwischen Abu Dhabi, Oman und Saudi-Arabien, bei dem es um die Grenzziehung in der Oasenregion Buraimi geht, endet mit dem von Großbritannien unterstützten Einmarsch von Truppen aus dem Oman und Abu Dhabi in das umstrittene Gebiet.

1957 Im Oman kommt es zum Konflikt zwischen dem Sultanat in Maskat und den Stämmen im Landesinneren. Mit britischer Hilfe

◁ *Seit der Mitte des 20. Jh. wird auf den Ölfeldern der VAE das Schwarze Gold gefördert*

schlägt Sultan Said bin Taimur die Aufständischen bis 1959 im sog. Jebel-Krieg.

1958 Im Emirat Abu Dhabi fördern Probebohrungen erstmals Öl zutage. – Scheich Saeed bin Maktoum al-Maktoum, der Herrscher von Dubai, stirbt. Sein Sohn Rashid gilt heute als ›Vater des modernen Dubai‹.

1962 Beginn der Ölexporte Abu Dhabis; von nun an fließen die ›Petrodollars‹ in das Emirat.

1966 Auch in Dubai sprudeln die ersten Ölquellen. – Scheich Zayed Bin Sultan al-Nahyan folgt seinem Bruder Scheich Shakhbut als Herrscher von Abu Dhabi.

1967 Auch der Oman exportiert nun Öl. Sultan Said steht dem damit einhergehenden westlichen Einfluss ablehnend gegenüber und schottet sein Land ab.

1968 Großbritannien kündigt den Rückzug aus allen Gebieten ›östlich des Suez‹, also auch von der arabischen Halbinsel, bis 1971 an. Daraufhin verhandeln die neun Scheichtümer der Arabischen Halbinsel über die Bildung einer Föderation. – Eine erste Volkszählung ergibt für die Emirate der Trucial States eine Gesamtbevölkerung von 180 000 Menschen.

1969 Dubai beginnt mit dem Export von Öl. Nahe der Mündung des Dubai Creek entsteht der moderne Sheikh Rashid-Hafen.

1970 Im Oman übernimmt der in Großbritannien erzogene Sultan Qaboos bin Said in einem Staatsstreich die Macht. Seinen entthronten Vater verbannt er ins Exil nach London und modernisiert das Land. Beispielsweise sichert er die Versorgung selbst der entlegensten Dörfer mit Elektrizität und Trinkwasser, richtet ein Schulsystem nach britischem Vorbild ein und öffnet das Land für ausländische Firmen.

1971 Die sechs Emirate Abu Dhabi, Dubai, Sharjah, Ajman, Fujairah und Umm al-Qaiwain schließen sich zu den Vereinigten Arabischen Emiraten (VAE) zusammen. Hauptstadt ist Abu Dhabi City, erster Präsident wird Scheich Zayed von Abu Dhabi, neben Scheich Rashid von Dubai die treibende Kraft des Föderationsprozesses. – Eröffnung des Internationalen Flughafens Dubai.

Freunde: Scheich Zayed (li.) und Scheich Maktoum (re.)

1972 Das Emirat Ras al-Khaimah tritt den VAE bei. Bahrain und Qatar gründen jeweils einen eigenen Staat.

1979 Bei Jebel Ali, etwa 40 km südlich der Mündung des Dubai Creek, wird der größte künstlich geschaffene Hafen der Welt fertig gestellt.

1980 Der Angriff des Irak auf den Iran markiert den Beginn des sog. Ersten Golfkriegs. Er endet 1989.

1981 Der Oman und die VAE gründen mit Saudi-Arabien, Bahrain, Qatar und Kuwait das Golf Cooperation Council (GCC).

1990 Scheich Rashid bin Maktoum al-Maktoum stirbt, sein Sohn Scheich Maktoum bin Rashid al-Maktoum folgt ihm als Herrscher von Dubai. – Oman und Saudi-Arabien einigen sich über den Verlauf ihrer lange umstrittenen Grenze. – Im August greift der irakische Diktator Saddam Hussein Kuwait an.

1990/91 Im 40 Tage dauernden sog. Zweiten Golfkrieg erobern die Alliierten unter Führung der USA Kuwait zurück. Ihnen schließen sich auch die VAE und der Oman an.

1995 Die VAE, Frankreich und Großbritannien schließen einen militärischen Beistandspakt.

1996 Dem Dubai Strategic Plan zufolge werden die Ölreserven des Emirats bis 2010 reichen. Für die Zeit danach werden der Ausbau von Handel und Tourismus angestrebt.

1999 In Dubai eröffnet das Luxushotel Burj al-Arab, dessen weiße Segel-Architektur zu einem international bekannten Markenzeichen des Emirats wird.

2000 Eröffnung von Dubai Internet City, der weltweit ersten Freihandelszone für e-Business.

2003 Im von der UN nicht sanktionierten, mithin völkerrechtlich fragwürdigen Dritten Golfkrieg greifen die USA und verbündete Staaten den Irak an und besetzen diesen. Als Grund für diesen ›vorbeugenden Krieg‹ dient die Suche nach vermuteten Massenvernichtungswaffen. VAE und Oman bleiben neutral. In den Emiraten werden aber von der deutschen Bundeswehr irakische Polizei- und Sicherheitskräfte ausgebildet. – Im Oman dürfen erstmals alle Bürger im Alter von über 21 Jahren an der Wahl des Madschlis al-Schura teilnehmen, eines den Sultan beratenden Organs.

2004 Am 2. November stirbt der als weltoffen geschätzte Scheich Zayed bin Sultan al-Nahyan, Herrscher von Abu Dhabi, Mitbegründer und Präsident der VAE. In seinen politischen Ämtern folgt ihm Khalifa bin Zayed al-Nahyan, der älteste seiner 19 Söhne.

2006 Am 4. Januar stirbt Scheich Maktoum, sein jüngerer Bruder Mohammed bin Rashid al-Maktoum wird neuer Herrscher von Dubai.

Der spektakuläre gläserne Vorbau der Bank of Dubai (links) und die grüne Glasfassade des Dubai Creek Tower (Mitte) mit seinem Hubschrauberlandeplatz überragen die Dhaus am Dubai Creek

Unterwegs

Abu Dhabi – Heimat von Wüstensöhnen und Bankern

Wenige Länder der Erde haben sich in den vergangenen 50 Jahren so verändert wie Abu Dhabi, das mit 67 340 km^2 größte der Vereinigten Arabischen Emirate. Seit 1958 unter dem Wüstensand Öl gefunden wurde, durchlief es eine rasante Entwicklung vom verschlafenen Wüstenstaat zum weltweit bedeutenden Rohölexporteur. Lebten im Jahr 1962 auf dem heutigen Staatsgebiet etwa 15000 Menschen, so wuchs die Einwohnerzahl bis heute auf 1,6 Mio. an. Davon sind freilich nur 27% Einheimische. Die restlichen 73% kommen aus aller Herren Länder, aus Pakistan und den Philippinen, aus Europa oder Australien. **Abu Dhabi City**, die Hauptstadt des Emirats, wurde quasi im Zeitraffer von einer bescheidenen Siedlung aus Lehmziegelbauten zu einer von Hochhäusern geprägten Metropole.

Der enorme Reichtum, den das ›Schwarze Gold‹ an den Arabischen Golf spülte, macht möglich, was eigentlich unmöglich scheint: Entsalzungsanlagen und Wasserpumpen versorgen noch das letzte Dorf mit fließendem Wasser, lassen Parks in sattem Grün erstrahlen und Sportplätze wie den **Abu Dhabi Golf & Equestrian Club** aus dem Sand entstehen. In den Shopping-Malls und klimatisierten Hotelrestaurants kann man der Sonnenglut mühelos entgehen. Ein Bummel am **Meer**, die Silhouette der Stadt im Rücken, rundet den Tag in Abu Dhabi City wunderbar ab.

Im Vergleich zur Emiratshauptstadt geht es in den Oasen geruhsam zu. Das gilt selbst für Abu Dhabis zweitgrößte Stadt **Al Ain**, die sich um eine Oase im Südosten des Landes, wenige Kilometer vor den Ausläufern des Hajar-Gebirges, erstreckt. Sie verdankt ihren Beinamen *Garden City* den ungefähr 200 Quellen, deren Wasser für Dattelbäume, Gemüse und sogar Blumen reicht. Die alte Stadt zählt neben aufwendig restaurierten **Lehmforts** aus der kriegerischen Vergangenheit des Emirats einen weithin bekannten **Kamelmarkt** zu ihren Attraktionen. In der Umgebung Al Ains lockt der **Jebel Hafeet**, mit 1180 m höchster Berg der Emirate, mit einem Ausblick auf die schier endlose Wüste. Ihre angewehten **Sanddünen** lassen sich in ungewohnt schaukelnder Gangart vom Rücken eines Kamels aus bestaunen. Reichlich ›Wüstenschiffe‹ und mächtige Sandberge hat auch die Wüste um die **Liwa-Oasen** zu bieten, die von abenteuerlustigen Besuchern in **Geländewagen** erkundet wird. Dort finden sich auch die kristallinen **Sandrosen**, und bei Nacht verzaubert der makellose Sternenhimmel.

1 Abu Dhabi City

Plan Seite 20/21

Die boomende Emirats- und Landeshauptstadt beeindruckt mit ihren selbstbewusst aufragenden Hochhäusern, den grünen Parks und der generalsanierten Corniche.

Die Hauptstadt (900000 Einw.) des Emirats Abu Dhabi ist zugleich wirtschaftliches Zentrum und **Verwaltungssitz** der Regierung der Vereinigten Arabischen Emirate und beherbergt zahlreiche Behörden und Unternehmen.

Mehrspurig rollt der Verkehr durch die breiten Hauptverkehrsstraßen Abu Dhabis. Downtown ragen glas- und stahlblitzende Hochhauskomplexe in den strahlend blauen Himmel, eine Flottille von allzeit bereiten Taxis hupt Aufmerksamkeit heischend, in den Straßen und auf den Märkten drängen sich bunt gekleidete Menschen. Beschaulicher geht es gegen Abend zu, wenn vom Meer eine

Gott ist groß – nichtsdestotrotz überragen im Zentrum der Wirtschaftsmetropole Abu Dhabi vielstöckige Hochhäuser die Minarette der Moscheen

sanfte Brise weht, die Touristen wie Einheimische zur Promenade entlang der neu gestalteten Corniche lockt.

Abu Dhabi liegt auf einer etwa 60 km² großen Halbinsel, die nordwestlich in den Arabischen Golf ragt. Zwei Brücken, die **Mussafah/Al Ain Bridge** im Süden und die **Al-Maqtaa Bridge** im Norden, erschließen die Stadt vom Festland. 2007 soll die derzeit im Bau befindliche, von der Architektin Zaha M. Hadid futuristisch designte **Sheikh Zayed Bridge** als kürzeste Verbindung von der Innenstadt zum Flughafen und zur Autobahn Richtung Dubai und in die nördlichen Emirate eröffnet werden.

Geschichte Das Emirat Abu Dhabi entspricht weitgehend dem Gebiet, das die Bani Yas-Beduinen seit dem Beginn des 17. Jh., vermutlich aber schon wesentlich länger, beherrschten. Wie die übrigen Stämme der heutigen VAE lebten auch die Bani Yas im Winter mit ihren Herden in der Wüste, den Sommer verbrachten sie in ihrer Heimatoase Liwa oder als Fischer oder Perlentaucher an den Küsten. Wegen des Mangels an trinkbarem Wasser am Arabischen Golf waren diese Siedlungen aber nie von Dauer.

Dies änderte sich erst, als 1761 auf der Halbinsel, auf der sich heute die Hochhäuser Abu Dhabis ausbreiten, eine Süßwasserquelle entdeckt wurde. Der Legende nach fand man sie auf der Jagd nach einer flüchtenden Gazelle. Scheich Dhiyab bin Isa al-Nahyan, Anführer der Bani Yas, nannte die Stelle **Abu Dhabi** (Abu Zhabi), ›Vater der Gazelle‹, schließlich verdankte das Tier der Quelle sein Leben. Da sich in der Nähe auch noch ein guter Ankerplatz befand, bildete sich innerhalb der nächsten zwei Jahre eine Siedlung aus etwa 400 Häusern. Handel und Perlentaucherei vor der Halbinsel sorgten für ein gesichertes Auskommen. So erfolgreich war der Ort, dass der Sohn und Nachfolger Scheich Dhiyabs, Shakhbut bin Dhiyab al-Nahyan, nach dem Tod seines Vaters im Jahr 1793 seinen Hauptsitz von den Liwa-Oasen hierher an die Küste verlegte. Die Familie al-Nahyan regiert das Emirat Abu Dhabi noch heute.

Scheich Shakhbut veranlasste sogleich den Bau des *Al-Hosn-Forts*, das bis zum heutigen Tag das historische Zentrum von Abu Dhabi markiert. In den folgenden Jahren wuchs der Ort weiter und die Handelsbeziehungen zu den Oasen intensivierten sich. Aus Konflikten in den

1830er-Jahren mit den Herrschern von Sharjah und Ajman ging Abu Dhabi siegreich hervor, auch mit Unterstützung der Briten, die seit dem Beginn des 19. Jh. ihren Einfluss auf der arabischen Halbinsel ausgeweitet hatten. Scheich Zayed bin Mohammed, genannt ›Zayed der Große‹ (reg. 1855–1909) dehnte den Einfluss Abu Dhabis auf die Oasen von Buraimi (das heutige Al Ain) aus, vor allem, indem er Land und Wasserrechte kaufte, aber auch mit kriegerischen Mitteln: 1891 besiegte er den dortigen Stamm mit 330 Mann, zu Pferd und auf Kamelen.

Der Abschluss des ›Vertrags über den ewigen Frieden zur See‹, den die Briten mit den politischen Führern der heutigen VAE und des Oman abschlossen, änderte wenig am Verhältnis der Stämme untereinander und Abu Dhabi blieb das mächtigste Scheichtum der Region. Jedoch führte der Einbruch der Weltmarktpreise für Salzwasserperlen wegen der Weltwirtschaftskrise und dem Siegeszug japanischer Zuchtperlen Ende der 1920er-Jahre zu Armut in Abu Dhabi.

1939 aber legte Scheich Shakhbut bin Sultan al-Nahyan den Grundstein für den heutigen unermesslichen Reichtum des Emirats: Er gestattete einer britischen Ölfirma, auf dem Gebiet seines Emirats nach Öl zu bohren. 1958 wurden die Briten fündig und ab 1962 exportierte ein britisch-französisches Konsortium Öl aus Abu Dhabi. Damit begann der Aufstieg des Emirats zu einem der reichsten Ölförderländer der Welt. 10% der weltweit nachgewiesenen Rohölreserven liegen unter seinem Boden; täglich spült der begehrte Rohstoff viele Millionen US-Dollar in die Kassen des Wüstenstaates, dessen Einwohner mit einem durchschnittlichen **Pro-Kopf-Jahreseinkommen** von 30 000 US-Dollar zu den reichsten der Erde gehören. Scheich Zayed bin Sultan al-Nahyan (1918–2004), der seine Sporen als Regent von Al Ain verdiente und 1966 seinen Bruder als Staatsoberhaupt ablöste, förderte in Abu Dhabi City den Ausbau des Hafens, setzte den Bau der ersten Hochhäuser durch, ließ Ende der 1960er-Jahre einen Flughafen bei der Stadt anlegen und ihn 1982 durch den heutigen ersetzen. Scheich Zayed war es auch, der nach Abzug der Engländer aus der Golfregion die Allianz schmiedete, aus der 1971 die Vereinigten Arabischen Emirate hervorgingen. Bis zu seinem Tod im November 2004 leitete er als Präsident die Geschicke dieser bislang einzigen Föderation der arabischen Welt. Sein Sohn und Nachfolger Scheich Khalifa bin Zayed al-Nahyan erklärte, nichts an der Politik seines Vaters ändern zu wollen.

Die Verehrung für Scheich Zayed, den 2004 verstorbenen Gründer der Vereinigten Arabischen Emirate, zeigt sich auch an dieser überlebensgroßen Plakatwand an Abu Dhabis Corniche

Ob an Land oder mit einem Boot im Wasser, das Flanieren entlang Abu Dhabis neugestalteter Corniche ist stets ein Genuss – zumal abends, wenn ein laues Lüftchen vom Golf her weht

Stadt am Wasser

Der rasante Ausbau von Abu Dhabi ist seit Jahren in vollem Gange. Einen Anfang machte die im Nordwesten künstlich angelegte Halbinsel **Breakwater** 1 mit dem *Abu Dhabi International Marines Sports Club* und dem beliebten Einkaufszentrum **Marina Mall** 2. Neben den schwedischen Möbeln von Ikea und einer Filiale der französischen Supermarktkette Carrefour sind hier Designerläden aus aller Herren Länder und ein Multiplex-Kino versammelt. Einige Hundert Meter weiter ermöglicht das **Traditional Heritage Village** 3 (tgl. 9–14 und 17–21 Uhr, Tel. 02/4449953) einen ersten Einblick in lokales Brauchtum vor dem Ölboom. Die Anlage an dem Meeresarm, der Breakwater von der City trennt, ist einem traditionellen Beduinendorf nachempfunden. Hier kann man einfache Palmblatthütten (*Barasti*) mit nur einem Wohn- und Schlafraum ebenso begutachten wie komfortablere Unterkünfte mit abgetrennten Küchen- und Empfangsbereichen. Eine Schmiede steht zur Besichtigung offen, auf einem ›Bauernmarkt‹ werden Palmblattmatten, Kamelhaardecken und großschnablige Kaffeekannen feilgeboten. Manchmal finden hier auch Falkenschauen oder Folkloretänze statt. Besonders empfehlenswert ist es, sich in einen der voll funktionstüchtigen Windtürme, die sog. *Barjeels*, zu setzen und die angenehme Kühle zu genießen, die diese ebenso einfache wie geniale ›Air Condition‹ schafft. Im oberen Teil des meist mit Palmblattmatten umhüllten Turmgerüstes befindet sich eine Vier-Segel-Konstruktion, die wie ein liegendes, aber unbewegtes Windrad wirkt. Darin fängt sich jeder noch so geringe Lufthauch und wird zur Sitzfläche ins offene Untergeschoss geleitet. Ein kleiner Gemüsegarten mit traditioneller Bewässerungsanlage schließt den Rundgang ab.

TOP TIPP

Vor allem abends und nachts ist es auf dieser der Stadt zugewandten Seite der **Breakwater-Halbinsel** sehr lauschig. Man kann am dunklen, leise glucksenden Wasser entlang flanieren, gegenüber erhebt sich entlang der Corniche die Skyline der Stadt: vom großen *Shallal Fountain* im Osten über die schlanken, blauweißen Türme des *Baynunah Hilton Tower* bis zum märchenhaft anmutenden, kuppel- und turmreichen Komplex des **Emirates Palace Hotel** 4 an der Zufahrt zur Breakwater-Halbinsel. Aus der Ferne wirkt es mit seinen 800 m Länge und den 114 Kuppeln wie eine Mischung aus Hagia Sophia und Tadsch Mahal, gleichermaßen großartig wie entrückt. In dem riesenhaften, von der Regierung Abu Dhabis finanzierten Luxusbau ist neben dem Kem-

Arabian Gulf
Jazirat As Sa'diyat
Jazirat Fahid
Lulu Island
Khor Laffan
Khor al-Baghal
As Sammaliyyah
Abu Dhabi International Airport
Abu Dhabi Island
Airport
UMM AL-NAR
AL-QURAYYAH
Road
24
25
Al-Wahtba Camel Racetrack
KHALIFA CITY
Abu Dhabi Golf Club
Hodariyat Island
Khor Qirqishan
MUSSAFAH
Jazirat Al-Fitesi
0
5 km
AL-MAFRAQ
Ittihad Square
Arabian Gulf
Marina Mall
2
3
Traditional Heritage Village
1
BREAKWATER
5
Corniche
Corniche Road
Al-Nasr St.
The First Street (Khalidya S
King Khalid Bin Abdel Street
Sheikh Zayed
AL-KHALIDIYA
Corniche Road
4
Emirates Palace Hotel
AL-RAS AL-AKHDAR
AL-KHUDEIRAH
Al-Khaleeg
Khalifa Bin
Sultan Bin Zayed Street
Al-Arabi Stree
AL-BATEEN
Bainunah Street
BATIN VILLAGE
Khor al-Batin
Hodariyat Island

Abu Dhabi City
0
500 m
Fort
internationaler Flughafen
PORT ZAYED 18
Iranian Souk
Vegetable Market/ Fish Market 19
Dhow Harbour 20
Khor Laffan
Lulu Island 6
Al-Meena Street
Abu Dhabi Tourist Club 17
Abu Dhabi Marina & Yacht Club 16
Shallal Fountain
Corniche 5
Corniche Road
Sheikh Khalifa Bin Zayed Street
Sheikh Hamdan Bin Mohammad St.
AL-MARKAZIYAH
Sheikh Zayed The Second Street (Electra St.)
Abu Dhabi Mall 14
15
Airport City Terminal
Al-Salam Street
Mushayarib Island
13 New Souk
Gold Souk
8
Cannon Square
9 Cultural Foundation
11 Grand Mosque
Bani Yas Street
East Road
Al-Falah Street (Passport St.)
QASR
Sadiyat Road (in Bau)
MADINAT ZAYED
AL-DHAFRAH
(Fourth St.)
EL BAHR
Al-Manhal Palace 12
Al-Manhal Street
Hazaa Bin Zayed Street
AL MANHAL
Sea Palace Road
Eastern Ring Road
Sudan Street
AL-KARAMAH
Sheikh Rashid Bin Saeed Al-Maktoum Street (Airport Rd.)
Defence Street
Aziz Street
AL-ROWAH
Al-Karamah Street
East Road
Shakhbut Street
Al-Nahayan Street
MUSSALA EL EID
Dalma Street
Sheikh Zayed Bridge
Al-Khaleej Al-Arabi Street
Mohammed Bin Khalifa Street
Al-Saada Street
Zayed Street
Abu Dhabi Golf & Equestrian Club 21
Saeed Bin Tahnoon Street
22 Heritage Bedouin Village
23 Sheikh Zayed Sports Centre

pinski-Hotel das moderne **International Conference Center Abu Dhabi** untergebracht sowie 24 Restaurants, Bars und Cafés.

2004/05 wurden die Parkanlagen der **Corniche** 5, der Meerespromenade entlang der etwa 6 km langen Corniche Road, mit großem Aufwand verschönert. Bootsanleger entstanden, Spiel- und Picknickplätze, Grünflächen, Pavillons und ein breiter gepflasterter Fußgängerweg. Das nahe Ende der Promenade im Osten signalisiert der imposante *Shallal Fountain*, der hier anstelle des früheren, kleineren Volcano Fountain mit Wasserspielen erfreut (Shallal arab. Wasserfall).

Teil der Küsten-Umgestaltung und der damit einhergehenden Neulandgewinnungen ist auch **Lulu Island** 6, eine künstliche Insel, die seit 1988 im Meer 600 m vor der Corniche aufgeschüttet wird und bald als Naherholungsgebiet mit Funparks, Tiergehegen, Hotels, Restaurants und feinsandigen Stränden zur Verfügung stehen soll.

Geschäftige Innenstadt

Doch zurück zur Corniche: etwa in ihrer Mitte, beim blauen, 165 m hohen Baynunah Hilton Tower, zweigt an einem großen Kreisverkehr (dem früheren *Clock Tower Roundabout*) der rechteckige begrünte **Ittihad Square** 7 stadteinwärts ab. Ein weiteres mehrspuriges Rondell trennt diesen *Platz der Nationalen Einheit* vom **Cannon Square** 8, einem der auffälligsten Orientierungspunkte der Stadt. Unverwechselbar wird dieser verkehrsumtoste Platz durch die überdimensionalen Skulpturen auf seinem erhöhten Mittelstreifen. In strahlendem Weiß sind hier die Symbole der VAE zu sehen: eine Schnabelkanne, umgeben von henkellosen Kaffeetassen, ein Gefäß zum Verbrennen von Weihrauch und eine Luntenkanone.

Südlich des Cannon Square, jenseits der Al-Nasr Street, befindet sich auf der rechten Straßenseite das moderne Gebäude der 1981 eröffneten **Cultural Foundation** 9 (bei Veranstaltungen Sa–Mi 7.30–14.30 und 17–21, Do/Fr 7.30–14.30 Uhr, Zayed 1st Street/Airport Road, Programmhinweise unter Tel. 02/6215300, www.cultural.org.ae). Dort sind Nationalarchiv und Nationalbibliothek untergebracht, zudem finden in den hohen Hallen Ausstellungen, Filmvorführungen oder folkloristische Veranstaltungen statt. Das benachbarte Fort **Qasr al-Hosn** 10 (Sa–Mi 7.30–13.30, Do 7.30–12 Uhr) wird zum Teil noch militärisch genutzt. So muss der Besucher erst ein bewachtes Tor an der Al-Nasr Street passieren, bevor er rechter-

Orientierung in Abu Dhabi City

Wundern Sie sich nicht, wenn Sie entlang der *New Airport Road* fahren, die Straßenschilder aber *4th Street* anzeigen und der Taxifahrer versichert, sie würden sich in der *Muroor Street* befinden. Denn in Abu Dhabi sind die großen Verkehrsadern nach US-amerikanischem Vorbild neben ihren **Straßennamen** auch mit **Nummern** versehen. Die ungeraden bezeichnen die Straßen parallel zur Corniche, die als Nr. 1 zählt. Es folgen Khalifa bin Zayed Street als Nr. 3, Sheikh Hamdan bin Mohammed Street als Nr. 5 usw. Die längs der Halbinsel verlaufenden Straßen sind mit geraden Zahlen nummeriert, als Anhaltspunkt dient die Muroor oder New Airport Road mit der Nr. 4.

Für Verwirrung sorgt mitunter die Gewohnheit, große Straßen mit **Zweitnamen** zu benennen, die den Einheimischen oft geläufiger sind. So ist beispielsweise die Sheikh Zayed 2nd Street East, im Nummernsystem die Nr. 7, auch als Electra Street bekannt, die 3rd oder Khalifa bin Zayed Street kennt man gegebenenfalls besser unter dem Namen Al Istiklal Street. Und schließlich wird die vergleichsweise neue Schnellstraße im Osten, die vom Flughafen her kommende Eastgern Ring Road, auch New Corniche genannt – nicht zu verwechseln mit der ›alten‹, lediglich neu gestalteten Corniche am Golf.

Sobald man jedoch die breiten, hervorragend ausgebauten Hauptstraßen verlässt, ist eine Orientierung dem Namen nach sowieso nur noch eingeschränkt möglich. Selbst Taxifahrer steuern ihr Ziel im Verhältnis zu markanten Gebäuden oder Orten an und man tut gut daran, die Lage des Zielortes mit Beschreibungen wie »gegenüber dem Al-Noor Hospital« oder »neben der Abu Dhabi Mall« möglichst genau bestimmen zu können.

hand diese etwa 20x25 m große und aus Lehm erbaute Festung besichtigen kann. Scheich Shakhbut bin Dhiyab hatte es 1793 zur Sicherung der gerade gegründeten Siedlung errichten lassen. Ein Rundgang durch das älteste Gebäude Abu Dhabis ist durchaus reizvoll, die weißen zinnenbekrönten Mauern umschließen zwei kleine, mit schattigen Bäumen geschmückte Innenhöfe. Die Räume ringsum sind verschlossen, doch kann man auf dem flachen Dach die Mauerbrüstung zur Hälfte abschreiten und von dort einen schönen Blick über das moderne Abu Dhabi genießen.

Unweit im Südosten ragen die beiden zierlichen Türme der **Grand Mosque** 11 je 54 m in den Himmel. Das Gotteshaus entstand 1978 in ägyptischem Stil auf den Grundmauern der aus Altersgründen abgerissenen *Old Main Mosque*, die 75 Jahre zuvor der wohlhabende Perlenhändler Khalaf al-Otaiba erbaut hatte. Wie die meisten Moscheen der VAE ist sie nur für Moslems geöffnet. Ihren Namen teilt sie übrigens mit der *Sheikh Zayed Grand Mosque*, deren beeindruckender Dreikuppelbau mit vier je 115 m hohen Minaretten sich in *Al-Maqtaa* nahe der dortigen Brücke und der Airport Road erhebt und nach seiner Fertigstellung im Jahr 2006 rund 7000 Gläubigen Platz bietet.

Oben: *Die weiße Kanone scheint die Gebäude um den Cannon Square zu beschützen*
Unten: *Der markante Etisalat Tower überragt Abu Dhabis Cultural Foundation*

Hinter der Moschee liegt, ebenfalls nicht öffentlich zugänglich und eingebettet in dichtes Gartengrün, der Regierungssitz **Al-Manhal Palace** 12. Zurückhaltung ist übrigens beim Fotografieren geboten, denn Regierungsgebäude und militärische Anlagen dürfen in den Emiraten nicht aufgenommen werden.

Auf der östlichen Seite des Cannon Square beginnt das lebhafte Einkaufsviertel *Al-Markaziyah*. Hier und jenseits des Platzes erstreckten sich noch bis ins Jahr 2005 mehrere Souks, traditionelle Märkte für Nahrungsmittel, Kleidung und Dinge des täglichen Bedarfs. Doch die Hallen und Läden wurden abgerissen, um Platz für ein zeitgemäßes Marktviertel zu schaffen, den sog. **New Souk** 13. Optisch sollen sich die neuen Gebäude an traditioneller Architektur orientieren, dabei jedoch modernen hygienischen und bautechnischen Ansprüchen genügen. Der Abschnitt der Al-Nasr Street von hier bis zum Liwa Center ist als **Gold Souk** bekannt, in dem die Auslagen der zahlreichen Juweliergeschäfte von Geschmeide, Armreifen, Halsketten und Haarschmuck nur so funkeln und glitzern.

Will man in gehobenem Ambiente einkaufen, lohnt es sich, von hier aus ein Taxi zur **Abu Dhabi Mall** 14 zu nehmen, die sich im äußersten Osten, am gegenüberliegenden Rand der Innenstadt, in der sog. *Tourist Club Area* befindet. Hier präsentieren auf drei weitläufigen Etagen internationale Modefirmen ihre neuesten Produkte, es gibt Gold-, Silber- und Korallenschmuck, edle Parfüme und hippe Sportswear, Cafés, Restaurants, ein Multiplex-Kino und die bunte *Foton World* mit unzähligen elektronischen Spielen für Kinder. Nur wenige Meter südlich der Abu Dhabi Mall bietet an derselben Straße neben dem zentralen Busbahnhof das **Airport City Terminal** 15 (Tel. 02/6445599) Flugreisenden die Möglichkeit, bis zu 24 Stunden vor ihrem eigentlichen Start in der Innenstadt einzuchecken und das Gepäck aufzugeben.

Im Norden der Abu Dhabi Mall erstreckt sich das Gelände des **Abu Dhabi Marina & Yacht Club** 16 (Tel. 02/721300), dessen Jachthafen über 150 Liegeplätze verfügt. Nicht weit davon erreicht man das weitläufige Areal des **Abu Dhabi Tourist Club** 17, nach dem das Viertel benannt wurde. Der bei arabischen Familien außerordentlich beliebte Club mit gepflegten Gärten, Restaurants, Tennisplätzen, Fitnessstudio, Tauchcenter, einem kleinen Strand und mehreren Swimmingpools steht auch Nicht-Mitgliedern offen, für die Gäste einiger benachbarter Hotels ist der Eintritt frei. Vor allem die Go-Kart-Bahn und das Bowling Center sind abends gut besucht.

Von der Tourist Club Area ist es nicht weit zum ausgedehnten **Port Zayed** 18 (Al-Meena), der die Nordostecke Abu Dhabis einnimmt. Hier mag zwischen all den

Stoffe aller Farben und Qualitäten offeriert dieser Händler in einem traditionellen Laden im geschäftigen Al-Markaziyah-Viertel; der Schneider nebenan verarbeitet den Zwirn gleich weiter

Ganz und gar nicht nach Wüste sehen die vielen Parks Abu Dhabis aus, deren verschwenderisch grüne Rasenflächen zumal an Wochenenden gern zum Picknick genutzt werden

zweckmäßigen Industriebauten und Lagerhäusern ein Blick auf die verschiedenen Großmärkte wie den **Vegetable Market** oder **Fish Market** 19 interessant sein, auf denen vornehmlich morgens und in den späten Nachmittagsstunden frische Ware umgeschlagen wird. Marktromantik wird man hier freilich vergebens suchen, auch der oft erwähnte *Iranian Souk* (*Afghan Bazaar*) lässt sie vermissen. Hier bieten die Händler Elektro- und Haushaltswaren, Kunstfaserteppiche und Asienimporte feil. Mehr Flair verspricht da schon ein Besuch am **Dhow Harbour** 20, an dessen Kai bei Hochbetrieb bis zu 200 der bauchigen traditionellen Lastschiffe zum be- und entladen ankern.

Abu Dhabis Süden

Reichlich Platz für weitere, vornehmlich sportliche Aktivitäten bieten die Viertel Abu Dhabis, die außerhalb des Zentrums, aber noch vor dem Flughafen liegen. So findet sich in Al-Mushrif zwischen der 26. und der 28. Straße die ausgedehnte Grünfläche des **Abu Dhabi Golf & Equestrian Club** 21 (Tel. 02/6459600, www.adec-web.com). Der Par 70-Platz liegt inmitten einer Pferderennbahn, auf der im Winter Rennen stattfinden. Das Clubangebot umfasst Reitstunden, Tennisplätze, Sportstudio und Pool und steht nach Absprache auch Nicht-Mitgliedern offen. Etwas weiter südlich lädt im Viertel *Al-Safarat* hinter dem *Abu Dhabi International Exhibition Centre* das **Heritage Bedouin Village** 22 (Sa–Mi 8.30–17 Uhr, Mussafah Road) zu einem Besuch ein. Im Schatten der Häuser und Hütten des nachgebauten Beduinendorfes zeigen Palmseildreher und Gerber überlieferte Handwerkstechniken. Besonders interessant sind die unregelmäßig stattfindenden *Falcon Shows*, bei denen die alte, in Arabien hoch geschätzte Kunst der Falknerei demonstriert wird.

Nicht weit davon befindet sich im Zentrum des **Sheikh Zayed Sports Centre** 23 die Eislaufhalle von Abu Dhabi City. In der sog. *Ice Rink* (Publikumslauf Mo–Do 12.30–14.30, 15–17, 17.30–19.30 und 20.30–22, Fr 10–12, 13–15, 15.30–17.30, 18–20 und 20.30–22, mitunter auch Sa/So 15–17 Uhr) trainieren und spielen samstags und sonntags ungeachtet der Außentemperaturen die Eishockeyspieler der *Abu Dhabi Falcons*, daneben drehen aber auch Einheimische, Zugereiste und Touristen ihre Runden auf dem Eis.

Eine gute halbe Autostunde vom Zentrum entfernt wurde im Jahr 2000 in *Umm al-Nar*, an der Straße nach Dubai, der **Abu Dhabi Golf Club** 24 (Tel. 02/5588990, www.adgolfsheraton.com) eröffnet. Auf dem 200 ha großen Gelände sind zwei 18-Loch-Grasplätze angelegt, dazu Übungsbunker, Putting und Chipping Greens. Wem tagsüber die Hitze zu groß ist, kann nachts auf neun Löchern bei Flutlicht spielen.

Etwa 45 km nördlich des Stadtzentrums liegt an der Schwerverkehrsstraße nach Al Ain der **Al-Wathba Camel Racetrack** 25. Der Ausflug lohnt sich im Winter trotz der Entfernung. Dann werden auf dem mehr als 10 km langen Rundkurs jeden Donnerstag und Freitag ab 6/7 Uhr früh Kamelrennen ausgetragen. Wer zu spät oder unter der Woche kommt, kann in der Regel Trainingsläufe beobachten.

i Praktische Hinweise

Information

Abu Dhabi National Hotels (ADNH), ADNH Building, Al-Safarat (nahe Airport Road), Abu Dhabi City, Tel. 02/4447228, Fax 02/4448495, www.adnh.com

Sport und Freizeit

Blue Dolphin Company LLC, Hotel InterContinental, Abu Dhabi City, Tel. 02/6669392, Fax 02/6666802. Das Tauch- und Wassersportcenter bietet neben Tauchkursen und -ausrüstung Ausflüge mit den traditionellen Dhaus *Saif*, *Aldhana* und *Sindbad* zu den vorgelagerten Inseln von Abu Dhabi an, Lunch an Bord.

Safari Holidays, Ittihad/Cannon Square (im Gebäude von Ethihad Airways), Abu Dhabi City, Tel. 02/6391300, Fax 02/6394440, www.safariholidays-uae.com. Kompetenter Touranbieter, z.B. Stadtrundfahrt, Hatta Wadi-Trek, Wüstentour mit und ohne Übernachtung im Beduinenzelt, Ausflüge nach Dubai oder an die Ostküste.

Sunshine Tours, Old Airport Road, Abu Dhabi City, Tel. 02/4449514, www.adnh.com. Der staatliche Tourunternehmer bietet Wüsten- und Allradwagen-Touren, Wadi-Safaris,

Who is who in den Emiraten

Jedes der sieben Vereinigten Arabischen Emirate wird von einer Familie beherrscht, deren männliche Mitglieder ›Scheich‹ genannt werden. In Abu Dhabi sind es die **Al-Nahyan**, in Dubai die **Al-Maktoum**. Sharjah und Ras al-Khaimah werden von zwei Häusern der **Al-Qasimi** regiert, Ajman von den **Al-Nuami**, Umm al-Qaiwain von den **Al-Mualla** und Fujairah von den **Al-Sharqi**. Gemäß der patriarchalischen Gesellschaftsordnung regiert das männliche Oberhaupt jeder dieser Familien stets auch das Emirat, Verwandte bekleiden weitere Staatsämter.

Diese traditionelle Struktur wurde auch nach Gründung der VAE beibehalten, deren föderale Ordnung das tradierte Gefüge integriert. Die Staatsgewalt der VAE liegt in Händen des **Obersten Rates**. Diesem **Federal Supreme Council** gehören alle regierenden Scheichs der Mitgliedsemirate an. Jeder übernimmt eine oder mehrere föderale Aufgaben wie Verteidigung oder Bildung. Staatsangelegenheiten werden gemeinsam besprochen und entschieden, wobei die Emirate auch innerhalb des Verbundes stark auf ihre Eigenständigkeit achten.

Der **Präsident** des Obersten Rates ist in Personalunion stets auch **Staatspräsident**. Seit der Gründung der VAE am 2. Dezember 1971 hatte Abu Dhabis Scheich Zayed bin Sultan al-Nahyan als maßgeblicher Gestalter der Föderation und als Vertreter des größten und reichsten Emirats diese Ämter inne. Alle fünf Jahre bestätigt der Oberste Rat den Präsidenten in seinem Amt oder wählt einen neuen. Zum bislang ersten Mal wurde diese Neuwahl nach dem Tod Scheich Zayeds am 2. November 2004 nötig. Damals bestimmte der Rat den ältesten Sohn des Verstorbenen, Scheich Khalifa bin Zayed al-Nahyan, zu dessen Nachfolger. **Vizepräsident** und **Premierminister** ist der Herrscher von Dubai, seit dem Tod Scheich Maktoums im Jahr 2006 dessen jüngerer Bruder Mohammed bin Rashid al-Maktoum.

Die weiteren Mitglieder des Obersten Rates sind Dr. Scheich Sultan bin Mohammed al-Qasimi (Sharjah), Scheich Saqr bin Mohammed al-Qasimi (Ras al-Khaimah), Scheich Rashid bin Ahmed al-Mualla (Umm al-Qaiwain), Scheich Humaid bin Rashid al-Nuaimi (Ajman) und Scheich Hamad bin Mohammed al-Sharqi (Fujairah).

Ein gigantischer Sandkasten für Erwachsene: Die Wüste im Landesinneren Abu Dhabis ist Ziel vieler Ausflüge, auf Wunsch auch hoch auf dem Rücken eines Kamels

Angelausflüge, abendliche Dhaufahrten entlang der Corniche u. v. m.

Hotels

*****__Beach Rotana Hotel & Towers__, Tourist Club Area, neben Abu Dhabi Mall, Abu Dhabi City, Tel. 02/6443000, Fax 02/6442111, www.rotana.com. Zentral gelegenes Urlaubshotel mit zwei Swimmingpools im Garten am aufgeschütteten hellen Sandstrand. An die derzeit 234 gepflegten Gästezimmer und elf Suiten sollen in absehbarer Zeit weitere 186 Räume mit Seeblick angebaut werden.

*****__Emirates Palace Hotel__, Corniche, Abu Dhabi City, Tel. 02/6909000, Fax 02/ 6909999, www.emiratespalace.com. Blattgold, Ballsaal, Badestrand – die neueste Kempinski-Perle der lokalen Luxushotelerie soll alles bisher Dagewesene an Prunk und Pracht übertreffen. Entsprechend extravagant sind die 302 Zimmer und 92 Suiten ausgestattet.

*****__InterContinental Abu Dhabi__, Al-Khalidya Street, Al-Bateen (Ministeriumsviertel im Nordwesten), Abu Dhabi City, Tel. 02/6666888, Fax 02/6669153, www.interconti.com. Blockhafte Hotelarchitektur in parkartigem Garten, der bis zum Strand reicht, daneben liegt die ausgedehnte Marina des Hauses, u.a. mit Tauchcenter. Die 330 de Luxe-Zimmer und Suiten lassen keine Wünsche offen, der Service ist perfekt und auch die zahlreichen Lokale sind empfehlenswert. Reichlich Sport- und Ausflugsangebote.

*****__Le Meridien Abu Dhabi__, Tourist Club Area, Abu Dhabi City, Tel. 02/6446666, Fax 02/6440348, www.lemeridien-abudhabi.com. Das halbkreisförmige Luxushotel mit mehreren Restaurants liegt günstig am Rande der umtriebigen Tourist Club Area und verfügt über einen eigenen Strand. Die 203 Gästezimmer, 23 Suiten und 68 Studios bieten jeden Komfort.

*****__Millenium Hotel__, Sheikh Khalifa bin Zayed Street, Abu Dhabi City, Tel. 02/6262700, Fax 02/6260333, www.milleniumhotels.com. Schlanker Hotelblock zwischen der ansprechenden Parkanlage der Capital Gardens und den türkisgrünen Wassern an der Corniche, jedes der 325 luxuriösen Zimmer bietet also einen schönen Ausblick. Zwei Bars, zwei Restaurants sowie Pool, Fitnessbereich, Sauna und Squash im Haus.

*****__Novotel Centre Hotel__, Hamdan Street (neben dem Hamdan Centre), Abu Dhabi City, Tel. 02/6333555, Fax 02/6343633, www.novotel.com. Im geschäftigen Al-Markaziyah-Viertel gelegen, bietet das 15-stöckige Geschäftshotel 201 sehr gut ausgestattete Zimmer und sieben Suiten zum vergleichsweise günstigen Preis. Vier Bars und drei Restaurants im Haus, u.a. mit französischer Küche.

****Al Diar Dana Hotel**, Tourist Club Area (am östlichen Ende der Elektra/ Sheikh Zayed 2nd Street), Abu Dhabi City, Tel. 02/645 60 00, Fax 02/645 86 50, www.aldiarhotels.com. Zentral im belebten Einkaufsviertel gelegenes Komforthotel der staatlichen Hotelkette. Die Ausstattung der 112 Zimmer ist zweckmäßig. Abends bietet das Steakhaus *49er's Gold Rush* im obersten Stockwerk mit Tischen auf der Dachterrasse und Livemusik einen herrlichen Ausblick über die illuminierte Stadt – und ist entsprechend gut besucht.

TOP TIPP **Hilton Corniche Residence**, Corniche (schräg gegenüber dem Shallal Fountain), Abu Dhabi City, Tel. 02/627 60 00, 02/627 00 99, www.corniche-residence.hilton.com. Die 105 Gästezimmer und 82 Studios zeichnet selbst bei kurzen Aufenthalten ein ausgezeichnetes Preis-Leistungs-Verhältnis aus. Fitnessstudio, kostenlose schnelle Internetzugänge und Morgenzeitung gehören zum erfreulichen Service. Ein Restaurant und ein Café (ohne Alkoholausschank) im Hause.

Restaurants

TOP TIPP **Al Areesh**, Al-Dhafra, Mina/Port Zayed (gegenüber Dhow Harbour), Tel. 06/673 22 66. Was für eine wundervolle Gelegenheit, das lokale kulinarische Angebot zu erkunden. Schon das üppige Buffett erfreut mit einer nicht zu überschauenden Vielfalt an Seafood sowie an Gerichten mit Hühner- und Lammfleisch, daneben kann man all die Biryanis, Gisheed, Ouzi und Majboos ganz nach Lust und Größe des Hungers auch a la carte bestellen.

Bam Bu!, Abu Dhabi Marina & Yacht Club, Tourist Club Area, Abu Dhabi City, Tel. 02/645 63 73. Die chinesische Küche ist ebenso vorzüglich wie die orientalischen Reisgerichte, der hübsche Blick auf die Marina ergänzt das delikate Essen hervorragend. Hummer und Pekingente zählen zu den Hausspezialitäten.

Le Beaujolais, Novotel Hotel, Abu Dhabi City, Tel. 02/633 35 55. Voilà – runde Bistrotischchen mit weißer Marmorplatte und dezente Akkordeonmusik versetzen die Gäste unversehens nach Frankreich. Hier genießt man Café au lait, Baguettes, bei größerem Appetit vielleicht Escargots – und zum Abschluss eine Käseplatte.

Lebanese Flower, King Khalid bin Abdel Aziz Saeed Street, Khalidiya Centre, Abu Dhabi City, Tel. 02/665 87 00. Libanesische Spezialitäten vom Feinsten: Auf den Tisch kommen Fleisch und Fisch vom Grill, Mezze, Curries, selbstgebackenes Brot, immer frisch und in unglaublichen Mengen.

Maharaja Rest, Le Meridien Hotel (s. o.), Abu Dhabi City, Tel. 02/644 66 66. Feine nordindische Küche: Gut gewürzte Vindaloos und kremige Kormas kitzeln den Gaumen. Do abend Buffet.

Shuja Yacht, Anlegestelle beim Le Royal Abu Dhabi, Mina/Port Zayed, Abu Dhabi City, Tel. 02/674 20 20. Hauptattraktion der abendlichen Kreuzfahrt ist die romantisch beleuchtete Küstenlinie Abu Dhabis. Da wird das an Bord servierte Seafood schon mal zur Nebensache, obwohl der geräucherte Fisch, die Sushi-Häppchen oder der Salat mit Krustentieren und Riesenshrimps sehr gut sind.

Nachtleben

am.pm., InterContinental Hotel (s. o.), Abu Dhabi City, Tel. 02/666 68 88. Modern-nüchtern eingerichtete Bar, stylisher Treffpunkt für Nachtschwärmer (tgl. 17–3, Do bis 4 Uhr).

Brauhaus, Beach Rotana Hotel, Abu Dhabi City, Tel. 06/644 30 00. Abends verwandelt sich das deutsche Spezialitätenrestaurant in ein arabisches Hofbräuhaus, dann kommen nicht mehr ›Sauerkraut and mash‹ auf die mit rot-weiß karierten Tischtüchern zünftig gedeckten Bierbänke, sondern bodenständige Keramikhumpen, voll mit edlem Gerstensaft. Prost! (tgl. 12.30–23.30 Uhr).

Captain's Arms, Le Meridien (s. o.), Abu Dhabi City, Tel. 06/64 46 66. Gemütliche britische Pub-Atmosphäre, 17–20 Uhr Happy Hour. Wem es innen zu voll wird, kann auf die Terrasse zum Garten hin ausweichen (tgl. 12.30–1.30 Uhr).

Heroes Diner, Crowne Plaza Hotel, Sheikh Hamdan bin Mohammed Street, Abu Dhabi City, Tel. 02/623 00 00. Vor den großen Bildschirmen der Sports Bar versammeln sich Fußball-, Rugby- und Crickettfans, außerdem gibt es gute Imbisse und Themenabende wie Ladies, Quiz oder Dance Night (tgl. 12–1 Uhr).

Dieser Empfangsraum im Emirates Palace Hotel wurde nach dem traditionellen Versammlungsort arabischer Beduinen Al Majlis benannt, ist jedoch ungleich luxuriöser

2 Liwa

Die beschaulichen Oasen am Rand der großen Sandwüste sind die Heimat der Bani Yas-Beduinen.

Rund 250 km südöstlich von Abu Dhabi City liegen etwa 50 kleine Oasen am Rande der großen innerarabischen Sandwüste. Diese **grünen Inseln** inmitten abweisender Umgebung werden unter dem Sammelbegriff Liwa-Oase zusammengefasst. Sie erstrecken sich in weitem Bogen über 127 km von der Oase Arcada im Westen bis Hmeen im Osten. Seit Menschengedenken siedeln hier Manasir-, spätestens seit dem 16. Jh. auch verbündete Bani Yas-Beduinen. Damals wie heute leben die Menschen von Gemüse- und Dattelanbau, der Kamel- und Ziegenzucht. Auch die Herrscherfamilie von Abu Dhabi stammt von hier.

Heute verbindet eine sehr gut ausgebaute, vierspurige und durchgehend beleuchtete Straße die Emiratshauptstadt mit den Oasen. Zunächst führt die Strecke von Abu Dhabi etwa 110 km entlang des Meeres, dann zweigt die ebenso gut ausgebaute Route 85 bei Tarif nach Liwa ab. Die etwas weiter westlich gelegene alte Zufahrtsstraße ab Al-Mirfa ist größtenteils einspurig, führt jedoch durch das Erdöl- und -gasfördergebiet von Mussafah. Zwar begleiten in weiten Teilen Sperrzäune diese Straße, doch hat die Reise entlang der zahllosen Fördertürme und des unübersehbaren Gewirrs der Pipelines einen geradezu surrealen Reiz. Fotografieren ist aber streng verboten.

Nach etwa 70 km trifft diese Straße bei der ansprechenden kleinen Oasenstadt Medinat Zayed wieder auf die Route 85. Futterfarmen und landwirtschaftliche Versuchsareale säumen das schnurgerade verlaufende Asphaltband, dazwischen erstrecken sich immer wieder weite Sandflächen. Sie geben einen Vorgeschmack auf die **Rub al-Khali**, die Sandwüste, wegen derer die meisten Besucher die Reise nach Liwa antreten. Westlich und südlich der Oasen breiten sich bis weit nach Saudi-Arabien hinein die Sandhügel dieses ›empty quarter‹, des ›Leeren Viertels‹ aus. Ungehindert treibt dort der Wind mit leise sirrenden Sandkörnchen sein immergleiches Spiel, häuft sie auf zu sich schlangengleich windenden Höhenkämmen oder gestaltet auf ebener Fläche fantastische geriffelte Muster und Zeichnungen. Ist man weit genug von den Lichtern der Oasen entfernt, erleuchtet nachts ein un-

Einst ermöglichte nur das Wüstenschiff Kamel die Durchquerung der Rub al-Khali ▷

glaubliches Sternengefunkel den Himmel. Schlaf scheint angesichts der Glitzerpracht wie Verschwendung. Tagsüber verwandelt die Sonne die Wüste in einen Brutkasten, dann sind zwischen den rötlich schimmernden Sandbergen Temperaturen von über 45 °C keine Seltenheit.

Als erster westlicher Besucher erhielt der Brite *Wilfred Thesiger* (1910–2003) in den 1940er-Jahren die Erlaubnis, Liwa zu besuchen. Gemeinsam mit seinen einheimischen Begleitern durchquerte er mehrmals die Rub al-Khali, deren unzählige Sandfärbungen er in seinem Buch ›Arabian Sands‹ als ›getrocknetes Blut‹, ›bleich schimmernd‹, oder ›schokoladenbraun‹ beschrieb.

Anders als zu Thesigers Zeiten sind die nördlichen Einzeloasen Liwas heute durch eine asphaltierte Straße miteinander verbunden, die an ihrem westlichen und östlichen Ende in eine Sandpiste übergeht. Von dort aus ist man endgültig auf ein geländegängiges Fahrzeug angewiesen. Mit einem solchen ist es aber kein Problem, beispielsweise den ab dem Liwa Hotel bei Mezaiyah ausgeschilderten **Moreeb Hill** zu erreichen. ›Moreeb‹ heißt ›Furcht einflößend, schrecklich‹ Hinter diesem Namen verbirgt sich die mit 287 m (nach der von Al Ain) zweithöchste Düne der Emirate. Der rötlich schimmernde Sandriese ist einmal im Jahr für fünf Tage im Oktober oder November Schauplatz des **Moreeb Hill Race** (www.uaedesertchallenge.com). Dann versuchen ca. 100 geländegängige Autos, Motorräder und Trucks, möglichst schnell den Kamm der Düne zu erklimmen. Die schnellsten Wagen werden von den bis zu 33 000 Besuchern, die das motorenröhrende Spektakel von der Ebene am Fuß der Düne bzw. von der beschatteten und klimatisierten Tribüne aus beobachten, enthusiastisch gefeiert. Wer Sinn für großartige Natur hat, wird einen Besuch von Moreeb Hill jedoch das ganze Jahr über genießen. Die Strecke dorthin bietet zudem reichlich Aussichtspunkte, wenn man eine Kamelfarm besichtigen oder die farbenprächtigen Sonnenuntergänge in der Wüste fotografieren will.

Nur mit einem erfahrenen Führer findet man jene Stellen in der Wüste, an denen sich **Sandrosen** gebildet haben. Das sind feine ›zusammengebackene‹ Kristallrosetten aus Gips, die durch Mineralien weiß, gelb oder rötlich gefärbt sein können. Sie entstehen unterirdisch, wenn Tau in den gipshaltigen Wüstensand einsickert und sich mit aufsteigendem sulfatreichem Grundwasser mischt. Weht der Wind dann den umliegenden lockeren Sand fort, treten oft ganze ›Felder‹ von Wüstenrosen zutage, die inmitten der kargen Weite geradezu unwirklich funkeln.

Wer mehr von Liwa und der Umgebung sehen möchte, könnte auf dem Rückweg nach Abu Dhabi die Strecke über **Hmeen** nehmen und von dort die schnurgerade nach Norden verlaufende schmale Asphaltstraße wählen. Zunächst führt sie über zahlreiche Oasen, von denen **Shah** und **Tharwaniyah** die malerischsten sind. Auch das sorgfältig renovierte weiße **Attab Fort** bei der gleichnamigen Siedlung mit seinen runden Wachtürmen und den markanten Ziegelmustern auf den Dreieckszinnen lohnt einen Fotostopp. Anschließend fährt man bis zur Küste durch die wie verwunschen wirkende Erdöl- und Gasförderfelder der östlichen Ad Dhafrah-Region.

i Praktische Hinweise

Sport und Freizeit

OffRoad Emirates, BHS Building, Sheikh Hamdan Street, Abu Dhabi City, Tel. 02/6333232, Fax 02/6336642, www.offroademirates.com. Der erfahrene Geländefahrer George Duncan schickt Gruppen, Einzelreisende und Selbstfahrer in die Wüste – und sorgt dafür, dass sie sicher wieder zurückkommen. Ob Tagesausflüge, Wüstenübernachtungen oder Sandrosenareale, George organisiert alles, von den Emiraten bis zum Oman, nicht nur in der Rub al-Khali.

Hotels

Liwa Hotel, Mezaiyah (erste Oase am Ende der Route 85), Liwa Oasis, Tel. 02/8822000, Fax 02/8822830, www.ncth.com. Das Hotel im Stil eines historischen Forts auf einer Anhöhe bietet überraschenden Luxus inmitten der Wüste. Unmittelbar hinter dem gepflegten Garten mit Swimmingpool beginnt die Wüste – ein reizvoller Kontrast. Zu den Sportmöglichkeiten zählen Tennis- und Volleyballplätze sowie Fitnessraum im Rundturm mit prächtiger Aussicht. Die 66 Gästezimmer und Suiten sind groß und luftig-hoch, daneben bieten drei voll ausgestattete Villas reichlich Platz für Familien.

Liwa Rest House, Mezaiyah (erste Oase am Ende der Route 85), Liwa Oasis, Tel. 02/8822075, Fax 02/8829311. Einfacheres, aber ebenfalls sehr schön gelegenes Gästehaus. Das ausgedehnte Anwesen wird gern von Jugendgruppen besucht, der Speisesaal und der ausgedehnte Garten sind darauf eingestellt.

3 Al Ain

Plan Seite 33

Die grüne Oasenstadt ist die Heimat des Staatsgründers Scheich Zayed.

148 km östlich von Abu Dhabi liegt Al Ain inmitten der sandigen Ebene am Westrand des Hajar-Gebirges. ›Ain‹ bedeutet im Arabischen ›Quelle‹ oder einfach ›Wasser‹. Tatsächlich verfügt die Siedlung über beträchtliche Grundwasserreserven und trägt ihren Beinamen ›Gartenstadt‹ völlig zu Recht.

Zum – verhältnismäßigen – Wasserreichtum kommt die für den Handel so wichtige Nähe zum Oman. Die Landesgrenze verläuft durch die Stadt, deren östlicher, omanischer Teil wie die gesamte Region **Buraimi** heißt. Im täglichen Leben spielt diese Grenze keine Rolle, die Zollformalitäten müssen Reisende erst einige Kilometer weiter östlich im Landesinneren des Oman erledigen.

Geschichte Jahrhundertelang war die Herrschaft über die Buraimi-Oasen umstritten. Bereits in vorislamischer Zeit hatten die wahrscheinlich jemenitischen Beduinenstämme der Dhahirah und Na'im die Oasen besiedelt, abwechselnd beanspruchten die Wahhabiten aus dem heutigen Saudi-Arabien und der Oman die Oberherrschaft. Mit dem Aufstieg Abu Dhabis zur bedeutenden Handelsstadt im 19. Jh. begann auch dieses Scheichtum, Einfluss auf die Oase auszuüben. 1844 meldete der britischen Vertreter in Sharjah, Abu Dhabi habe die Kontrolle über die örtlichen Stämme errungen. Diese wurde in den folgenden Jahrzehnten durch Landkäufe und Militäraktionen weiter ausgebaut. Letztmals in Gefahr geriet die Herrschaft Abu Dhabis 1952, als Saudi-Arabien einen Teil von Buraimi okkupierte. 1955 vertrieben Truppen aus dem Oman und Abu Dhabi die Saudis wieder, 1972 erkannte Saudi-Arabien die aktuellen Grenzen schließlich an. Der Grenzverlauf zwischen Abu Dhabi und Oman wurde bereits 1966 vertraglich geregelt.

In den gesamten Emiraten ist Al Ain als Geburtsort von **Scheich Zayed bin Sultan al-Nahyan** bekannt, der die Oasenstadt 1946–66 regierte. Er erneuerte das traditionelle *Falaj* Bewässerungssystem, wodurch Al Ains Landwirtschaft nachhaltig erblühte. 1966 übernahm er die Regierung des gesamten Emirats und zog in die Hauptstadt.

Heute ist Al Ain eine propere **Universitätsstadt** mit 300 000 Einwohnern – und großen Zielen. Bis zum Jahr 2015 will Al Ain sich zum größten inländischen Touristenziel der Emirate gemausert haben. Dafür wird bereits heute rege gebaut, so zum Beispiel im Süden, wo an der Zufahrt zum Jebel Hafeet (s. u.) ein ganzes Tal begrünt wird.

Palmenhaine und Grünflächen bestimmen das Bild der lebendigen Universitätsstadt Al Ain, deren Silhouette auch heute noch von den Minaretten der Moscheen geprägt wird

Al Ain
0
2 km
Flughafen
Wadi Towayya
Dubai
Al Ain Ice Rink 12
Hili Fun City 11
Emirates Street
Street
10
Hili Archaeological Park
Al-Athar Street
Ardh al-Jaw
Bani Yas Street
Al-Falah St.
Mohammed Ibn Khalifa Street
Al-Nakheel Street
Khaled Ibn al-Waleed St.
Al-Baladiyya Street
Buraimi Road
OMAN
Hamdan Ibn Zayed al-Awwal Street
Hamdan Ibn Mohammed Street
9 BURAIMI
Wadi Slemi
Shakhbut Ibn Sultan Street
Shakhbut Ibn Sultan Street
Camel Market 8
Khalifa Ibn Zayed Street
Coffeepot Roundabout 6
7 Murabba Fort
Zayed al-Awwal Street
Zayed Ibn Sultan St.
1 Market Square
Al Ain National Museum 3
2 Livestock Souk
Al-Baladiyya Street
Al Ain Palace Museum 5
4 Al Ain Oasis
Omar Ibn al-Khattab St.
Al-Salam St.
Zayed Ibn Sultan Street
Klaled Ibn Sultan St.
Wadi Al Ain
Al Ain Street
Nihayyan al-Awwal Street
13 Al Ain Zoo & Aquarium
14 Dog Race Track
Jebel Hafeet 15
Ain Al-Faydah 16
Green Mubazzarah 17

Diese kostbar verzierten Truhen gehören zu den wertvollsten Ausstellungsstücken des Al Ain National Museum. In Vitrinen werden zudem Waffen und Haushaltsgeräte gezeigt

Besichtigung Al Ain macht ortsunkundigen Reisenden mit zahlreichen großen Roundabouts und vielen verkehrsberuhigenden Bodenwellen die Orientierung und das Durchfahren nicht gerade leicht. Es empfiehlt sich, vom Hotel aus mit dem Taxi ins Zentrum zu fahren und die dortigen Sehenswürdigkeiten zu Fuß zu erkunden.

Als Ausgangspunkt bietet sich der zentrale **Market Square** ❶ an, dessen Südseite ein großes zinnenbekröntes und lehmverputztes Tor mit einer breiten Mitteldurchfahrt für den Verkehr begrenzt. Morgens findet hier ein lebhafter Gemüse- und Haushaltswarenmarkt statt, nachmittags dient die große leere Fläche als Parkplatz. Seitlich des Tores werden auf dem **Livestock Souk** ❷ in der Zayed bin Sultan Street jeden Tag von morgens bis abends unzählige Ziegen und einige wenige Rinder verkauft, teilweise direkt von den offenen Ladeflächen der Pickup-Trucks herab. Nach diesem Einblick in das Alltagsleben der Landbevölkerung kann man sich im nahen **Al Ain National Museum** ❸ (Mai–Okt. So–Mi 8–14 und 16.30–18.30, Do 9–12 und 16.30–18.30, Fr 9–11.30 und 16.30–18.30, Nov.–April Mo–Mi 8–14 und 15.30–17.30, Do 9–12 und 15.30–17.30, Fr 9–11.30 und 15.30–17.30 Uhr, www.aam.gov.ae) einen Eindruck vom früheren Oasenleben verschaffen. Die interessante Sammlung umfasst Kleidungsstücke, Dolche (*Khandjars*) und Schusswaffen, Silberschmuck der Beduinen und getriebene Metallgefäße, zeigt aber auch Koranhandschriften aus dem 17. Jh. und hölzerne Kleidungstruhen (sog. *Manadis*). Besondere Beachtung verdient die prähistorische Keramiksammlung, die bis zu 4400 Jahre alte Stücke aus der Ausgrabungsstätte bei Hili vor den Toren des modernen Al Ain aufweist. Der Rundgang durch die ebenerdigen Museumsräume führt auch an mehreren Vitrinen vorbei, in denen Staatsgeschenke ausgestellt sind, die Scheich Zayed im Laufe seiner Amtszeit erhielt. U. a. ist da der *Collar de la Order de Isabel la Catolica* zu sehen, den der spanische König Juan Carlos I. 1981 ›Su Alteza Sheikh Zayed‹ überreichte. Zum Museumsareal gehört auch das nur wenige Meter entfernte **Fort Al Ain**, auch *Eastern Fort* genannt. Scheich Sultan bin Zayed hatte die quadratische Festung 1910 aus Lehmziegeln erbauen lassen. Einer der drei Rundtürme diente bis zur Umwidmung des Gebäudes 1971 als Gefängnis, der Brunnen in dem ca. 12x12 m großen Innenhof ist mittlerweile versiegt. In die dicken Umfassungsmauern integriert sind die ehem. Küche und drei weitere Kammern, an deren Wänden historische Schwarzweiß-Fotos zu sehen sind. U. a. ist hier Wilfried Thesiger (1910–

Auf Al Ains Market Square bieten die Bauern der Oase ihre Produkte feil, besonders in den Morgenstunden herrscht hier reges Treiben

2003) abgebildet, der Mitte des 20. Jh. als erster Europäer die Erlaubnis erhielt, Liwa [Nr. 2] zu besuchen.

Von den heute nicht mehr zugänglichen Zinnen des Forts blickten die Wachen weiland weit über die Wipfel der benachbarten **Al Ain Oasis** 4 (tgl. 6.30–Sonnenuntergang). Dieser größte von mehreren Palmenhainen bildete den eigentlichen Kern der Stadt. Durch ein breites, tagsüber einladend geöffnetes Holztor betritt man auf sauber gepflasterten Wegen die Oase. Wohltuende Kühle umfängt den Besucher, die Gärten

Das heute zum Al Ain National Museum gehörende Al Ain Fort untermauerte ab 1910 den Herrschaftsanspruch der Familie al-Nahyan auf die wohlhabende Oase

Die Falaj-Kanäle dienen der Bewässerung der Gärten und Kindern zur Erfrischung

rechts und links des sich vielfach windenden Weges sind von akkuraten Steinmauern begrenzt. Dicht stehen hier die schlanken Palmen, mitunter verrät ein leises Plätschern den Verlauf eines Bewässerungskanals und im Halbschatten der Baumkronen lehnt hie und da das Fahrrad eines Parzellenbesitzers an einem der geriffelten Stämme. Wie Astwerk zweigt von der gut 4 m breiten Hauptzufahrtsstraße ein labyrinthartiges Wegenetz ab. Das bescheidene *Al Ain Oasis Restaurant* in seiner Mitte ist noch verhältnismäßig leicht zu finden, doch schon die Suche nach dem mehrfach ausgeschilderten *Sheikh Zayed Old Palace* wird zu einer langwierigen Schnitzeljagd und kann durchaus 1 Std. dauern. Tritt man dann aus der Oase wieder auf die offene Straße, entpuppt sich der ›Alte Palast‹ als der prächtige, sorgfältig renovierte Lehmbau des **Al Ain Palace Museum** 5 (So–Do 9–19.30, Fr 15–20 Uhr, Tel. 03/751 77 55). Mächtige runde Ecktürme ragen in vier, sich konzentrisch nach oben verjüngenden Etagen auf, Dreieckszinnen krönen die rötlichen Außenmauern der ausgedehnten rechteckigen Anlage. Sie wurde 1937 als Wohn- und Regierungspalast erbaut, den auch Scheich Zayed während seiner Zeit als Regent von Al Ain nutzte. Nach dem Umzug des Herrschers in die Hauptstadt stand das Fort leer, 1998 begann die Renovierung. Ein imposanter Tordurchgang führt in den recht großen ersten Innenhof. Links steht unter einer ausladenden Schirmakazie ein alter Jeep, einer von Scheich Zayeds zwei Dienstwagen aus der Zeit vor dem Ölboom. Gegenüber öffnet sich ein weiterer Torbogen auf den zweiten Innenhof, einst das Kernstück des Regierungsbereiches. Diesen erreicht man auch, wenn man im ersten Hof zunächst nach rechts durch den bildergeschmückten Arkadengang in die ehemaligen *Privat- und Familiengemächer* geht. Hier befindet sich ein kleines Informations- und Verwaltungsbüro, von dem aus man die zweistöckigen Gebäudekomplexe mit Schlaf-, Empfangs- und Gästezimmer im Garten erkunden kann. Sehr schön ist der Blick von einem der Flachdächer über Oase und moderne Stadt. Vorbei an der einstigen Palastküche gelangt man schließlich in den offiziellen Amtsbereich. Hier empfing Scheich Zayed Besucher und Bittsteller in sog. *Majlis*. Der größte dieser traditionellen Empfangssalons umfasst etwa 7 x 12 m und ist mit einem edlen Teppich ausgelegt, in der Mitte steht das Kohlebecken für die Zubereitung frischen Kaffees. Entlang der Wände ziehen sich komfortable Sitz- und Rückenkissen, über dem etwas erhöhten Ehrenplatz gegenüber dem Eingang hängt ein Bild des einstigen Herrschers, dargestellt als kühner Falkner. Ein kleines Nebengelass nutzte Zayed als Arbeitszimmer – die karge Ausstattung lässt vermuten, dass

TOP TIPP

Eine Kaffeekanne, Symbol der Gastfreundschaft, schmückt den Coffeepot Roundabout

der Regent so wenig Zeit wie möglich mit schnöder Schreibtischarbeit verbringen wollte.

Hält man sich nach dem Verlassen des Museums rechts, kann man dort ein Taxi nehmen oder entlang zahlreicher kleiner Ladengeschäfte und dem *Old Souk* durch die moderne Innenstadt Richtung **Coffeepot Roundabout** 6 schlendern. Das Rondell verdankt seinen Namen einer mehrere Meter hohen, von Tassen umgebenen Schnabelkanne in seiner Mitte. Hier befindet sich linkerhand das **Murabba Fort** 7, dessen hohes lehmverputztes Mauergeviert einen weiten Innenhof umschließt. Das Gebäude in seiner Mitte diente lange Zeit als Gefängnis von Al Ain.

Das Antlitz Scheich Zayeds schmückt das allabendlich beleuchtete Murabba Fort

Deutlich lebhafter als auf dem kahlen Hof des Forts geht es jeden Vormittag auf der Brachfläche neben der Festung zu, auf der der berühmte **Camel Market** 8 stattfindet. Interessenten und Verkäufer kommen teils von weit her, um hier ihre Dromedare feilzubieten oder ein passendes Tier zu erstehen. Die Lärmkulisse ist nichts für zarte Gemüter, ebensowenig der von den Tieren ausgehende Geruch. Zudem spucken die Kamele dann und wann – auch auf Besucher. Dennoch übt der Markt eine ganz eigene Faszination aus.

Nordwärts ist es von hier aus nicht weit nach **Buraimi** 9. Dass dieser Teil der Stadt zum Oman gehört, sieht man vor allem an der Kleidung der Männer, die hier im Gegensatz zu den meist weiß gewandeten Emiratis oft farbige Dishdashas und eine bunt bestickte Kappe tragen. Wer selbst mit dem Mietwagen hinüber fährt, sollte eine Versicherung für

Auch ein Kamel fängt einmal klein an – wovon man sich etwa bei einem Besuch auf dem Camel Market von Al Ain mit eigenen Augen überzeugen kann

den Oman abgeschlossen haben. Auch in Buraimi gibt es an der Al-Masoudi Street einen kleineren *Camel Market,* doch vor allem das schön renovierte *Al-Khandaq Fort* gegenüber dem *Fruit und Vegetable Market* ist sehenswert.

Am nördlichen Stadtrand von Al Ain, Richtung Dubai, befindet sich der **Hili Archeological Park** ⑩ (tgl. 16–23, Fei und während der Ferien 10–23 Uhr), auf dessen Gelände archäologisch bedeutende Grabfunde aus dem 3. Jt. v. Chr. entdeckt wurden. Mittlerweile entstand hier ein Familienpark, in dem zwischen Grünflächen und Kinderspielplätzen drei Fundstätten eingezäunt sind: Gleich rechts die Grundmauern einer bronzezeitlichen Siedlung (2500–2000 v. Chr.), etwas weiter ein nachgebautes Steingrab , dessen einzige sichtbare Besonderheit ein Relief über der dunklen Eingangsöffnung ist. Und schließlich im dritten und mit etwa 50 x 50 m größten umzäunten Areal weitere, wenngleich stark verwitterte vorgeschichtliche Mauerreste.

Nur wenige Autominuten nördlich in Richtung Dubai zieht der Vergnügungspark **Hili Fun City** ⑪ (Mi–Fr und Fei Sonnenauf- bis -untergang, 12–14 Uhr keine Spiele) mit Rutschen, Karussells und zahlreichen Elektrospielen große und kleine Besucher an. Am Ende derselben Straße befindet sich das Eislaufzentrum **Al Ain Ice Rink** ⑫ (So–Mi 16–22, Do/Fr und Fei 9–22 Uhr, außer während des Eishockeytrainings, Di/Mi Ladies Day).

In einem solchen Steingrab bestattete man vor 4500 Jahren vermutlich vornehme Tote

An der entgegengesetzten, südlichen Stadtgrenze umfasst **Al Ain Zoo & Aquarium** ⑬ (Mai–Okt. So–Fr 7–17.30, Nov.–April 8– 17.30 Uhr)mehr als 400 ha. Besonders stolz ist man auf das Zuchtprogramm für bedrohte Arten, beim Publikum stehen die Großkatzen und Flusspferde hoch in der Gunst. Im großen Aquarium sind Seelöwen, Pinguine und viele heimische Fischarten zu sehen. In direkter Nachbarschaft finden auf dem **Dog Race Track** ⑭ vornehmlich an Winterwochenenden Hunderennen statt, zu denen in erster Linie Sprösslinge aus der berühmten Zucht von Al Ain antreten. Die langbeinigen Tiere ähneln großen Windhunden, sind jedoch massiger und kräftiger gebaut als diese. Genaue Renntermine erfragt man am besten im Hotel.

Den krönenden Abschluss des Aufenthaltes in Al Ain bildet eine Fahrt auf den **Jebel Hafeet** ⑮ im Süden der Stadt. Der Berg steigt abrupt aus der Ebene auf und ist mit 1180 m der höchste der Vereinigten Emirate. Am Fuß des mächtigen Gebirgsstocks tritt bei **Ain Al-Faydah** ⑯ frisches Quellwasser zutage und bildet gar einen kleinen See, um den sich Bootsverleih, Restaurants und Grünanlagen angesiedelt haben. So lauschig die Anlage ist, steht sie doch mittlerweile im Schatten des nahen, ungleich größeren Ferienressorts **Green Mubazzarah** ⑰ unmittelbar neben der Zufahrt zum Gipfel. Das künstlich bewässerte ›Grüne Tal‹ lädt zum Picknick in schattige Gärten und bietet in der Pool & Spa-Landschaft nicht weniger als vier Schwimmbäder (für Männer und Frauen getrennt).

TOP TIPP

Eine vielfach gewundene, 13 km lange **Serpentinenstraße** führt von hier aus auf den kahlen **Gipfel** des Jebel Hafeet. Unterwegs geben aussichtsreiche Parkbuchten mehrfach Gelegenheit zum Anhalten. Ganz oben öffnet sich dann ein umzäunter Parkplatz, von dem aus man eine schier unbegrenzte Fernsicht über die rot- und beigefarbene Wüste und die rund 700 m tiefer gelegene Stadt genießt. Nebenan bietet das einfache *Top of Hafeet Mountain Restaurant* Erfrischungen an. Der weiße Palast knapp unterhalb des Gipfels gehört Scheich Khalifa bin Zayed al-Nahyan, dem Präsidenten der VAE.

Praktische Hinweise

Information

Al Ain Municipality, Al-Baladiya Street, Tel. 03/7635111

Die Aussicht auf die zerklüfteten Felsformationen des Jebel Hafeet schlägt jeden Besucher in ihren Bann. Doch nach dem Willen der Stadtentwickler sollen die kahlen Hänge bald grünen

Sport und Freizeit

Al Ain Camel Safaris, im Foyer des Hilton Hotels (s.u.), Khalid Ibn Sultan Street, Al Ain, Tel. 03/768 80 06, Fax 03/768 80 05. Mit dem Allradwagen oder auf dem Kamelrücken in der Wüste: Dünenfahrten, Sonnenuntergangstouren und Übernachtungen im Beduinenzelt.

Hotels

*******Hilton Al Ain**, Khalid Ibn Sultan Street, Al Ain, Tel. 03/768 66 66, Fax 03/768 68 88, www.al-ain.hilton.com. Beliebtes, wenngleich etwas in die Jahre gekommenes Luxushotel mit 202 großen Zimmern. Besondere Erwähnung verdienen der Swimmingpool und das gut ausgestattete Sports Center mit Fitnesshalle, Squashcourt, Tischtennis, Billard, Aerobic- und Spinningkursen u.v.m. Persisches und italienisches Restaurant im Haus, ebenso zwei Bars.

*******InterContinental Resort Al Ain**, Khalid Ibn Sultan Street, Al Ain, Tel. 03/768 66 86, Fax 03/768 67 66, www.al-ain.intercontinental.com. 200 mit jeglichem Komfort ausgestattete Gästezimmer in einem architektonisch wenig ansprechenden Gebäude etwa 3 km außerhalb der Stadt. 22 Edel-Villen im ausgedehnten Garten, in ausreichender Entfernung haben Planschbecken, Spaßpool und Wasserfall sowie ein 33 m langes Sportbecken Platz. Die vier Restaurants im Haus genießen einen guten Ruf.

*******Mercure Grand Jebel Hafeet**, Zufahrtsstraße zum Jebel Hafeet, Al Ain, Tel. 03/783 90 00, www.mercure.com. Prächtiges Hotel, 124 Luxuszimmer in luftiger Höhe locken mit grandioser Aussicht. Dazu Restaurants, Bars, Fitnesscenter, Pool und Tennisplatz.

Restaurants

Min Zaman, im Al Ain Rotana Hotel, Zayed Ibn Sultan Street, Al Ain, Tel. 03/751 51 11. Gute libanesische Küche. In arabischer Dekoration mit historischen Waffen an den Wänden und sanftem Licht aus bunten Lampen speist man heiße und kalte Mezzas, Grillspieße oder Fischgerichte. Von allen Tischen hat man einen guten Blick auf die Bühne, auf der Bauchtanzvorführungen den Abend abrunden (tgl. 18–2.30 Uhr).

Muslim Restaurant, Al-Ghaba Street (nördlich der Überführung), Al Ain, Tel. 03/65 41 58. Kleines preisgünstiges Lokal in der Stadtmitte nahe dem Markt, in dem man ganz hervorragend Lamm oder Fisch essen kann. Dazu reicht der Wirt selbstgebackenes Fladenbrot.

عناية تحت الشمس

Dubai – Goldglitzerndes Einkaufsparadies des Mittleren Ostens

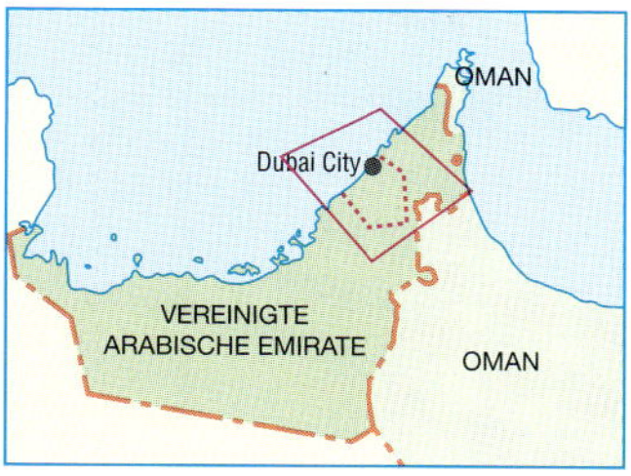

Dubai lockt mit einer einzigartigen Mischung aus Strandurlaub mit Sonnengarantie und schier grenzenloser Shopping-Freude. In keiner anderen Stadt sind proportional so viele Luxushotels versammelt, sie säumen den modernen Internationalen Flughafen am Rand des quirligen Einzelhandelsviertels **Deira** und des malerischen Altstadtviertels **Bur Dubai**, recken ihre Hochhausfassaden entlang des silberglänzenden Bandes des Dubai Creek in den strahlend blauen Himmel und ballen sich im Süden an der **Sheikh Zayed Road** und entlang des feinsandigen hellen Küstensaums von **Jumeirah**. Dort lockt der *Wild Wadi* Wasser- und Vergnügungspark und die stets badewannenwarmen Wasser des Arabischen Golfs laden zum Schwimmen, Surfen, Segeln und jeder anderen nur erdenklichen Form von **Wassersport**. Bis in das industriereichen Viertel **Jebel Ali** mit seinem riesigen Frachthafen reicht die Reihe der Strandhotels. Mittlerweile ist der Platz am Wasser knapp geworden – Abhilfe schaffen gigantische **Neulandgewinnungen**, etwa *Palm I* und *Palm II und III*, künstlich aufgeschüttete Inseln in Form von Palmen. An Visionen mangelt es den Machern in Dubai wahrlich nicht, in den kommenden Jahren sollen *The World*, ebenfalls eine Inselwelt, nun aber in Form einer Weltkarte, und das höchste Bauwerk der Welt, der *Burj Dubai*, verwirklicht werden.

Dank weitgehender Zoll- und Steuerfreiheit verfügt Dubai City über eine unübersehbare Vielzahl von **Märkten** und **Malls**, vom viel besuchten *Gold Souk* oder dem benachbarten *Spice Souk* in Deira bis zu klimatisierten Einkaufspalästen wie *Wafi City*, *Deira City Centre* oder *Al-Bustan Centre*. Als Abwechslung zu Shopping und Badefreuden bietet sich ein Besuch des ambitionierten **Dubai Museum** im ältesten Gebäude der Stadt an, den man sehr gut mit einer **Abra-Fahrt** verbinden kann. Beim Übersetzen mit einer dieser traditionellen Barkassen über den Dubai Creek genießt man sowohl den frischen Fahrtwind als auch das großartige Hochhaus-Panorama an den Ufern. Als bei weitem ›westlichste‹ Stadt der Emirate erfreut sich Dubai City außerdem zahlreicher **Ausgehmöglichkeiten** und eines abwechslungsreichen **Nachtlebens**.

Bei all dem Rummel um Dubai City sollte man nicht vergessen, dass das 3885 km^2 große Emirat Dubai noch mehr zu bieten hat als seine zweifellos aufregende Hauptstadt. Beliebtestes Ausflugsziel ist **Hatta**, ein Dorf im etwas kühleren Hajar-Gebirge. Hier kommen *Wanderer* und *Vogelfreunde* auf ihre Kosten, ebenso *Offroad-Fahrer*, die gern die umliegende wild-bizarre Bergwelt erkunden. Lohnende Ziele sind die *Hatta Pools*, natürliche Felsbecken, in denen sich das klare Wasser kühler Bergbäche sammelt. Noch sportlicher geht es westlich von Hatta zu, wo die höchsten Sanddünen Dubais zu **Sandskiing** oder rasanten Fahrten mit dem **Dune-Mobil**, einer Art Buggy, durch die rot-sandige Wüstenlandschaft einladen. Wer die Wüste etwas ruhiger erleben will, findet sicher an den **Desert Safaris** Gefallen, die in der Regel Aufenthalt und Abendessen in einem Beduinenlager beinhalten. Auf Wunsch können Besucher dort sogar übernachten oder an einem Kamelritt durch die Sanddünen teilnehmen.

◁ *Dubai, Goldstadt am Arabischen Golf: Im Licht der Abendsonne passt sich auch die gläserne Fassade der National Bank of Dubai diesem Motto an*

4 Dubai City

Plan hintere Umschlagklappe

Glitzerwelt im Shopping-Paradies am Dubai Creek, berühmte Luxushotels am Persischen Golf.

Wer von ›Dubai‹ spricht, meint meist die **Hauptstadt** Dubai City, in der mit fast 700 000 Menschen mehr als 90 % der Gesamtbevölkerung des Emirats leben. Mittlerweile macht die **Handelsmetropole** am Dubai Creek sogar Abu Dhabi City die Rolle als größte arabische Stadt am Golf streitig. Doch trotz der hohen Einwohnerzahl und des enormen **Flächenwachstums** der letzten 30 Jahre ist Dubai City eine überschaubare Stadt geblieben. Das mag sich jedoch in den nächsten Jahren ändern, denn zurzeit sind zahlreiche städtebauliche **Großprojekte** im Gange, mit deren Hilfe sich Dubai City als ›Radnabe des Mittleren Ostens‹ profilieren und das Emirat sich für die Zeit nach dem Öl rüsten will. Vor allem im Südwesten Richtung Jebel Ali wird großflächig gebaut, das Land gleicht einer einzigen riesenhaften Baustelle. Hier entstehen gleichzeitig mehrere *Industrieparks*, an der Küste *Hotels* mit mehreren Tausend Betten, *Wohn-* und *Geschäftsviertel* wie Dubailand oder Knowledge Village. Weltweites Interesse rufen auch die *Neulandgewinnungen* The World sowie The Palm I, II und III vor der Küste hervor. Und entlang der Autobahnverbindung nach Abu Dhabi, die innerstädtisch Sheikh Zayed Road heißt, erfindet sich Dubai gerade neu und baut ein zweites, hypermodernes **Stadtzentrum** mit beeindruckenden Hochhausriesen und moderner Infrastruktur.

Geschichte Doch auch Dubai City fing einmal klein an. 1820, als die Briten mit neun Scheichtümern an der Golfküste den ›General Treaty of Peace‹ schlossen, war der Ort an der Mündung des Dubai Creek in den Arabischen Golf lediglich ein kleiner **Hafen** der Bani Yas-Beduinen, in dem Perlentaucher, Fischer und Bauern lebten. Nahebei bestand im westlichen Küstendorf *Jumeirah* bereits seit dem 5./6. Jh. eine kleine **Karawanenstation**.

Zu den markanten Gebäuden am Dubai Creek zählen die Twin Towers (links) und die Dubai Chamber of Commerce (rechts)

1833 siedelte sich der Bani Yas-Scheich Maktoum bin Butti al-Maktoum mit etwa 800 Getreuen in Dubai an und löste sich von Abu Dhabi. Scheich Maktoum förderte durch günstige Zölle den Perlenhandel und den Warenumschlag, sodass die kleine Siedlung am Dubai Creek rasch aufblühte. Als 1902 die bedeutende persische Hafenstadt Lingah (das heutige Bandah Langeh) die Zölle erhöhte, wanderten viele Händler nach Dubai aus, wo Scheich Maktoum bin Hasher (reg. 1894–1906) **Zölle** und **Gewerbesteuern** inzwischen gänzlich abgeschafft hatte. In den folgenden zwei Jahrzehnten entstand der Stadtteil **Bastakiya**, den persische Zuwanderer nach ihrer Heimatregion Basta benannten. Als Ende der 1920er-Jahre angesichts der Weltwirtschaftskrise und des Aufkommens japanischer Zuchtperlen die Preise für Meeresperlen einbrachen, litt auch Dubai an Einbußen. Doch als Warenumschlagplatz vor allem für sog. **Re-Exporte** blieb der Hafen weiterhin attraktiv.

Bereits 1937 erlaubte Scheich Saeed bin Maktoum al-Maktoum (reg. 1912–58) einem britischen Konsortium, in seinem Emirat nach **Öl** zu bohren. Allerdings blieben die Bemühungen beinahe 30 Jahre lang ohne Erfolg. Das erste Geldinstitut in Dubai, die **British Bank of the Middle East** eröffnete erst 1946, der Bau des **Flughafens** von Dubai begann 1959. Nachgerade entscheidend für die Sicherung der Position als Handelshafen war der Bau des Containerhafens **Port Rashid** 1967–72.

Seit der Gründung des **Trucial States Council** im Jahr 1951, dem die Führer aller neun Scheichtümer entlang der sog. Trucial Coast angehörten, war Dubai dessen Mitglied. Als die Briten 1968 ankündigten, sich aus allen Gebieten ›East of Suez‹ zurückzuziehen, begannen in diesem Gremium intensive Beratungen, wie die Zukunft der Region politisch gestaltet werden sollte. Als Führer der beiden größten Emirate trieben Scheich Zayed al-Nahyan von Abu Dhabi und der 1958 in Dubai an die Macht gekommene **Scheich Rashid bin Saeed al-Maktoum** (reg. bis 1990) den Zusammenschluss zu den Vereinigten Arabischen Emiraten voran. Zwar blieben Qatar und Bahrain sowie zunächst Ras al-Khaimah außen vor, doch die restlichen sechs vormaligen Trucial States gründeten 1971 die **VAE**. Dabei gab es zwischen den beiden großen Emiraten

zunächst immer wieder Reibereien um die Vorherrschaft im Föderationsrat, zumal beide über beträchtliche Staatseinnahmen verfügten. Im Falle Dubai speisen sich diese seit 1969 auch aus dem Verkauf von **Öl**, auf das man 1966 vor der Küste gestoßen war. Gleichzeitig vernachlässigten weder Scheich Rashid noch seine Söhne und Nachfolger Maktoum und Mohammed, letzterer der heutige Scheich von Dubai, den für Dubai so wichtigen Handel. Dem 1976–79 erbauten **Containerhafen Jebel Ali**, dem größten künstlich angelegten Hafen der Welt mit seiner gleichnamigen Freihandelszone etwa 40 km im Süden der Hauptstadt kam dabei besondere Bedeutung zu. Seit seiner Fertigstellung wuchs die Einwohnerzahl beständig, 1977 lebten 207 000 Menschen in Dubai City, heute nähert sich die Zahl der Millionengrenze.

Neben dem Handel soll der **Tourismus** zum wichtigsten und vor allem ölunabhängigen Wirtschaftsfaktor ausgebaut werden. Immer mehr Luxushotels und Resorts entstehen entlang der feinen Sandstrände des Golfs, zahlreiche **Sportveranstaltungen** wie das *Dubai World Cup*-Pferderennen in Nad al-Sheba vor den Toren der Stadt oder das ebenfalls mit reichlich Preisgeld ausgestattete Golfturnier *Dubai Desert Classics* ziehen die Sportbegeisterten an. Vor allem aber locken **Einkaufszentren** Schnäppchenjäger aus aller Welt in die Stadt am Dubai Creek. In traditionellen Souks und chromblitzenden Konsumtempeln findet sich alles, was die Warenwelt zu bieten hat.

Besichtigung Der 11 km lange **Dubai Creek**, auf arabisch **Khor Dubai**, ist die Lebensader der Stadt. Reger Dhauverkehr symbolisiert das blühende Wirtschaftsleben, an den Flussufern reihen sich imposante Hotel- und Verwaltungsbauten ebenso aneinander wie einladend grüne Parks und Freizeiteinrichtungen. Auf der **östlichen Seite** des Creek liegt nahe der Mündung das historische Viertel *Deira* mit seiner überwiegend indischen bzw. pakistanischen Bevölkerung und den farbenprächtigen Souks und Märkten inmitten enger, meist niedriger Bebauung. Südlich davon erstreckt sich der **Internationale Flughafen**. Auf Fotografien aus der Mitte des 20. Jh. liegt das Rollfeld noch inmitten der Wüste, heute hat die Stadt den Flughafen umschlossen.

Zwei Brücken, die *Al-Maktoum Bridge* im Norden und die flughafennahe *Al-Garhoud Bridge* im Süden führen über den Creek, nahe letzterer soll bald eine dritte entstehen, mit sieben Spuren in

In Dubais Konsumtempeln heißen die Götter Armani, Dior und Chanel, Hilfiger, Gucci und Boss. Anstelle der Rauchopfer verlangen sie nichts als eine gedeckte Kreditkarte

In Dubai ist tatsächlich (fast) alles, was glänzt reines, hochkarätiges Gold

Gold-Stücke

Gold wird in Dubai meist nach Gewicht verkauft, sehr aufwendig von Hand gearbeitete Schmuckstücke kosten aber auch hier etwas mehr. Der **Reinheitsgrad** von Gold wird in Karat (K) angegeben, eine Bezeichnung, die sich von dem Samen der Karob-Frucht ableitet, mit dem Gold früher im Orient aufgewogen wurde. 9 K entsprechen einem Goldanteil von 37,5 %. Entsprechend stehen 10 K für 41,67 %, 14 K für 58,33 % und 18 K für 75 %. In 22 K sind 91,67 % Gold enthalten und 100 % ›fine gold‹ entspricht 24 K. Letzteres ist allerdings ein theoretischer Wert, denn pures Gold wäre für die Verarbeitung zu weich. Die nötige Härte erreicht man durch Beigeben geringster Mengen von Titanium, Nickel oder Zink.

Beimengungen sind es auch, die Gold unterschiedliche **Farben** verleihen können. Neben dem bekannten tiefgelben Goldschimmer gibt es auch blassgelbe, grünliche und sogar purpurrote Farbnuancen. Das sog. **Weißgold** ist eine Gold-Palladium- oder Gold-Nickel-Legierung, die auch etwas Kupfer oder Zink enthält. Es wurde ursprünglich in den 1920er-Jahren als Ersatz für Platin entwickelt und ist bis zu einem Reinheitsgrad von 21 K erhältlich.

jeder Richtung. Außerdem sollen bis zum Jahr 2012 zwei Metrolinien die Straßen von Dubai City entlasten. Noch aber bilden die beiden Brücken Nadelöhre für den enormen **Verkehr**. Denn neben diesen beiden führt für den motorisierten Verkehr nur noch der *Sindagha Tunnel* an der Mündung des Creek von der Ost- auf die Westseite des Wasserlaufs. Dort befinden sich mit *Bur Dubai* und *Bastakiya* die eigentlichen Altstadtviertel, die mit dicht gedrängten Wohnhäusern und malerischen Windtürmen zu einem Erkundungsbummel einladen. Alle touristischen Sehenswürdigkeiten wie Dubai Museum, Old Souk und die Heritage Area sind hier bequem zu Fuß zu erreichen.

Vollkommen anders geben sich die jüngeren Stadtteile weiter im Osten, wo entlang der **Sheikh Zayed Road** ein neues modernes Stadtzentrum entsteht. Dem bei Touristen so beliebten Dolce far niente am weißen Sandstrand eines türkisblauen Meers kann man an der Küste von **Jumeirah** frönen.

Deira

Einkaufen ist in Dubai eine der Lieblingsbeschäftigungen von Einheimischen wie Touristen. Einen guten Einstieg bieten dafür die traditionellen Märkte, die so ge-

Ruhig gleiten die Abras über das Wasser des Dubai Creek an den Wolkenkratzern vorbei

nannten *Souks*, von denen es in Deira gleich mehrere gibt. Inmitten des Viertels locken beiderseits der Sikhat-al-Khail Street die überdachten Gassen des **Deira Gold Souk** 1 mit fantastisch funkelnden Auslagen. Alles, was hier glänzt, ist Gold: die Armreifen, Ohrringe, Halsketten, die Banknotenhalter und Krawattennadeln ebenso wie die Colliers und Diademe in den Auslagen der ungefähr 400 Schmuckgeschäfte und Juweliere. Auf die Angaben der Händler zum Reinheitsgrad eines Schmuckstücks und dem Goldtagespreis ist Verlass – nicht jedoch auf die Versicherungen, bei dem gerade gebotenen Preis verdiene er nichts, sondern zahle im Gegenteil noch drauf. Handeln gehört eben auch hier zum Geschäft!

Im Westen und Süden zum Creek hin schließt sich an den Gold Souk der auch *Deira Old Souk* genannte **Spice Souk** 2 an. Zu spitzen Kegeln aufgetürmt, stehen hier die exotischsten Gewürze zur Auswahl, darunter feinfädriger, fast oranger Safran, gemahlener Kardamom, getrocknete Limonen, feuerrote Chilischoten, Pfeffer, Paprika, Curry, Koriander. Selbst wer hier kein kleines Mitbringsel für die Daheimgebliebenen ersteht, wird sich an dem bunten Anblick und dem anregenden Geruch dieses Marktes erfreuen.

Steuert man nun die gegenüberliegende Seite des Creek an, empfiehlt sich dafür die Fahrt auf einer

TOP TIPP

Abra 3, sog. Wassertaxis, die jeweils 20 Passagiere zwischen Deira und Bur Dubai befördern. Es gibt auf jeder Seite zwei Haltestellen, eine Linie führt von der *Deira Old Souk Abra Station*

Während an Land das Parken in zweiter Reihe mit Strafzetteln geahndet wird, nutzen Dubais Dhau-Kapitäne virtuos auch uferferne Ankerplätze in siebter oder achter Reihe

Strahlend weiß glänzen die markanten Dachsegel des Dubai Creek Golf & Yacht Club in der arabischen Sonne, apart kontrapunktiert durch den dichtgrünen Rasen ringsum

(nahe dem Spice Souk am Ende der Old Baladiya Street) zur *Bur Dubai Abra Station*. Etwas weiter flussabwärts legen die Schiffe von der *Al-Sabkha Abra Station* in Deira zur *Dubai Old Souk Abra Station* ab. Am nördlichen Ende von Deira führt von der Baniyas Road aus neben dem Sindagha Autotunnel übrigens auch ein *Fußgängertunnel* auf die westliche Seite des Flusses.

Dubai Creek

Doch vor dem Besuch der anderen Stadtteile könnte man die Gelegenheit auch zu einer *Sightseeingfahrt* auf dem **Dubai Creek** 4 nutzen, sei es mit einer privat gecharterten *Abra*, deren Mietpreis man vorher aushandelt, oder mit einer der zu diesem Zweck umgebauten *Dhaus*, die am Ostufer zwischen InterContinental und Sheraton Hotel vor Anker liegen. Flussaufwärts beeindrucken zunächst linkerhand die zahlreichen traditionellen *Last-Dhaus*, die hier wie schon vor 150 Jahren vor Anker liegen. In reizvollem Kontrast dazu erhebt sich dahinter eine Reihe von architektonisch ansprechenden, modernen Gebäuden, die dunklen *Twin Towers* etwa oder der kugelbekrönte *Etisalat Tower*. Prominent ragt neben dem beigen puebloartigen Sheraton der schlanke Bau der **National Bank of Dubai** 5 auf, deren vorgehängte Glasfassade einem Segel gleicht. Während im Erdgeschoss des Wolkenkratzers die Schalterhalle der Bank eingerichtet ist, hat in den Büroetagen darüber das Dubai Department of Tourism and Commerce eine repräsentative Heimat gefunden. Weiter geht die Fahrt unter der Al-Maktoum Bridge hindurch am **Dubai Creek Golf & Yacht Club** 6 (Tel. 04/295 60 00, www.dubaigolf.com) vorbei. Die Architektur des 1993 eingeweihten, weißen Clubhauses inmitten eines hügeligen Parks greift die markante, schräg stehende Dreiecksform eines geblähten Dhausegels auf. In der *Marina* des Yacht Club (Tel. 04/205 46 46) nebenan ankern bis zu 40 m lange Luxusjachten.

TOP TIPP

Nicht alle Ausflugsboote berühren während ihrer Tour auch das **Dubai Wildlife Sanctuary** 7 weit jenseits der Al-Garhoud Bridge. Wer die mal schilfbestandenen, mal morastigen Ufer besuchen will, sollte dies vor Abfahrt ausdrücklich erwähnen. Das 6,2 ha große Naturschutzgebiet ist berühmt für seine Wasservögel. Vor allem Flamingos, aber auch Enten, Sumpfläufer, Weihen und sogar Fischadler kann man hier durch das Fernglas beobachten. Creekabwärts, am

Westufer, werden die Wasservögel bald von Wasserskifahrern und Wakeboardern abgelöst, denn an einem schön begrünten Uferstreifen ragen die Stege der **Dubai Water Sport Association** 8 (Tel. 04/324 01 31) in den Fluss. Auch Nicht-Mitglieder können dessen Sportangebot gegen Entgelt nutzen, ebenso wie Beachclub, Swimmingpool und Fitnesscenter auf dem Clubgelände. Von solchem Luxus können die Arbeiter des **Dhow Building Yard** 9 nur träumen, dessen Docks im Jaddaf-Viertel man als nächstes passiert. Hier werden wie seit Hunderten von Jahren die traditionellen Dhaus aus importiertem Teak- und Shesham-Holz gebaut. Noch heute geschieht das in Handarbeit, mit Säge, Hammer, Meißel und Bohrer – und nach wie vor ohne einen einzigen Eisennagel.

Bis zur Al-Maktoum Bridge begleitet dann auf 2,5 km Länge der grüne **Creekside Park** 10 (Sa–Mi 8–21.30, Do/Fr 8–22.30 Uhr, Mi nur für Frauen), Dubais größte öffentliche Parkanlage, den Creek. Schwimmen ist hier zwar untersagt, aber man kann Minigolf spielen oder mit einer kleinen Schmalspurbahn seine Runden drehen. Den Nachbau eines typischen Wochenendhäuschens in den Hajarbergen mitsamt umliegendem, auf traditionelle Art bewässerten Garten im Al-Aflaj-Bereich des Parks erkundet man jedoch besser zu Fuß. Eine Erholungspause kann man sehr schön im Süden des Parks bei einem Imbiss oder einer Shisha in einer der Palmblatthütten des *Al-Boum Tourist Village* einlegen. Nicht weit davon lädt der **Wonderland Family Fun Park** (Mo–Sa 10–23 Uhr, Mi nur Frauen, Do Familientag, Tel. 04/3 24 12 22) auf knapp 18 ha zu Achterbahnfahrten und Go-Kart-Rennen ein, dazwischen sorgen Wasserspiele und eine beleuchtete Nebelshow am Abend für Unterhaltung.

Doch zurück zur Bootsfahrt, während der solche Unterbrechungen nicht vorgesehen sind. Schon kurz nach der Al-Maktoum Bridge dominiert ein zwar nur zwei Stockwerke hohes, aber raumgreifendes Gebäude mit markanten Windtürme an den Enden und langen Fensterfronten das linke Flussufer. Die ist der sog. **Diwan** 11, von dem aus wird Dubai regiert wird. Auch Scheich Mohammed hat hier seine Büroräume, weshalb der Diwan den Beinamen *Ruler's Office* trägt.

Das Holzdach des Dubai Old Souk schützt Händler und Käufer vor der Hitze des Tages

Bur Dubai

Sowohl die kurze Fahrt mit der Abra von Deira als auch die Sightseeing Tour auf dem Creek enden im Bereich der Bur Dubai Abra Station. Sie liegt am Rande des malerischen **Dubai Old Souk** 12, dessen schmale, segeltuch- und holzdachüberspannte Einkaufsgassen sich von hier aus durch das Bastakiya-Viertel winden. Hier werden Kleidung, Stoffe, Gewürze und Haushaltsgerätschaften angeboten, wenngleich in unmittelbarer Nähe der Abra Station die Stände mit Dubai-T-Shirts, Pashminaschals, Stoffkamelen und allerlei Nippes überwiegen. Es macht Spaß, sich durch das bunte Angebot und die malerischen Altstadtgassen seinen Weg nach Südwesten zum **Dubai Museum** 13 (Sa–Do 8.30–20.30, Fr 14.30–20.30 Uhr, Tel. 04/3 53 18 62) zu suchen. Als Anhaltspunkt kann das Minarett und die vielkuppelige Dachlandschaft der *Grand Mosque* dienen. Auf dem Platz ihr gegenüber erhebt sich neben dem Standbild einer *Dhau* das 1787 erbaute *Al-Fahidi Fort*, bis in die 1960er-Jahre Sitz der Regierung und des Scheichs von Dubai. Nach umfassenden Renovierungsarbeiten öffnete hier 1971 das heimatkundliche Dubai Museum seine Pfor-

TOP TIPP

ten. Historische Fotografien im Inneren des Museums belegen eindrucksvoll, dass das Lehmfort noch bis in die zweite Hälfte des 19. Jh. allein am sandigen Ufer des Dubai Creek stand und über das kleine Fischer- und Perlentaucherdorf an der nahen Flussmündung wachte. Zwei Kanonen vor dem geschwungenen Toreingang und die täuschend echte Figur eines flintenbewehrten Wachpostens auf dem Rundturm erinnern daran, dass das Fort einst der Verteidigung diente. Im Innenhof sind einige traditionelle Schiffe versammelt, in den umliegenden Räumen kann man sich über Waffen (sehr schöne Khandjars, Krummdolche) sowie traditionelle Musikinstrumente und Tänze kundig machen. Der größte Teil der Ausstellungsräume liegt unter der Erde, hier erfährt man mehr über die Geschichte Dubais, über archäologische Funde etwa in Jumeirah, über Handelsbeziehungen mit Persien und Ostafrika und die Perlentaucherei, aber auch Falkenjagd, Kamelzucht und das Leben in der Wüste werden gebührend berücksichtigt. Während des Gangs durch das Museum hat man öfter Gelegenheit, die gut gelungenen Dioramen zu bewundern, die mit realitätsnah gestalteten Puppen z.B. Marktszenen, eine Koranschule, traditionelles Handwerk oder das Leben in einem Beduinenlager anschaulich vor Augen führen. In einem kleinen Anbau außerhalb der Lehmmauern des Forts steigt man wieder an die Oberfläche, nachdem man zuvor Gelegenheit hatte, dem gut sortierten Museumsshop einen Besuch abzustatten.

Der Duft verschiedenster Gewürze zieht durch die Hallen des Dubai Old Souk

Weitere Gelegenheit zum Einkaufen bietet der anschließende Bummel durch das umliegende Altstadtviertel **Bastakiya** 14. Es lockt mit zahlreichen kleinen Läden, die von Lebensmitteln über Textilien bis zu Weihrauchbehältern und Buchstützen alles anbieten, was man in einem gut sortierten arabischen Haushalt brauchen könnte. Von womöglich größerem Interesse ist die *Architektur* des Viertels, in dem hinter hohen Mauern noch zahlreiche der markanten vierecki-

Im Hof des historischen Al-Fahidi Forts empfängt das Dubai Museum seine Besucher mit Booten der Perlentaucher, Kanonen und anderen Erinnerungen an Dubais Vergangenheit

Perser brachten die Idee der Windtürme, Klimaanlagen ohne Strombedarf, nach Dubai

gen Windtürme (*Barjeel*) aufragen, in deren Erdgeschoss man im Sommer so wunderbar kühl sitzt.

Durch die Altstadt oder nicht minder stimmungsvoll ab der Abra Station auf dem Fußweg entlang des Creek erreicht man bald das ebenfalls historische **Sindagha-Viertel** nahe der Flussmündung.

Ein Blick genügt den Perlenhändlern Dubais, um die Qualität der Preziosen zu erkennen

Hier stehen repräsentativere Gebäude wie das zweistöckige **Sheikh Saeed al-Maktoum House** ⑮ (Sa–Do 8–21, Fr 15–22 Uhr, Tel. 04/3937139). Um einen großen sandigen Innenhof gruppieren sich die 1896 erbauten früheren Regierungsbüros und Wohnräume von Scheich Saeed al-Maktoum, dem Großvater des heute regierenden Scheichs von Dubai. Sorgfältig renoviert, erlauben sie einen Blick in traditionelle Empfangs- und Besprechungszimmer (*Majlis*) sowie in Lagerräume und Küche. Es lohnt sich, über die Außentreppen auf das Flachdach zu steigen, von dem man einen schönen Blick über den Creek und auf das gegenüberliegende Deira-Ufer hat.

Nebenan erinnert das **Heritage Diving Village** ⑯ (Sa–Do 8–22, Fr 8–11 und 16–22 Uhr, ab 17 Uhr kunsthandwerkliche Vorführungen, Tel. 04/3939390) an die für Dubai und die arabische Golfküste allgemein so bedeutende Perlentaucherei. Besonders interessant ist die Galerie historischer Fotografien, die das harte Leben der Perlentaucher vorstellen. Sie gingen ihrer Arbeit in einer Art Ganzkörperanzug aus weißer Baumwolle nach, zum Schutz vor der unbarmherzig brennenden Sonne. Außerdem sind Bilder des Old Souk vor rund 100 Jahren zu sehen. Auch eine kleine Sammlung früher Dokumente, Münzen und Briefmarken Dubais beherbergt das Museum.

Sheikh Zayed Road

Sechs- bis achtspurig führt die **Sheikh Zayed Road** ⑰ vom Zentrum Dubais in südwestlicher Richtung nach Abu Dhabi. An der derzeitigen Peripherie von Dubai ist sie von großflächigen **Baustellen** umgeben, aus denen in nicht allzu ferner Zukunft Wirtschafts-, Wohn- und Freizeitbezirke wie *Knowledge Village*, *Dubailand* oder *Dubai Marina* emporwachsen sollen. Etwas weiter stadteinwärts hat die kühne Stadtplanung bereits Form angenommen. Das wolkenkratzergesäumte Kernstück der Sheikh Zayed Road mit Hotels, Shopping Malls und Büros beiderseits der stets verkehrsreichen Straße bildet ein beeindruckendes Spalier, doch mangelt es hier (noch) an urbanem Flair. Einen beeindruckenden Überblick bietet die Aussichtsplattform des **Dubai World Trade Center** im 37. Stock des Wolkenkratzers. Auch den markanten dunklen Zwillingstürmen der **Emirates Towers** ⑱ sollte man einen Besuch abstatten. Der höhere Turm reckt sich 355 m hoch in den

Wie Pilze schossen in den letzten Jahren die Hochhäuser entlang der Sheikh Zayed Road in den Wüstenhimmel, und noch ist kein Ende des Baubooms abzusehen

tiefblauen arabischen Himmel und beherbergt Büros, im etwas kleineren Nachbarturm betreibt die Jumeirah-Gruppe ein Luxushotel. In Erdgeschoss und erstem Stock sind die beiden Wolkenkratzer durch den vornehmen *Emirates Towers Shopping Boulevard* verbunden.

Ebenfalls an der Sheikh Zayed Road soll bis zum Jahr 2007 nach Plänen des Architekturbüros Skidmore, Owings und Merrill der **Burj Dubai** (www.burjdubai.com) der ›Turm von Dubai‹, entstehen, der nach dem Willen der Stadtplaner das höchste Gebäude der Welt werden soll. Die Bauherren ließen sich von der Geometrie einer Wüstenblume inspirieren, auf Simulationen wirkt der Turm mit seinen drei unterschiedlich hohen röhrenförmigen Bauteilen, die sich gegenseitig Halt bieten, sehr beeindruckend.

Jumeirah

Der Stadtteil Jumeirah gilt als die Strandmeile Dubais und gleicht einem *Malibu des Mittleren Ostens*. Parallel zur Küste verläuft die ca. 20 km lange Jumeirah Beach

Road, die in ihrem Anfangsbereich im Osten noch Al-Jumeirah Road heißt. An ihrem ersten Rondell erhebt sich die 1975–78 im Fatimidenstil erbaute **Jumeirah Grand Mosque** 19 (Public Tour: Mi deutsch, So/Do englisch, Sa spanisch, jew. 10 Uhr). Das Minarett und vier ebenfalls runde Ecktürme überragen den etwa 30x30m umfassenden quadratischen Zentralkuppelbau, dessen schneeweiße Fassade ein Schmuckband und über den Triforienfenstern Ornamente aus vielfältig ineinander verschlungenen Arabesken zieren. Dank des von Sheikh Mohammed ins Leben gerufenen Programms *›Open Doors. Open Minds‹* (s. u., Praktische Hinweise) steht sie im Gegensatz zu den meisten anderen Moscheen auch Nicht-Muslimen offen. Wer eintreten will, muss mit langer Hose oder Rock und langärmeligem Oberteil bekleidet sein. Frauen müssen ihre Haare vollständig bedecken. Das Innere der Moschee besteht im Wesentlichen aus einem zentralen Gebetsraum, der nur barfuß betreten werden darf. Vier große und je zwei kleinere Säulen stützen das hohe Gewölbe, in dessen Mitte sich die Kuppel weitet, der Boden ist mit einem feinen tiefblauen Teppich ausgelegt. Koransprüche an den Wänden sind die einzige Verzierung, ansonsten ist der große Raum leer. Nichts soll die Andacht der bis zu 1200 gläubigen Männer ablenken, die sich hier versammeln können. Die Gebetsrichtung nach Mekka zeigt der *Mihrab* an, die Nische an der dem Eingang gegenüberliegenden Wand. Linkerhand gehen zwei Wasch- und Aufbewahrungsräume ab. Länger als die eigentliche Moscheebesichtigung dauert die kurze Einführung in den Islam, die Mitarbeiter des oben erwähnten Programms geben. Anschließend haben die Gäste Gelegenheit, Fragen zum Leben in den Emiraten, zu Sitten und Gebräuchen und vor allem zur Religion zu stellen.

Arbeiten, wo andere Urlaub machen: die Rettungsschwimmer von Jumeirah Beach

Wenige Hundert Meter weiter kann man im **Dubai Zoo** 20 (Mi–Mo 10–17 Uhr, Tel. 04/3496444) neben spektakulären Tierarten wie Giraffen, Löwen und Tiger auch mehrere Gazellenarten, Strauße, heimische Vögel und Reptilien sehen. Angesichts der viel zu kleinen Käfige und Gehege lässt sich Tierfreunden ein Besuch jedoch nicht uneingeschränkt empfehlen. Das könnte sich aber bis 2007 ändern, dann soll ein neuer Zoo in der Nähe des Mushrif Park entstanden sein.

Unbeschwertere Vergnügen bietet etwas weiter südwestlich der **Jumeirah Beach Park** 21 (tgl. 8–23 Uhr, Sa nur für Frauen und Kinder), der sich zwischen Jumeirah Beach Road und Strand erstreckt. Besucher zahlen ein geringes Entgelt, bevor sie durch das schmiedeeiserne Gitter zunächst das rechteckige Parkareal mit Grillplätzen und baumbeschatteten Liegewiesen betreten, durch das es zum Strand geht. Auf mindestens 20m Breite und ca. 200m Länge lockt er mit feinem goldgelben Sand, im zentralen Bereich wachen junge, selbstbewusste Rettungsschwimmer über das Wohl von Sonnenanbetern und Badenden. Palmen und Jacarandas säumen den Strand, in ihrem Schatten stehen Duschen, Sitzecken, Volleyballfelder und ein Heilbad zur Verfügung.

Schräg gegenüber des Parks weist ein unscheinbares Hinweisschild in Richtung des baumgrünen Rechtecks des Safa Park zur **Jumeirah Archaeological Site** 22. An dieser Stelle befand sich bis zum 6.Jh. eine Karawanserei. In den 1990er-Jahren brachten Ausgrabungen zahlreiche Keramik-, Münz- und Schmuckfunde zutage, die wertvollsten Stücke sind heute im Dubai Museum ausgestellt. Vor Ort sieht man auf dem sonnendurchglühten Areal noch steinerne Fundamente und Mauerreste, die von einem Souk, Wohnhäusern und einem palastähnlichen Gebäude stammen.

Folgt man nach diesem Abstecher der Jumeirah Beach Road weiter nach Westen, dann taucht nach einigen Kilometern auf der Golfseite die markante Wellenform des in blauem Glas verspiegelten

Die Jumeirah Grand Mosque ist im Gegensatz zu den meisten anderen islamischen Gotteshäusern an manchen Tagen auch für Nicht-Muslime zugänglich

Jumeirah Beach Hotel 23 auf. An ihrem höchsten Punkt ragt die Luxusherberge 26 Stockwerke empor, Bauherr war übrigens kein Geringerer als Dubais Herrscher Scheich Mohammed bin Rashid al-Maktoum. Er zeichnet auch für das benachbarte Hotel verantwortlich, einen Traum in Weiß, das bauliche Zitat eines geblähten Dhausegels und seit seiner Fertigstellung 1999 Dubais Wahrzeichen, das **Burj al-Arab** 24. 280 m von der Küste entfernt und mit dieser über eine Privatbrücke verbunden, erhebt es sich 321 m hoch über Dubai City. Obgleich die internationale Klassifizierung nur bis fünf Sterne reicht, wird der ›Arabische Turm‹ häufig als ›das einzige 7-Sterne-Hotel der Welt‹ apostrophiert. 43 000 m^2 Glas und 9000 t Stahl, 13 000 m^2 Carraramarmor, 12 000 m^2 brasilianischer Granit und 1500 m^2 24-karätiges Blattgold wurden verbaut. Jede der 202 Gästesuiten erstreckt sich über zwei Stockwerke, Privatbutler, Parfüm und eine grandiose Aussicht sind im regulären Preis von 750 Euro pro Nacht inbegriffen.

TOP TIPP

Wer nicht ganz so tief in die Tasche greifen möchte, sollte in einem der sieben **Restaurants** (Tel. 04/301 76 00, Kreditkarte erforderlich) des Hotels speisen. Es muss ja nicht gerade das berühmte, aber selbst für hiesige Verhältnisse sehr teure ›Unterwasserrestaurant‹ *Al Mahara* sein, dessen Tische sich um ein von zahllosen Fischen bevölkertes Aquarium gruppieren. Nachmittagstee in der aussichtsreichen *Sky View Bar* – u. a. mit Blick auf The Palm Jumeirah – oder ein Dinner im vergleichsweise legeren Restaurant *Bab Al Yam* am Strand sind da empfehlenswerter. Welches Lokal man auch besucht, man kommt immer durch die eindrucksvolle Lobby, die über die gesamte, sich verjüngende Gebäudehöhe hin offen ist und auf der vorderen ihrer drei Seiten ganz aus Glas besteht. Zu beiden Seiten des zentralen Wasserspiels führen Rolltreppen zum ersten Obergeschoss, in dem zwischen meterhohen bauchigen und goldglänzenden Säulen verschiedene internationale Nobelgeschäfte versammelt sind.

Die Fahrzeugschlange, die sich oft am Rondell vor dem Burj al-Arab bildet, ist nicht allein auf den Ansturm auf das Luxushotel zurückzuführen. Vielmehr bringt diese Abfahrt vom Kreisverkehr Vergnügungsuchende auch zum benachbartem **Wild Wadi Water Park** 25 (Nov.–Febr. tgl. 11–18, März–Okt. 11–19, Juni–Aug. 11–21 Uhr, Tel. 04/348 44 44, www.wildwadi.com). Der beinahe 5 ha große Vergnügungspark bietet in einer künstlichen Abenteuerwelt aus Felsen, Höhlen, Tunnels, Wadis, Wasserfällen, Seen und Flüssen nicht weniger als 23 Wasser- und Fahrattraktionen. Beim *Wadi Wash* wird beispielsweise jede Stunde ein Sturm mit Flutwelle und heftigem Regen simuliert. In der *Breakers Bay* stellen sich Badegäste bis zu 1,5 m hohen Brechern, während sie sich auf dem *Lazy River* auf dicken Gummireifen langsam mit der Strömung treiben lassen. Surfer können im *Flow Riders* ihrem Sport nachgehen, weniger anstrengend ist ein Besuch auf *Juha's Dhow*, die in der Lagune neben der Children's Area ankert.

Nur wenig weiter südlich erheben sich die fast weißen Türme und Zinnen von Al Qasr, einem von drei Gästebereichen des **Madinat Jumeirah** 26, daneben überragen die Dachterrassen der zugehörigen Villen nur knapp die Wipfel eines Palmengartens. Auch wer nicht in dem 2004 eröffneten Spitzenhotel logiert, wird einen Bummel durch den **Madinat Jumeirah Souk** im öffentlich zugänglichen Teil des Hotels genießen. Ganz im Stil eines traditionellen Marktes bieten hier entlang eines raffiniert angelegten Gassengewirrs zahlreiche Händler ihre Waren feil: Dishdashas ebenso wie westliche Markenkleidung, Schmuck, Gewürze, Teppiche, Tücher und vieles mehr. Dazwischen laden im-

TOP TIPP

Architektonische Markenzeichen – am feinen Sandstrand von Jumeirah erhebt sich das stolz geblähte Segel des Burj Al Arab, unweit davon die kühne Woge des Jumeirah Beach Hotels

Was die Macher um Dubais Herrscher Mohammed bin Rashid al-Maktoum wohl nach der Fertigstellung von The Palm Deira im Jahr 2010 als nächstes Großprojekt planen?

Erst schufen sie die Palmen, dann eine ganze Welt

Das achte Weltwunder sollen **The Palms** nach den Vorstellungen des Auftraggebers, Scheich Mohammed bin Rashid al-Maktoum, Herrscher von Dubai, werden. Die drei künstlichen Inseln liegen vor der Küste von Dubai City, genauer gesagt vor den Stadtteilen Jebel Ali, Jumeirah und Deira. Sie werden in Form einer stilisierten Palme aufgeschüttet, jeweils mit einem ›Stamm‹ und 17 ›Palmwedeln‹ und einem Durchmesser von 5 km. Und jede einzelne von ihnen wird Dubais begehrter Küstenlinie 120 km feinen Sandstrand hinzufügen. Für passendes Urlaubsambiente sorgen u. a. die 15 000 Palmen, die auf jeder der Inseln gepflanzt und derzeit eigens für The Palm herangezogen werden. Ein beinahe kreisförmiges, 150 m breites Riff aus Sand und Steinen soll die Inseln dann vor dem zerstörerischen Einfluss eines ungebremst anbrandenden Meeres schützen und darüber hinaus abwechslungsreiche Tauchgründe für künftige Besucher bieten. In diesem **Dive Experience** sollen Sportler nicht nur die bunte Artenvielfalt des Golfs bewundern können, für zusätzlichen Reiz sollen Schiffswracks und Korallenriffe sorgen.

Das Aufschütten aller drei ›Palmen‹ wurde bereits in Angriff genommen. Bei **The Palm Jumeirah** im Meer vor dem Luxushotel Burj al-Arab hat sogar schon Phase 2 mit dem Bau von mehr als 25 Luxushotels und Apartmentkomplexen auf dem 2 km langen und 450 m breiten ›Stamm‹ der Palme begonnen, dazu kommen Einkaufszentren, Restaurants, Vergnügungsparks und das Marina Village Centre. Noch im Jahr 2007 soll die ganze Palme fertig gestellt sein.

Die enorme Nachfrage nach den Palm-Objekten gibt den Planern Recht, noch vor Baubeginn waren die ersten 2000 Villen auf The Palm Jumeirah verkauft. Da nimmt es nicht wunder, dass das Nachfolgeprojekt bereits aus der Taufe gehoben wurde: zwischen The Palm Jumeirah und The Palm Deira wird **The World** entstehen, eine künstliche Inselwelt aus 250 aufgeschütteten Eilanden, die in Form der Erdkugel und der Kontinente angeordnet sind. Nur mit dem Boot soll die 9 x 6 km umfassende Wasserwelt erreichbar sein, deren einzelne Bestandteile – 23 000 bis 83 000 m² große Inseln – ganz nach dem Willen ihrer künftigen Besitzer gestaltet werden können.

Mit seinen Windtürmen, flachen Dächern und verwinkelten Gassen ist das Luxushotel Madinat Jumeirah einer traditionellen arabischen Stadt nachempfunden

mer wieder Cafés und Restaurants zu einer Rast ein, geben brunnengeschmückte Terrassen bezaubernde Ausblicke frei, etwa auf die Wasserläufe durch die Anlage oder das benachbarte Burj al-Arab.

Zahlreiche weitere Hotelbauten reihen sich südwärts entlang der Küste. Die Liste dieser meist luxuriösen **Resorthotels** umfasst so illustre Namen wie Metropolitan Beach, Royal Mirage, Le Meridien, Oasis Beach Hotel oder Sheraton Beach – und jedes Jahr kommen mehrere neue hinzu.

i Praktische Hinweise

Information

Government of Dubai Department of Tourism and Commerce Marketing, National Bank of Dubai Building, Dubai City, Tel. 04/223 00 00, Fax 04/223 00 22, www.dubaitourism.ae

Visitor Information Bureau: Dubai Airport, Tel. 04/224 52 52; Baniyas Square, Deira, Tel. 04/228 50 00; Sheikh Zayed Road, Tel. 04/883 33 97; sowie in den Einkaufszentren Bur Juman Centre, City Centre, Hamarain Centre, Wafi City

Tourist Security Department, Dubai, Tel. 04/297 55 54 oder 800 44 38 (gebührenfrei im Emirat), Fax 04/201 44 65. 24-h-Hilfe für den ›Fall der Fälle‹.

Sightseeing

The Big Bus Company Dubai, Double Decker Bus Tours LLC, Dubai City, Tel. 04/324 41 87, Fax 04/324 81 16, www.bigbustours.com. Hop on, hop off auf zwei Routen: Beiderseits des Creek und Jumeirah/Strand. Eintritt in Dubai Museum und Sheikh Saeed al-Maktoum House ist im Preis enthalten. Weitere Tourangebote, z. B. Desert Safari.

Hormuz Tourism, Dubai City, Tel. 04/228 06 68, Fax 04/228 06 62, www.hormuztourism.com. Neben Dubai City-Touren auch günstige Ausflüge, z. B. nach Abu Dhabi oder in die nördlichen Emirate, Desert Safari mit und ohne Übernachtung, Arrangements für Besuch des Burj al-Arab, Jebel Ali Free Zone mit Media City und Internet City, Air Tour Jet Sky, Sailing & Fishing u.v.m.

Wonder Bus Tours, Bur Juman Centre (gegenüber Regent Palace Hotel), Dubai City, Tel. 04/359 56 56, Fax 04/359 69 59, www.wonderbusdubai.com. Rundfahrt zu Land und zu Wasser durch Deira und den Creek – ein Amphibienbus macht's möglich.

Sport und Freizeit

TOP TIPP **Dubai Camel Race Course**, ab Interchange 2 an der Sheikh Zayed Road, Dubai City, Tel. 04/338 23 24. Die Kamelrennen finden im Winter und Frühjahr Do/Fr ca. 7–9 Uhr statt, außerhalb dieser Zeit kann man mitunter Gruppen von Dromedaren und ihre Reiter beim Training beobachten. Fotografieren streng verboten!

Emirates Golf Club, ab Interchange 5 an der Sheikh Zayed Road, Dubai City, Tel. 04/347 32 22. Hier spielt die Creme de la Creme, sei es auf dem Majlis Course oder dem Wadi Course, beide 18 Loch. Der Club ist alljährlich Ausrichter der Dubai Desert Classics (s. S. 130), Männer müssen ein Handicap von unter 28 nachweisen, Frauen dürfen mit Platzreife spielen.

Sheikh Mohammed Center for Cultural Understanding, Programm ›Open Doors. Open Minds‹, Bur Dubai Creekside (nahe Majilis Gallery), Dubai City, Tel.04/353 66 66, smccu@emirates.net.ae. Kostenlose Touren und Führungen für Kulturinteressierte zur Jumeirah Grand Mosque und durch Bastakiya (So/Di/Mi 10 Uhr).

Nad al-Sheba Club, südlich des Dubai Camel Race Course, Dubai City, Tel. 04/336 36 66, www.nadalshebaclub.com. Hier dreht sich alles ums Golfen (flutlichtbeleuchteter 18 Loch Golfplatz) und vor allem ums Reiten: Pferderennbahn und Gestüt anbei, Austragungsort des Dubai World Cup (s. S. 130). Wer mal reinschnuppern möchte, kann die Morning Stable Tour buchen, Sept.–Juni Sa, Mo und Mi 7 Uhr, inkl. Frühstück.

Hotels

*****Al Maha**, Dubai City–Al Ain-Highway, Abzweig ca. 65 km süd-östlich von Dubai City, Tel. 04/303 42 24, www.al-maha.com. Alle Luxusrekorde bricht das ›erste Öko-Resort‹ inmitten der Wüste. In absolut ungestörter Alleinlage übernachten die zahlungskräftigen Gäste in einer von 25 Bedouin Suites (je 75 m²), zwei Royal Suites (á 175 m²) oder gleich in der 375 m² großen Owner's Suite. Jede dieser Villen verfügt über einen eigenen Pool, daneben gibt es auch einen großen, palmenumstandenen Swimming Pool. Man ist stolz auf persönlichen – und perfekten – 24-h-Service; erstklassiges Restaurant, Tagungseinrichtungen, Bibliothek, 4x4-Mietwagen und Vollblutpferde verstehen sich von selbst.

*****Burj al-Arab**, Jumeirah Beach Road, Dubai City, Tel. 04/301 77 77, Fax 04/301 70 00, www.burj-al-arab.com. Keine Frage, den Aufenthalt in diesem weltberühmten Luxushotel muss man sich leisten können. Dafür reichen die Suiten über zwei Etagen, der Butler lässt das Bad ein, die Armaturen sind aus Gold. Abwechslungsreiche Sportangebote am makellosen Hotelstrand, Thermalbad, Bibliothek, Rolls Royce-Fuhrpark – derlei Annehmlichkeiten gelten hier als selbstverständlich. Sieben Restaurants und Bars kümmern sich um das leibliche Wohl der Hausgäste und der zahlreichen Tagesbesucher.

*****Fairmont**, Sheikh Zayed Road, Dubai City, Tel. 04/332 55 55, Fax 04/332 45 55, www.fairmont.com. Der markante Hotelturm beherbergt 394 Zimmer und 6 Penthouse-Suiten auf seinen 34 Stockwerken. Zwei von ihnen sind ausschließlich traditionell arabisch und sehr opulent ausgestattet, zwei weitere gefallen mit gestalterischer Beschränkung im japanischen Stil.

*****Hyatt Regency Dubai**, Al-Khaleej Road, Dubai City, Tel. 04/209 12 34, Fax 04/209 10 00, www.dubai.regency.hyatt.com. Schön ist der graue Betonmonolith an Deiras Küstenstraße ja nicht, aber unverwechselbar. Und außerdem beherbergt er 380 Zimmer, 350 Apartments und 26 Suiten vom Feinsten. Ebenfalls im Haus befinden sich der Fitness Club Olympus, eine Eisfläche zum Schlittschuhlaufen (nur eines von vielen Sportangeboten), sechs Bars, fünf erstklassige

Durch die Straßen Dubais und über das Wasser des Creek fährt dieser Touristenbus

Speiselokale sowie das Drehrestaurant Al Dawaar mit toller Aussicht über den Golf und die Stadt.

*******Jumeirah Beach Hotel**, Jumeirah Road, Umm Suqeim, Dubai City, Tel. 04/348 00 00, Fax 04/348 22 73, www.jumeirahbeachhotel.com. Die auffällige wellenförmige Silhouette des erstklassigen Hotels steht etwas im Schatten des benachbarten Burj al-Arab, doch wohnt man in einem der 600 großen, gut ausgestatteten Zimmer ganz ausgezeichnet. Dazu kommt der beinahe 1 km lange hoteleigene Strand mit seinen zahlreichen Wassersportmöglichkeiten und, für Familien besonders interessant, dem beliebten Sindbad's Kid Club. Unter den 17 (!) Restaurants und Bars im Hause wird in ›Der Keller‹ auch deutsche Küche serviert.

*******Madinat Jumeirah**, Al-Sufouh Road, Dubai City, Tel. 04/366 88 88, www.madinatjumeirah.com. Auf dem ausgedehnten Gelände sind drei Hotels vereint: Das 292 Zimmer umfassende Mina a'Salam ist wie ein Dorf aufgebaut, verschachtelt und mit Windtürmen, das noch etwas luxuriösere Al Qasr beherbergt in seinen fortartigen Mauern 300 Zimmer und die 29 Sommerhäusern von Dar al-Masyaf mit ihren 283 Suiten sind von Grünflächen umgeben. Im hauseigenen 432-Sitze-Theater fand im Dezember 2004 das erste Film Festival Dubai statt.

*******Shangri-La Hotel**, Sheikh Zayed Road, Dubai City, Tel. 04/343 88 88, Fax 04/343 88 86, www.shangri-la.com. 90 m hohe Zwillingstürme charakterisieren das Hotel von außen, die offene Lobby innen erreicht immerhin eine lichte Höhe von 21 m. 301 luxuriös ausgestattete Zimmer und 126 Suiten bieten jeglichen Komfort, dazu kommen im Haus Spa und Health Club, Ballsäle und Konferenzräume, fünf Restaurants sowie vier Cafés und Bars.

TOP TIPP ******Traders**, Ecke Abu Baker al- Siddique Road / Salah al-Din Road, Dubai City, Tel. 04/265 98 88, Fax 04/265 97 77, www.shangri-la.com. Stilvoller Minimalismus und aufmerksamer Service zeichnen das Hotel in Flughafennähe aus. Erste Wahl für Geschäftsleute, auch Urlauber fühlen sich wohl, wenn sie in der Stadt residieren wollen und mit einem kleinen Pool zufrieden sind.

*****Millenium Airport Hotel**, Al-Garhoud Road, Dubai City, Tel. 04/282 34 64, Fax 04/282 06 27, www.mill-cop.com. 115 ansprechende Deluxe- und 72 gepflegte Chalet-Zimmer ca. 1 km vom Flughafen entfernt in einem neoklassizistischen Hauptbau, dem ein modernes Nebengebäude mit verspiegelter Glasfassade angegliedert ist. Swimmingpool im Garten, Restaurants im Haus. Gutes Preis-Leistungs-Verhältnis.

Al Hijaz Motel, Heritage Village (hinter Majlis Gallery), Deira, Dubai City, Tel. 04/225 00 85, Fax 04/225 00 86, http://alhijazmotel.com Fünf schöne, teils mit Antiquitäten eingerichtete Zimmer in einem historischen restaurierten Perlenfischerhaus neben der Al-Ahmadjya-Schule. Keine Parkmöglichkeit.

Youth Hostel, Al-Nahda Road (Qusais Road), Dubai City, Tel. 04/298 81 61. Was für luxuriöse Einzel-, Doppel- und Familienzimmer eine Jugendherberge haben kann, sieht man im neuen Flügel des Hostels. Air Condition, Minibar, Satellitenfernsehen – alles vorhanden; zwar etwas außerhalb, dafür aber zu einem in Dubai unschlagbar günstigen Preis. Wer keinen internationalen Jugendherbergsausweis hat (gibt es auch vor Ort), zahlt etwas mehr. Es gibt keine Altersbegrenzungen, männliche wie weibliche Reisende sind willkommen.

Restaurants

TOP TIPP **Automatic**, Al-Rigga Road, Dubai City. Der für westliche Ohren etwas unglückliche Name stimmt bereits darauf ein, dass das Essen zügig auf den Tisch kommt, von Fast Food kann trotzdem keine Rede sein. Da gibt es Hummus, Mezze, Shawarma, Kebab und viele weitere Fleischspeisen sowie reichlich Salate. Den krönenden Abschluss bilden zuckersüße Nachspeisen wie Eish al-Saraya, sirupgetränke Brotkrümel mit Sahne und Pistazien, oder Mohalabieh, eine Art Milchpudding. Wie alle Lokale dieser Kette sind auch die

Wie unterhält man sich in Dubai City?
Oben links: *Abtanzen in der Disco Kasbar*
Oben rechts: *Teppichkauf beim Fachmann*
Mitte: *Mitfiebern beim Kamelrennen*
Unten links: *Kulinarischer Büfett-Streifzug*
Unten rechts: *Einkaufen und Neues sehen*

Ableger in Rigga und an der Jumeirah Beach Road zu empfehlen.

Blue Elephant, Al-Bustan Rotana Hotel, Casablanca Road, Dubai City, Tel. 04/705 46 60. Wer sich von dem fast schon kitschigen Interieur mit Bambusvorhängen und Goldfischteich nicht abhalten lässt, kann hier vorzügliche Thai-Küche kosten, mit Fisch, Fleisch oder vegetarisch. Das abendliche Buffet bietet kulinarische Leckereien zu vergleichsweise günstigem Preis.

TOP TIPP **Creekside**, Sheraton Dubai Creek Hotel, Baniyas Road, Dubai City, Tel. 04/207 17 50. Der Gast darf inmitten spotbeleuchteter heller Holztäfelung ausgezeichnete japanische Küche erwarten, ob man nun Sushi, Sashimi, Teppanyaki, Tempura, Donburi (Reis mit Fleisch oder Fisch), Yakimono (Gegrilltes) oder einfache Nudelgerichte wählt. Entsprechend groß ist der Zulauf, am Abend sollte man daher reservieren.

Mazazeek, Dubai World Trade Centre, Sheikh Zayed Road, Dubai City, Tel. 04/308 60 86. Ein mindestens ebenso guter Grund für einen Besuch wie die arabische Küche ist der grandiose Blick über die Stadt, den man von dem kleinen Restaurant ganz oben auf dem World Trade Centre hat. Beim Genuss von Huhn, Kunafa (Fadennudeln) mit libanesischem Käse und vor allem der vorzüglichen Shisha danach stört höchstens die ziemlich laute Musik.

Shabestan, Intercontinental Dubai, Baniyas Road, Dubai City, Tel. 04/205 73 33. Leckere iranische Küche mit viel Fleisch und Fisch, am Stück oder am Spieß. Schon das selbstgebackene Brot zu den Vorspeisen lohnt den Besuch in dem Restaurant in der engen Seitengasse neben dem eigentlichen Hotelgebäude. Satt essen sollte man sich jedoch nicht an ihnen, denn etwa Shrimp Kebab oder süßes Khorest-e-Gheimeh, eine Art Lammeintopf mit Tomaten und Rosinen, sind ebenfalls vom Feinsten.

Shang Palace, Shangri-La Hotel, Sheikh Zayed Road, Dubai City, Tel. 04/343 88 88. Preisgekröntes Chinarestaurant mit Schwerpunkt auf kantonesischer Küche. Es ist zwar bekannt für seine delikate Pekingente in mehreren Variationen, dennoch sollte man darüber nicht die knusprigen Enoki-Pilze, die zarten Muscheln aus dem Wok oder den eisgekühlten Mangopudding vernachlässigen.

Nachtleben

Restaurants, Bars und Diskotheken finden sich zunehmend auch im aufkommenden Ausgehviertel **Al-Karama**, südlich von Bastakiya und dem Creek.

Fatafeet, Al-Seef Street/am Creek auf der Bur Dubai-Seite, Dubai City, Tel. 04/397 92 22. Eigentlich ein ägyptisches Restaurant, das nach dem Mittagstisch erst wieder abends gegen 21 Uhr öffnet. Dann sind die lauschigen Tische unter freiem Himmel am Dubai Creek schnell mit Flaneuren und Spaziergängern besetzt, die die laue Nacht bei einer Shisha genießen und dabei im Anblick des geheimnisvoll glitzernden Flusslaufes und des festlich erleuchteten gegenüberliegenden Deira-Ufers versinken.

Ginseng, Wafi City, Oud Metha Road, Dubai City, Tel. 04/324 47 77. Angesagter Nachtclub mit asiatischem Ambiente in Rot und Orange, die Cocktailkarte ist umfangreich und international; die Caipirinhas und Daiqiris gehören zu den besten der Stadt. Friday Fizz lockt mit günstigen Champagnercocktails, Mi ist Martini-Abend. Einlass bekommt freilich nicht jeder, hier ist gepflegtes Äußeres gefragt (Fr–Mi 19–2, Do bis 3 Uhr).

Harry's Place, Renaissance Hotel, Dubai, Salah al-Din Road, Tel. 04/262 55 55. Angenehme Bar im Stil eines britischen Pub, mit Nebenzimmern, Billard und Darts. Mo Tanzmusik der 60er-, 70er- und 80er-Jahre, Di ist Ladies Night und Mi legt DJ Rukie auf. Angeschlossen ist ein stilvoller ruhiger Cigarroom.

Kasbar, One & Only Royal Mirage Jumeirah Beach Hotel, Al-Sufouh Road (gegenüber Dubai Media City), Tel. 04/399 99 99. Arabisch-marokkanischer Nachtclub. Drei Ebenen umgeben die große zentrale Tanzfläche, Separees bieten Privatsphäre; die Ausstattung ist orientalisch-opulent. Hier vergnügt sich Dubais Schickeria zu Techno-Klängen, beim Poolbillard und mit Champagnerbrunnen (Mo–Sa 19–3 Uhr).

Vu's Bar, Emirates Towers, Sheikh Zayed Road, Dubai City, Tel. 04/330 00 00. Kühles Understatement auf 220 m Höhe im 51. Stock des Emirates Tower. Das gilt allerdings nur für die Ausstattung, keinesfalls für die Cocktail- und Weinpreise. Andererseits ist der Ausblick auf die taghell erleuchtete Sheikh Zayed Road natürlich unbezahlbar (tgl. 18–2 Uhr).

Nur der Blick in das opulente Aquarium (rechts) des Restaurants Al Mahara im Burj al-Arab ist inklusive – alles andere müssen die Gäste teuer bezahlen

Zinc, Crowne Plaza Hotel, Sheikh Zayed Road, Dubai City, Tel. 04/331 11 11. Afrikanischer Rhythmus, Soul und Melodie? Die 12-köpfige kongolesische Hausband ist unbedingt sehens- und hörenswert. Um der Livemusik zuzuhören, kommt man aber besser vor Mitternacht, denn danach beginnt der reguläre Diskobetrieb mit Funk, House und R&B (tgl. 19–3 Uhr).

Einkaufen

An Einkaufsmöglichkeiten mangelt es in Dubai City wahrlich nicht: Neben den traditionellen **Souks** im Innenstadtbereich verfügt jeder Stadtteil von Al-Meteena im Osten bis Jumeirah im Westen über mehrere große **Shopping Malls** – und jedes Jahr kommen neue, noch größere dazu. Im Folgenden eine kleine Auswahl.

Al-Ghurair City, Ecke Al-Rigga Road/Omar ibn al-Khattab Road, Deira, Dubai City, Tel. 04/223 23 33, (Sa–Do 9–13 und 17–22, Fr 17–22 Uhr). Eine der ersten großen Shopping Malls Dubais, Kunden schätzen vor allem die große Auswahl an hochwertiger, traditioneller und westlicher Kleidung.

Bur Jurman, Ecke Khalid bin al-Waleed Road/Trade Centre Road, Bur Dubai, Dubai City, So–Do 10–22, Fr 14–22 Uhr. Reichlich Auswahl an internationalen Designermarken, Kosmetik, Schmuck und Souvenirs.

Deira City Centre, Al-Garhoud Road, Deira, Dubai City, Tel. 04/295 10 10, tgl. 10–23 Uhr. Eines der größten und beliebtesten Einkaufszentren der Stadt, unter den unzähligen Läden befinden sich auffällig viele Goldhändler und Juweliere, man findet aber auch Bücher im großen Magrudy's Bookshop sowie CDs und Kassetten im Virgin Megastore.

Gift Land, Karama Shopping Centre, nahe Za'abeel Road, Bur Dubai, Dubai City, Tel. 04/353 88 49. Der ganze Laden voller unglaublicher Mitbringsel: Plüschkamele, Intarsien-Holzkästchen, Messing-Aschenbecher, polierte Schnabelkannen und Wecker in Moscheeform mit Ruf des Muezzin als ›Klingel‹.

Heritage for Henna, Madinat Jumeirah Souk, Shop 64, Dubai City, mobil 050/462 93 75. Körperbemalung mit Henna, nach Wunsch traditionell oder modern.

Mercato Mall, Jumeirah Road, Jumeirah, Dubai City, Tel. 04/344 41 61, Sa–Do 10–22 Uhr. Unter dem tonnengewölbten Glasdach kaufen die Jungen, Reichen und Schönen hinter bonbonbunten pseudovenezianischen Fassaden Schmuck, Uhren, Wäsche und anderes Edles.

Wafi City Mall, Al-Qataiyat Road (nahe Al-Garhoud Bridge), Bur Dubai, Dubai City, Tel. 04/324 45 55, www.waficity.com, Sa–Do 10–22, Fr 16.30–22 Uhr. Den Einkaufs-, Vergnügungs- und Wohnkomplex erkennt man am pyramidenartigen Hauptgebäude.

5 Hatta

Wochenendausflügler, Offroad-Fahrer und Vogelbeobachter schätzen den kleinen Grenzort zum Oman.

Donnerstags und freitags ist das einzig nennenswerte Hotel in dem Dörfchen Hatta meist ausgebucht. Dann erholen sich Besucher aus den rund 100 km entfernten Metropolen Abu Dhabi City und Dubai City in den vergleichsweise kühlen **Höhenlagen** des Hajar-Gebirges. Der Ort selbst ist als **Grenzstation** zum Oman von Bedeutung, tatsächlich führt die Anreise von der Westküste bereits durch omanisches Territorium, Passkontrollen erfolgen aber erst am omanischen Grenzposten gut 20 km weiter westlich. Wer in das Nachbarland einreisen will, benötigt neben einer gültigen Autoversicherung auch einen Ausreisestempel der Emirate. Den erhält man in der emiratischen Grenzstation, die etwas versteckt am Rondell der Durchgangsstraße von Hatta gleich nach der Einfahrt auf das Gelände des Hatta Fort Hotels links liegt. Bereits im gepflegten Garten dieses Hotels kommen **Vogelbeobachter** auf ihre Kosten, können sie hier doch ›vor der Haustüre‹ Bengalenracke, Smaragd- und Blauwangenspint sowie im Winter Gelbe und Weiße Bachstelze oder den auch Zilpzalp genannten Weidenlaubsänger treffen. In den umliegenden Bergen sind zudem die kleine, optisch unauffällige Streifenprinie mit ihrer durchdringenden Stimme zuhause, ebenso der Raubwürger, im Winter sogar die seltene Blaumerle und viele weitere Arten.

Die weit verstreut liegenden Häuser und Gärten von Hatta sind lose um das **Hatta Heritage Village** (Sa–Do 8–20, Fr 14.30–20, Fei 8–18.30 Uhr) im Ortszentrum verstreut. Dieses nachgebaute Dorf umfasst Häuser und Hütten in unterschiedlichen Baustilen, errichtet aus Lehmziegeln oder Palmblättern. In ihren Innenräumen ist neben Ausstellungen über Bewässerung, Schulwesen oder traditionelle Lieder und Tänze auch ein Museumsshop untergebracht. Die Bauten gruppieren sich zu Füßen und am Hang eines steinigen Hügels, auf dem ein restaurierter *Wachturm* zu einem weiten Blick über den Ort und das von Bergen gerahmte Umland einlädt. Diesen Rundturm (*Burj*) ließ Scheich Hasher bin Maktoum bin Butti in den 1880er-Jahren errichten, zusammen mit seinem ebenfalls

TOP TIPP

Malerisch liegen die weißen Häuser und Moscheen der bei Vogelbeobachtern beliebten Oasenstadt Hatta zwischen den schroffen Bergen des Hajar-Gebirge

restaurierten, aber nicht zu besichtigenden Pendant auf einer Anhöhe gegenüber dem Eingang zum heutigen Heritage Village. Links vom Heritage Village steht das schön restaurierte **Al-Husen Fort**, das um 1790 entstand. Durch ein nur knapp 1 m breites Tor in den hoch aufragenden Lehmmauern betritt man den quadratischen Innenhof, um den zwei *Wali Majlis*, Büros früherer Gouverneure, und ein *Viereckturm* mehrere Ausstellungen beherbergen. Neben den bereits vielfach bekannten Waffen und Fotografien vermittelt ein kurzweiliges Video Informationen über die historischen Forts des Landes.

Unweit westlich von Hatta an der vierspurigen Straße nach Dubai City laden hinter dem *Mazeira Roadside Market* mit grober Keramik und Kunstfaserteppichen die mehr als 100 m hoch aufragende **Big Red Sand Dune** und ihre nur unwesentlich niedrigeren Pendants zum *Dune Driving* mit Dünenbuggies und 4x4-Wagen oder *Dune Skiing* ein. Entsprechende Ausrüstung wird neben der Straße am Beginn des Dünenareals verliehen.

Empfehlenswert ist auch ein Abstecher in die Berge zu den **Hatta Pools** knapp 20 km südlich von Hatta über die Dörfer Jeema, Fay und Al-Bon. Ziel ist das *Wadi Qahfi*, durch dessen felsigen Grund sich mehrere Bergbäche ihren Weg gegraben haben. Immer wieder sammeln sie sich in natürlichen Felsenpools und laden mit ihren kühlen klaren Wassern zu einem erfrischenden Bad ein. Leider bemerkt man die wachsende Beliebtheit dieses Ausflugsziels auch an den Müllbergen um die kleine Parkbucht im Wadi.

Praktische Hinweise

Sport und Freizeit

El Remool, E 44 zwischen Hatta und Dubai (kurz nach dem Ortausgang Hatta), Tel. 06/886 11 31, Mobil-Tel. 050/453 44 01. Verleih von Motorrädern, Trikes und Quads für Fahrten durch die unmittelbar anschließenden Dünen. Ein Kamel steht ebenfalls zum Aufsteigen bereit.

Hotel

Hatta Fort Hotel, Hatta, Tel. 04/852 32 11, Fax 04/852 35 61, www.jebelali-international.com, Deutschland Info-Tel. 061 02/7 99 68 12. Relais & Châteaux-Hotel mit 50 gepflegten Zimmern und Suiten in chaletartigen Häuschen in vogelreichem Garten, umgeben von der herrlichen Bergkulisse der Hajar Mountains. Vor allem im Sommer ist das etwas kühlere Bergklima eine Wohltat. Breites Sportangebot von Bogen- über Tontaubenschießen bis Tischtennis, drei Jogging- und Walkingrouten führen durch das Gelände, ein Golfplatz wird gerade angelegt. Zwei Bars und zwei Restaurants im Hause, für letztere empfiehlt sich rechtzeitige Reservierung.

Auch die Big Red Sand Dune lädt ein zu Dune Driving auf rasanten Quads

Mehrere Gebirgsbäche aus den Hajar-Bergen vereinen sich zu den Hatta Pools

Sharjah – Heimstatt arabischer Kunst und Kultur

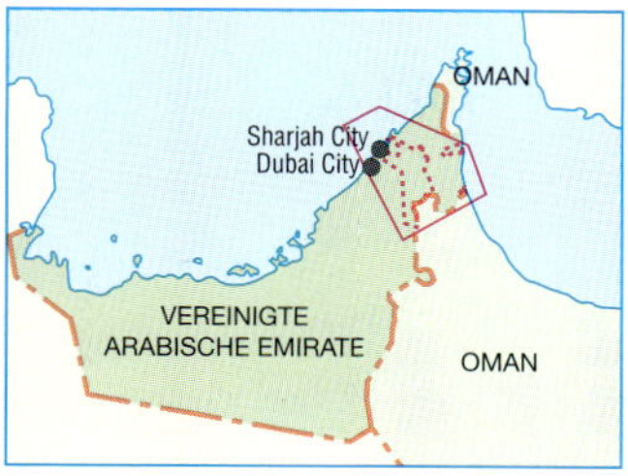

Sharjah ist das **drittgrößte** der Vereinigten Arabischen Emirate und das einzige, das Territorien sowohl an der **West-** als auch an der **Ostküste** besitzt. Denn dort, am Golf von Oman, befinden sich inmitten des Emirats Fujairah zwei kleine, zu Sharjah gehörende Exklaven. Da wäre zum einen der Fischerort **Kalba** an der Südgrenze der VAE zum Oman, der für seine *Mangrovensümpfe* und die dortige artenreiche *Vogelwelt* bekannt ist, zum anderen die Ferienidylle **Khor Fakkan** mit ihrem schönen *Sandstrand* sowie den korallen- und fischbunten *Tauchgründen*.

Heimische Wildtiere wie Arabische Oryxantilopen, Sandkatzen und sogar Leoparden gibt es dagegen im **Sharjah Desert Park** in Sharjahs Stammland im Westen zu bestaunen. Die Emiratshauptstadt **Sharjah City** lockt mit zahlreichen Galerien und Museen, was ihr 1998 den Ehrentitel **UNESCO-Kulturhauptstadt der Arabischen Welt** einbrachte. Nirgendwo sonst in den Vereinigten Arabischen Emiraten kann man sich auf so engem Raum über islamische Kultur, Kalligraphie, Bautradition, Schifffahrt oder Archäologie kundig machen, wie in den beiden hiesigen Altstadtvierteln **Heritage Area** und **Art Area**. In letzterem steht traditionelle und moderne Kunst im Mittelpunkt, wie sie etwa im landesweit bekannten *Sharjah Art Museum* gezeigt wird, das alle zwei Jahre auch die internationale *Kunstbiennale* beherbergt. Große Popularität genießt auch der *Blue Souk* an der *Khalid Lagune*. Nach informationsreichem Kulturgenuss lädt er zum *Einkaufsbummel* durch Antiquitäten-, Teppich- und Schmuckgeschäfte ein. Entspannung und Badefreuden bietet dann Sharjahs 16 km lange Westküste, die größtenteils von hellem **Sandstrand** gesäumt wird. Allerdings tut sich der Fremdenverkehr in Sharjah noch etwas schwer, denn in dem Emirat gilt die Scharia – die auch ein absolutes *Alkoholverbot* selbst in den internationalen Hotels bedingt. Weniger streng werden die *Kleidervorschriften* ausgelegt, auch wenn allzuviel nackte Haut in der Öffentlichkeit nicht gern gesehen wird. Wen diese Einschränkungen nicht schrecken, wird sicher angenehme Urlaubstage in dem ›etwas anderen Emirat‹ verbringen.

6 Sharjah City *Plan Seite 66/67*

Die Emiratshauptstadt lockt mit Kunstfreuden, Kulturgenuss und reichem Warenangebot.

Sharjah City (350 000 Einw.) besitzt wie Dubai City hochhausgesäumte Stadtautobahnen, Märkte, Malls und Souks – und steht doch ein wenig im Schatten der weltberühmten Nachbarstadt. Sharjah, so scheint es, bewegt sich nicht mit Überschallgeschwindigkeit in die Zukunft, hier werden keine immer noch gewaltigeren Hotel- und Geschäftsgebäude geplant. In Sharjah ist vieles eine Nummer kleiner – und dadurch auch sympathischer – als in Dubai City.

Geschichte Noch im 17. und 18. Jh. beherrschte der Beduinenstamm der **Qawassim** die gesamte Region vom heutigen Sharjah City bis hinauf nach Ras al-Khaimah. Zu dieser Zeit war der **Perlenhandel** ein einträgliches Geschäft und die Wüstensöhne erwiesen sich als geschickte Kaufleute, tüchtige Seefahrer und skrupellose Freibeuter. Bald war der von den Qawassim kontrollierte Teil der Arabischen Halbinsel als ›**Piratenküste**‹ verrufen, was zu Beginn des 19. Jh. die

◁ *Städtisches Idyll in einem Park an der Sharjah Moschee nahe dem Kasbah Canal*

Stets liegen einige Lastdhaus in Sharjahs Flusshafen vor Anker

Engländer auf den Plan rief, die ihren ausgedehnten Indienhandel in Gefahr sahen.

Im Jahr 1809 musste sich der seit 1804 regierende Scheich Sultan bin Saqr bin Rashid al-Qasimi der militärischen Überlegenheit der Briten beugen. Im Rahmen des 1819 unterzeichneten *General Treaty of Peace* bauten die Briten Sharjah ab 1823 zu ihrem einzigen Stützpunkt am südlichen Golf aus, was es bis 1953 blieb. 1932 errichteten sie bei Sharjah City sogar den ersten internationalen **Flughafen** auf dem Gebiet der heutigen VAE, die Flugzeuge der Imperial Airways legten dort einen Zwischenstopp auf ihrem Weg nach Indien ein. Mittlerweile ist aus dem bescheidenen Rollfeld im Osten der Stadt der *Sharjah International Airport* entstanden.

Um der Hauptstadt seines Emirats ein unverwechselbares Profil zu verleihen, setzt der heutige Regent von Sharjah, *Scheich Sultan bin Mohammed al-Qasimi*, in erster Linie auf **Kunst und Kultur**. So wurde in den Jahren 1993–97 ein Teil der Altstadt saniert und zur *Heritage Area* erklärt. Im nahen Viertel Al-Shuwaihiyeen wurde zudem die sog. *Art Area* mit Museen und Galerien eingerichtet. Weitere vorzüglich ausgestattete Museen, etwa zu Archäologie und Naturwissenschaften, befinden sich in den Außenbezirken. Dass dieses Engagement Früchte trägt, zeigt sich auch an der 1998 erfolgten Ernennung zur **UNESCO-Kulturhauptstadt der Arabischen Welt**, auf die man in Sharjah City besonders stolz ist.

Angst vor einem kulturellen Überangebot muss man jedoch nicht haben. Als Kontrastprogramm lockt zum Beispiel im Frühjahr die **Sharjah Spring Promotion** einkaufswillige Besucher mit niedrigen Preisen und Sonderangeboten in die Stadt.

Reizvolle Innenstadt

Einen stimmungsvollen Anblick bietet der *Sharjah Creek*, der von der Lagune Khor Khalid zum offenen Meer führt. Dort liegen zahlreich Dhaus vor Anker, die von den Seeleuten zügig be- und entladen werden. Über die das Ufer des Creek säumende **Al-Bouheira Corniche** 1 gelangt man zu der in die Innenstadt abzweigende Boorj Avenue, die sich gut als Ausgangspunkt für einen Stadtbummel eignet. Bereits nach etwa 200 m teilt sie sich in zwei Straßenarme, die um das historische **Al-Hisn Fort** 2 (Di–Do und Sa/So 9–13 und 17–20, Mi nur Frauen, Fr 17–20 Uhr, Tel. 06/568 55 00, www.shjmuseum.gov.ae) herumführen. Die auch als Sharjah-Fort bekannte Festung ist ein Nachbau der 1820 errichteten Residenz von Scheich Mohammed bin Sakr al-Qasimi, die 1969 abgerissen wurde. Lediglich der steinerne Rundturm *Al-Kabs* rechts vom Eingangsportal ist original erhalten. In seinem Innern erinnern Hand- und Fußketten daran, dass er ursprünglich als Gefängnis diente. Der Turm ist Teil der weiß gekalkten Wehrmauer, die in einem etwa 30 x 30 m großen Geviert den gepflasterten Innenhof rahmt. Die umliegenden ebenerdigen Räume beherbergen Ausstellungsstücke zur Geschichte der Stadt und des Emirats. Neben historischen Fotografien ist der sog. *Sharjah-Schatz* zu sehen: 93 Maria-Theresia-Taler, die im 18. Jh. in einem Krug versteckt und erst über 100 Jahre später bei Ausschachtarbeiten wieder gefunden wurden.

Im Nordosten schließt sich die Altstadt von Sharjah City mit dem **Old Souk** 3, dem Alten Markt, an. Hinter seinen kleinen Textil- und Gemischtwarenläden beginnt die sog. **Art Area**, in der sich einige Einrichtungen der traditionellen und modernen Kunst widmen. Den Auftakt macht unmittelbar hinter der zentralen Ad Dalil Moschee am großen plattengepflasterten Platz das **Sharjah Art Museum** 4 (Sa–Do 9–13, 17–20, Fr/Fei 17–20

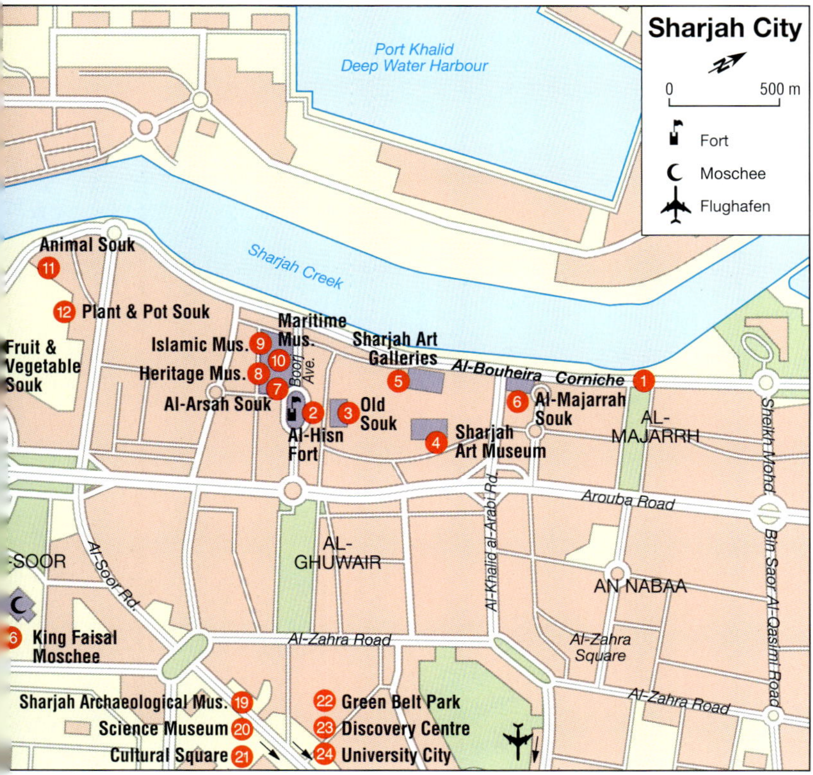

Uhr, Tel. 06/568 82 22). Das lang gestreckte quaderförmige Gebäude mit den auffälligen Windtürmen an beiden Seiten wurde 1995 eröffnet. Es beherbergt Arbeiten zeitgenössischer arabischer Künstler wie Ali Darwish oder Abdel Kader al-Rais. In weiteren Räumen sind Fotos und Gemälde aus der Kunstsammlung Scheich al-Qasimis zu sehen. Besonders bemerkenswert ist die leider nur zeitweise ausgestellte Kalligraphie-Sammlung im rechten Flügel der oberen Etage, die erlesene Stücke arabischer Schriftkunst präsentiert.

Dem Museum gegenüber, aber mit dem Eingang zur Corniche hin, sind in dem weißen Gebäudekomplex des *Bait Obeid al-Shamsi* die **Sharjah Art Galleries** 5 untergebracht. Die Räumlichkeiten im Haupthaus sowie rings um den ausgedehnten Innenhof dienen einheimischen Künstlern als Werkstätten und Galerien. Zeitgenössische Holzarbeiten sind hier ebenso zu sehen und zu erwerben wie Gemälde, Keramik und Metallskulpturen. Profanere Einkaufsmöglichkeiten bietet wenige Meter weiter der **Al-Majarrah Souk** 6, ein Marktgebäude in traditionellem Stil mit einer auffälligen, 17 m hohen goldglänzenden Kuppel. Sie ist innen mit blauen Glassteinen besetzt, zwischen denen glitzernde Mosaikstückchen Sternbilder darstellen. Unter diesem ›Himmelszelt‹ werden in erster Linie Kleidung und Parfüme angeboten.

Bummelt man nun durch das dicht bebaute Altstadtviertel Al-Shuwaihiyeen in südlicher Richtung zurück zur Boorj Avenue, erreicht man jenseits dieser Straße die **Heritage Area**. Dieses traditionelle Quartier mit seinen pittoresken Windtürmen und kubischen Bauten vermittelt einen Eindruck vom einstigen Leben in Sharjah. Einen Großteil der verschachtelten Anlage nimmt der **Al-Arsah Souk** 7 ein, in dessen mit Palmblättern überdachten Ladengassen von der Shishapfeife bis zum Krummdolch, vom Kashmirschal bis zum Teppich alles zu kaufen ist, was des Touristen Herz erfreut. In unmittelbarer Nähe des Souk befindet sich das **Heritage Museum** 8 (Di–So 9–13 und 17–20, Fr 16.30–20 Uhr, 06/568 17 38). Es ist im sog. *Bait Al-Naboudah* untergebracht, einem traditionellen, aus Korallenstein errichteten zweistöckigen Anwesen mit zentralem Innenhof. Dessen außergewöhnliche Größe von 510 m^2 lässt auf den Reichtum des Erbauers Obaid bin Issa bin Ali-Shamsi, genannt Al-Naboudah, schließen. Die Küche entspricht mit Erdofen, Kessel und Kannen dem Zustand des 19. Jh., in den anderen ehem. Wohn- und Arbeitsräumen sind neben dem Mobiliar früherer Tage auch traditionelle Wirtschaftsgeräte ausgestellt.

Vom Al-Jazeira Park aus bietet die Skyline von Sharjah mit dem Blue Souk, der King Faisal Mosque und den Hochhäusern des Geschäftsviertels einen beeindruckenden Anblick

Mit der Sonne um die Wette strahlt die vergoldete Kuppel des Al-Majarrah Souk, in dessen Innerem vor allem modische Kleidung zum Kauf angeboten wird

Geht man einige Meter an der Außenmauer des Heritage Museum entlang, so erreicht man die Pforte des **Islamic Museum** 9 (Di–So 9–13 und 17–20, Fr 16.30–20 Uhr). Es besitzt eine wertvolle Sammlung handschriftlicher Koranausgaben, aber auch die etwa 2500 ausgestellten Münzen aus allen Teilen der islamischen Welt lohnen eine nähere Betrachtung. Feine Keramik und kunstvoll verzierte Töpferwaren runden die Ausstellung ab.

Nicht ganz einfach findet man in dem Gewirr von Gassen den Weg zum **Maritime Museum** 10 (Di–So 9–13 und 17–20,

Ob Kaffeeplausch oder Souvenirsuche – gelassene Atmosphäre prägt den Al-Arsah Souk, einen originalgetreu rekonstruierten überdachten Markt in der Heritage Area von Sharjah

Sharjahs Scheich Sultan bin Mohammed al-Qasimi ist offenbar ein Mann mit vielen Talenten, denn der Regent entwarf auch den Blue Souk

Fr 16.30–20 Uhr), das mit dem Holzmodell einer Dhau neben seinem Eingang auf sich aufmerksam macht. Wie ein solches Schiff gebaut wird, erfährt man im Inneren des kleinen Museums, ebenso allerlei Interessantes über Perlenfischerei, Navigation und Handelsrouten in arabischen Gewässern.

Shops und Spaß in Sharjah

Die Besichtigungstour führt weiter nach Westen an die Khalid-Lagune bzw. an den Beginn des Sharjah Creek. Dort haben sich zu beiden Seiten der Corniche mehrere Souks etabliert, traditionelle Märkte wie etwa der **Animal Souk** 11 mit Klein- und Haustieren sowie der **Plant & Pot Souk** 12 mit einer Vielfalt an Pflanzen und Töpferwaren. Ein wenig weiter südlich unterbreiten neben dem Minibus-Bahnhof für Fahrten nach Abu Dhabi die Obst- und Gemüsehändler auf dem **Fruit & Vegetable Souk** 13 (tgl. 7.30–10.30 Uhr) ihr farbenprächtiges Angebot. Auf der gegenüberliegenden Straßenseite hat am Ufer der Lagune der **Fish Souk** 14 (tgl. 6.30–12.30 und 17–22 Uhr) seinen Platz gefunden. Vor allem am Wochenende, also donnerstags und freitags, herrscht dort reges Treiben, wenn die Kunden frischen Hamour (Barsch), Hamra (Red Snapper), Safi (Scholle) oder die kleinen Cigalee-Krebse einkaufen.

Nicht weit davon, aber auf der anderen Seite eines ausgedehnten Stadtautobahnkreuzes, weisen zwei prächtige blau-golden gekachelte Tonnendächer und daraus schornsteinartig empor wachsende Windtürme den Weg

TOP TIPP

zum **Blue Souk** 15 (Al Majaz, Sa–Do 9–13 und 16–23, Fr 9–12 und 16–23 Uhr). Das moderne, auch Central Market oder Souk Markazi genannte Einkaufszentrum öffnete 1979 seine Pforten. Die prächtige neoislamische Architektur wurde von keinem Geringeren als dem Herrscher von Sharjah, Scheich Sultan bin Mohammed al-Qasimi, entworfen. In den beiden parallel zueinander verlaufenden Gebäuden sind auf zwei Stockwerken mehr als 600 Geschäfte versammelt, die von Gold- und Silberschmuck über Teppiche, Elektroartikel und Textilien bis hin zu Backgammonspielen und Shishapfeifen eine reiche Auswahl an Mitbringseln bieten.

Für die weitere Erkundung der Stadt empfiehlt es sich nun, einem Taxi zu winken. Auf dem Weg zurück zum eigenen Fahrzeug oder auch zu den übrigen Attraktionen lohnt sich ein Blick über den großen, zwar begrünten, aber beständig verkehrsumtosten *Union Square*. An dessen weit ausholendem Rund erhebt sich als markanter Blickfang die strahlend weiße **King Faisal Moschee** 16, die nach ihrem Stifter, dem König von Saudi-Arabien, benannt ist. Tatsächlich bestehen enge Beziehungen zwischen Saudi-Arabien und Sharjah, das als einziges Emirat die Scharia, das islamische Recht, auch im Gerichtsalltag durchsetzt und sogar den Ausschank von Alkohol strikt verbietet.

Ein Abstecher zum innenstadtnahen Strand führt vom Union Square nach Südwesten über die Sharjah Bridge, die am Übergang der Khalid-Lagune in den Sharjah Creek eine Insel überquert. Auf dieser bietet der 100 000 m^2 große **Al-Jazeira-Park** 17 (Tel. 06/569 12 02) mit diversen Jahrmarktsattraktionen, darunter einem Riesenrad, reichlich Unterhaltung vor allem für Familien. Im Norden der Insel genießt man zudem einen sehr schönen Ausblick auf eine Skyline imposanter Bürohäuser und palastartiger Ministeriumsbauten am gegenüberliegenden Ufer.

Diese werden bei der Weiterfahrt jedoch schnell von Wohn- und vergleichsweise dünn bebauten Geschäftsvierteln abgelöst, die im Westen am **Al-Khan Beach** 18 enden. Entlang des hellen feinen Sandstrandes haben sich einige Ho-

tels angesiedelt, zwischen ihnen ermöglichen unverbaute Abschnitte den Zugang zum Meer. Touristisch gesehen leidet Sharjahs etwa 4 km langer, an sich sehr schöner Strand jedoch darunter, dass seine Uferstraße auch Zufahrt zum geschäftigen Port Khaled, dem Hafen der Emiratshauptstadt, ist.

Attraktive Außenviertel

Im Vorort *Halwan* befindet sich an der Ausfallstraße Richtung Flughafen zwischen Al-Sahaba Moschee und Cultural Square das moderne, 1997 eröffnete

TOP TIPP

Sharjah Archaeological Museum 19 (Mo–Di und Sa 9–13 und 17–20, Mi 17–20 nur Frauen, Fr 17–20 Uhr, Tel. 06/5665466, www.archaeology.gov.ae). Den Auftakt dieser Reise in die Vor- und Frühgeschichte Sharjahs bilden Werkzeuge aus Stein und Muscheln, gefolgt von formschöner Keramik der Al-Obaid-Periode (ca. 5000 v. Chr.), die aus Mesopotamien importiert wurde. Rund 3000 Jahre alt ist die knapp 20 cm hohe, mit roten und schwarzen Streifen verzierte Tonfigur eines Lastkamels aus Muwaileh. Das bemerkenswerte archaisch schlichte Kunstwerk ist zugleich Wahrzeichen des Museums. Aus der Bronze- und Eisenzeit sind u. a. Küchengeräte, Schmuck und Waffen vertreten. Aramäische Texte und Kalligraphien leiten zur präislamischen Epoche (300 v. Chr.–600 n. Chr.) über. Ein Aufsehen erregendes Highlight aus dieser Zeit ist die Nachbildung eines Grabhügels aus Meleiha, in dem ein wohlhabender Mann samt Pferd bestattet wurde. Im Original zu bestaunen ist das reich mit goldenen Schmuckscheiben besetzte Zaumzeug des edlen Tieres.

Gleich nebenan steht der Zweiflügelbau des **Science Museum** 20 (Sa–Di 7.30–14.30, Mi–Fr 16–20.30 Uhr, Tel. 06/5668777). Dessen umfangreiches Angebot richtet sich in erster Linie an Kinder, doch auch Erwachsenen macht es Spaß, mithilfe der zahlreichen Mitmach-Experimente den Zusammenhängen von Wissenschaft und Technik auf die Spur zu kommen. In der zentralen *Exhibition Hall* kann man beispielsweise beobachten, wie viel Wasser der eigene Körper verdrängt, kann selbst Papier herstellen oder mit einem Synthesizer Klangwelten schaffen, in der *Demonstration Hall* sind weitere naturwissenschaftliche Überraschungen versammelt, so stehen Besuchern mithilfe elektrischer Energie die Haare zu Berge. Ein Planetarium rundet das Angebot ab.

Zu den schönen Stücken des Sharjah Archaeological Museum gehören diese Tongefäße

Anatomie zum Anfassen: Das Science Museum vermittelt Wissen spielerisch

Es lohnt sich, ans Ende der Straße zu fahren und dort den **Cultural Square** 21 mindestens einmal zu umrunden. Fünf große Straßen münden sternförmig in das Rondell, in dessen Mitte die meterhohe Nachbildung eines Koran auf einem typischen Lesegestell steht. Ringsum verleihen prächtige öffentliche Gebäude dem Platz ein würdevolles Aussehen. Am auffälligsten ist der *Cultural Palace*, ein morgenländischer Architekturtraum in Weiß mit Freitreppe, arabeskenverzierter Fassade, Arkadenbögen, Spitzbogenfenstern und zentraler Kuppel. Gegen den Uhrzeigersinn schließen sich daran eine große Moschee und das Rulers Office, der Regierungssitz von Sharjah an. Den Kreis schließt sodann das *Department of Culture & Information*, ein mächtiger vielgliedriger und fensterreicher Bau.

An den Wochenenden passieren viele Emiratis die Regierungsgebäude, um im nahen **Green Belt Park** 22 im Schatten von Palmen, Laubbäumen und blühenden Jacarandas zu picknicken. Als Alternative lockt das **Discovery Centre** 23 (Sa–Di 9–14, Mi–Fr 15.30–20.30 Uhr, Tel. 06/558 65 77), ein interaktives ›Kindermuseum‹, in dem Body Zone, Water World oder Drive Town zum Anfassen und Ausprobieren einladen. Westlichen Besuchern fällt es oft schwer, angesichts der lärmenden Automatenspiele und hupenden Plastikfahrzeugen einen pädagogischen Anspruch erfüllt zu sehen, doch die Kinder haben offensichtlich ihren Spaß bei Physikexperimenten, in den nachgebildeten Helikoptern oder an der Kletterwand.

Ortsunkundige verfahren sich schnell in *Al-Muwailih*, einem bemerkenswert schlecht ausgeschilderten Außenbezirk von Sharjah City. Auch der hier angesiedelte internationale Flughafen ist nicht leicht zu entdecken, obwohl startende und landende Flugzeuge eine gewisse

Den Stellenwert des Islam in Sharjah, dessen Gerichte sogar nach den Regeln der Sharia urteilen, dokumentiert auch diese Koran-Skulptur auf dem Cultural Square

Die Arkaden der prachtvollen Gebäude der University of Sharjah hätten wohl auch Sokrates, dem großen Schlenderer unter den Philosophen, zugesagt

Orientierungshilfe geben. Gegenüber des Flughafens befindet sich das Ausbildungszentrum Sharjahs, **University City** 23. Dessen großzügig begrüntes Campusgelände ist von gewaltigen, strahlend weißen Palastbauten mit Zentralkuppeln, Freitreppen, Wandelhallen und Arkadengängen umgeben. Sie beherbergen beispielsweise die *American University of Sharjah*, zwei *Higher Colleges of Technology* (eines für Männer, eines für Frauen) und die *Sharjah Police Academy*.

Praktische Hinweise

Information

Sharjah Commerce and Tourism Development Authority, Crescent Tower, Al-Buheira Corniche, Sharjah City, Tel. 06/556 67 77, Fax 06/556 30 00, www.sharjah-welcome.com

Sharjah International Airport (SHJ), Tel. 06/558 12 52, www.sharjahairport.ae, 15 km südlich der Innenstadt.

Sport und Freizeit

Jarnas Tours, Sharjah City, Tel. 06/553 22 02, Mobil 050/626 23 68, Fax 06/553 22 12. Trips nach Abu Dhabi, Dubai oder Hatta sind ebenso im Programm wie Stadtrundfahrten, Tauchausflüge, Safaris oder Sandskifahrten.

Hotels

*****__Radisson SAS Resort__, Achmed bin Darwish Square, Sharjah City, Tel. 06/565 77 77, Fax 06/565 72 76, sharjah.radissonsas.com. Am östlichen Ende der Corniche am Meeresufer gelegen, der Sandstrand ist gepflegt, ebenso der Garten mit Swimmingpool und kleinem ›Tropenwald‹. Aber auch er verbirgt nicht die blockhafte Architektur des alteingesessenen Hotels, das auf 15 Etagen 300 Zimmer und Suiten bietet. Fitness- und Sportangebote sowie zwei Restaurants im Haus.

****__Sharjah Carlton Hotel__, Sheikh Sultan al-Awal Road, Sharjah City, Tel. 06/528 37 11, Fax 06/528 49 62, www.sharjahcarlton.com. Prominent am Anfang des feinen Sandstrandes gelegenes Beachhotel mit gutem Namen und ordentlicher, wenngleich nicht mehr ganz moderner und teilweise auch recht plüschiger Einrichtung. Zwei Restaurants und zwei Cafés im Haus.

***__Golden Beach Motel__, Sheikh Sultan al-Awal Road, Sharjah City, Tel. 06/528 13 31, Fax 06/528 11 51, www.sharjahcarlton.com. Solides Mittelklassehotel am schönen Strand, günstigerer Ableger des benachbarten Carlton Hotels. Die Ausstattung wirkt mitunter etwas altmodisch, doch sind die Zimmer

Mohammed und der Islam

›Islam‹ bedeutet ins Deutsche übersetzt ›Hingabe‹, nämlich an **Allah**, den einen Gott. Seine Anhänger nennen sich entsprechend ›Muslime‹, ›die sich Gott unterwerfen‹ und sehen sich als Teil der Gemeinschaft des ›Dar al-Islam‹, des ›Hauses des Islam‹, dem etwa 1,2 Milliarden Muslime angehören.

Wie das Judentum und das Christentum entspringt der Islam Wurzeln, die bis auf Abraham zurückgehen. Seine Ausprägung als eigene Religion findet er jedoch erst mit Mohammed.

Der 570 in Mekka geborene Kaufmann begegnete im Jahr 609, so glauben die Muslime, dem Erzengel Gabriel, der ihm damals und in den folgenden Jahren 114 Suren offenbarte. Nach dem Tod des **Propheten** wurden sie zum **Koran** zusammengefasst. Mohammed verbreitete diese Offenbarung in seiner Heimatstadt und scharte eine kleine Gruppe von Anhängern mit seinen Predigten von der Hingabe an Gott um sich. Seine Lehren widersprachen jedoch den polytheistischen Vorstellungen der führenden Sippen Mekkas: Mohammed stellte sich in eine Reihe mit den Propheten Abraham, Mose und Jesus, forderte regelmäßige **Gebete** und Gottesdienste und beharrte vor allem auf der Existenz eines einzigen Gottes, den er Allah nannte. Im Jahr 622 blieb ihm nichts anderes übrig, als mit seinen Anhängern aus Mekka in die nahe Handelsstadt **Medina** zu fliehen, wo sich mittlerweile ebenfalls eine islamische Gemeinde gebildet hatte. Diese Flucht, die sog. **Hidjra**, bezeichnet den Beginn der islamischen Zeitrechnung. In Medina erstarkte die religiöse Bewegung Mohammeds rasch und viele sesshafte Beduinenstämme der Umgebung schlossen sich dem Propheten an. Schon bald kam es zum bewaffneten Konflikt mit Mekka um die regionale Vorherrschaft. Damals entstand die Vorstellung, den Anhängern Allahs sei die Pflicht auferlegt, bei einer Bedrohung ihrer Religion für deren Schutz mit Waffengewalt zu kämpfen und so auch ihre Ausbreitung zu befördern.

630, zwei Jahre vor Mohammeds Tod, übergaben die Patrizier Mekkas die Stadt schließlich fast widerstandslos an den Propheten. Schon vorher hatte er die bislang geltende Gebetsrichtung (*Qibla*) von Jerusalem zur **Kaaba** in Mekka geändert, die als Haus Abrahams betrachtet wird. Jeder gläubige Muslim, ob Mann oder Frau, ist gehalten, einmal im Leben die *Hadj* zu unternehmen, die Pilgerfahrt nach Mekka und Medina, während derer die Kaaba mehrmals rituell umschritten wird. Die Hadj ist eine der fünf sog. **Säulen des Islam**, die zu befolgen jeder Muslim verpflichtet ist. Zu ihnen gehören weiterhin das Glaubensbekenntnis (*Schahada*) (›Es gibt nur einen Gott und Mohammed ist sein Prophet‹), das Almosengeben (*Zakat*), das Fasten während des Ramadan (*Saum*) sowie das Gebet, fünf mal am Tag (*Salat*). Die **Gebetszeiten** richten sich nach dem Sonnenstand. Bei ihnen handelt es sich um *Fajr* oder das etwas spätere *Shuruq* im Morgengrauen, *Dhuhur* oder *Zohr* am Mittag, *Asr* am Nachmittag, *Magrib* am frühen und *Isha* am späten Abend. Die genauen Gebetszeiten werden in der Tagespresse veröffentlicht. In islamischen Ländern wie den Emiraten und dem Oman verkünden auch Muezzine und Lautsprecher, dass es Zeit zum Gebet ist, dann strömen die Gläubigen in die nächstgelegene Moschee. Diese Andachten dauern unter der Woche nur jeweils einige Minuten, lediglich am Freitag wird gepredigt. Männer und Frauen beten getrennt. In den Moscheen, zumal den kleineren, treffen sich in der Regel ausschließlich Männer. Frauen können, müssen aber nicht in den Gotteshäusern beten, und nicht immer ist für sie ein eigener Raum vorgesehen. Generell kann jeder Muslim überall beten, wichtig ist lediglich, dass dabei die Richtung nach Mekka eingehalten wird. In islamischen Ländern ist sie oft in Hotelzimmern mit einem Schild angegeben.

Weitere Kennzeichen des Islam sind das Verzehrverbot von **Schweinefleisch** sowie ein ›**Bilderverbot**‹, das auf die wörtlich genommene Koranstelle zurückgeht, Menschen sollten sich kein Bild von Gott und seiner Schöpfung machen. Daher besteht der Raumschmuck in Moscheen ausschließlich aus Ornamenten und kunstvoll ausgearbeiteten und kalligraphisch hoch stilisierten Koransuren.

und Apartments groß und bieten zum Meer einen herrlichen Ausblick. Chalets zur Straße hin sind preislich günstiger.

Beach Hotel, Sheikh Sultan al-Awal Road, Sharjah City, Tel. 06/528 13 11, Fax 06/528 54 22, www.beachhotel-sharjah.com. Das zweistöckige Hotel umschließt mit 131 Zimmern und Suiten U-förmig den länglichen Swimmingpool; zum Sandstrand und dem türkisblauen Meer mit reichlich Wassersportmöglichkeiten ist die Sicht frei. Restaurant im Haus. Hoteleigener Shuttlebus nach Sharjah City und Dubai City.

Restaurants

Fishermen's Wharf, im Holiday Inn Resort Sharjah an der Khalid Lagoon, Sharjah City, Tel. 06/573 66 66. Gemütliches, mit viel Holz und maritimem Zubehör ausgestattetes Seafood Restaurant gleich rechts von der großen Hotellobby mit Blick auf die Lagune. Ob Hamour oder Hummer, die stets frisch zubereiteten Meeresfrüchte lassen nichts zu wünschen übrig.

Sadaf, Al-Mina Road, Sharjah City, Tel. 06/569 33 44. Iranische Spezialitäten stehen auf der Speisekarte, meist typische Fleischgerichte wie Hühnerspieß mit Safranreis oder Lammkoteletts, aber auch Fischbällchen an Kichererbsenmus. Bemerkenswert ist die glitzernde Innenausstattung des Restaurants.

Shiraz, im Millenium Hotel an der Khalid Lagoon, Corniche Road 3990, Sharjah City, Tel. 06/556 66 66. Fleisch und Fisch kommen gut gewürzt nach iranischen Rezepten auf den Tisch, auch Vegetariern steht eine reiche Auswahl zur Verfügung, die von Borani Esfanaaj, einem cremigen Spinatgericht, bis zu verschiedenfarbigen Gewürzreiskreationen reicht. Die herrliche Aussicht auf die Lagune ist da das i-Tüpfelchen.

7 Sharjah Desert Park

Geparden und Gazellen in – beinahe – freier Wildbahn.

Zwischen Sharjah Airport und der Oase Dhaid im Osten des Emirats liegt der etwa 1 km^2 große Sharjah Desert Park. Sein Herzstück ist das 1999 eröffnete Gebäude des **Arabia's Wildlife Centre** (Sa/So und Di/Mi 9–17.30, Do 11–17.30, Fr 14–17.30 Uhr). In seinem Inneren wird die Fauna der Arabischen Halbinsel und in den umgeben-

Aufmerksam beobachtet dieser Gepard im Sharjah Desert Park seine Umgebung

den Gewässern vorgestellt. In großen, naturnah gestalteten Terrarien leben Chamäleons, Eidechsen und Schlangen. Tafeln bieten Hintergrundinformationen über Verbreitung, Lebensraum, Fressgewohnheiten oder natürliche Feinde dieser faszinierenden Tiere. Ein leichter Schauer überfällt Besucher oft beim Betreten der ›Dark Area‹, die den nachtaktiven Lebewesen wie Kamelspinnen oder Skorpionen gewidmet ist. Der Weg zum Freigelände führt schließlich durch ein Aviarium, in dem sich zahlreiche Vogelarten, vom Kiebitz bis zum Falken, ein Stelldichein geben. Ihre teils melodischen Gesänge, teils schrillen Pfiffe schallen bis zum Flamingogehege, in dem pinkfarbene langbeinige Kranichvögel in stoischer Ruhe durch einen künstlich angelegten Tümpel waten. In weiteren Tiergehegen sind, teils im Freien, teils hinter Glas, Arabische Paviane, Wölfe, Hyänen, Leoparden und Geparden zu sehen. Steinböcke klettern durch ausgedehnte Felsenlandschaften, Gazellen, Arabische Oryx und Strauße grasen friedlich zu ihren Füßen.

Dem Park ist eine sog. *Children's Farm* angegliedert, in deren kleinem Streichelzoo Esel, Pferde, Ziegen und Kamele leben. Unweit des Wildlife Centre bereitet das *Natural History Museum* (Öffnungszeiten wie Wildlife Centre) die Geologie, Fauna und Flora der Region in vier Ausstellungssälen anschaulich auf. Mithilfe von Vulkan- und Dinosauriermodelle blickt man zurück in die Zeit des Mesozoikums, Gesteinsproben, Muscheln und ein Diorama erläutern die heutige Landschaft.

8 Kalba

Fischerdorf und Vogelschutzgebiet am Golf von Oman.

Etwa 10 km südlich des internationalen Flughafens von Fujairah liegt das zu Sharjah gehörende Dorf Kalba am Golf von Oman. Seit kurzem verbindet eine neue Straße, die **S116**, das **Dorf an der Westküste** mit Sharjah City im Osten. So kann man sich nun den ›Umweg‹ über Masafi sparen und gleichzeitig die beiden einzigen Bergtunnel der Emirate durch das Hajar-Gebirge befahren.

Die meisten Einwohner Kalbas leben wie ihre Vorfahren vom Fischfang. Ende des 16. Jh. hatten die Portugiesen im damaligen ›Chelb‹ eine Festung errichtet, die jedoch völlig verfallen ist. Heute bewacht das **Al-Hisn Fort** (Sa–Do 8–13 und 16.30–19.30, Fr 16.30–19.30 Uhr, Tel. 09/2777689) auf einer treppenartig ansteigenden Plattform am Meer den Ort. Die Qawassim errichteten den Bau um 1800 zum Schutz der Batinah-Küste, die sich als flache Ebene bis weit in den Oman erstreckt. Die mächtige Mauer der Festung umgibt einen rechteckigen Innenhof, dessen hinteren Teil ein runder Wachturm und das zweistöckige quaderförmige Hauptgebäude begrenzen. In dessen schmucklosen Innenräumen sind einige langläufige Flinten, Pulverhörner und Buckelschilde aus Schildkrötenpanzer ausgestellt.

Gegenüber des Forts steht die 1898–1901 ebenfalls aus Lehmziegeln erbaute ehem. Herrscherresidenz **Bait Sheikh Saeed bin Hamed al-Qassimi** (Sa/So und Di–Do 9–13 und 17–20, Fr 17–20 Uhr), die heute als Regionalmuseum dient. Zu sehen sind archäologische Fundstücke aus der näheren Umgebung, früher gebräuchliche Werkzeuge sowie eine interessante kleine Sammlung von Musikinstrumenten.

Nur wenige Kilometer südlich von Kalba beginnt schon der Oman. Die Grenze befindet sich bei dem Ort *Khatmat Milahah* am unteren Ende des Meeresarmes **Khor Kalba**, dessen drei Hauptarme etwa 5 km lang parallel zur Küste verlaufen. Ihre sumpfigen Ufer nimmt ein Mangrovenwald ein, der als der älteste Arabiens gilt. Krabben und Amphibien gibt es hier

Blaues Meer, weißer Sandstrand und alle nur erdenklichen Wassersportangebote ermöglichen vollkommene Erholung am Strand von Khor Fakkan

reichlich, außerdem sind die bizarr geformten luftwurzelnden Bäume die Heimat zahlreicher, teils gefährdeter Vogelarten. Ein besonderes Highlight für Ornithologen sind die rotbeinigen Stelzenläufer oder der bienenfressende Blauwangenspint.

i Praktische Hinweise

Hotel

Breeze Motel, Kalba, Tel. 09/277 88 77, Fax 09/277 67 69. Das vergleichsweise einfache Haus am Golf von Oman bietet 30 große Zimmer, die direkt auf den schmalen Gartenstreifen und den dahinter liegenden Strand hinausgehen. Meerwasser-Swimmingpool. Gutes Restaurant mit Regionalküche im Haus.

9 Khor Fakkan

Taucher und Erholungssuchende schätzen Sharjahs ruhige Exklave an der Ostküste.

Es ist ein besonders hübscher Flecken Erde, den Sharjah hier, etwas mehr als 20 km nördlich von Fujairah City, am Golf von Oman sein eigen nennt. Khor Fakkan liegt an einer wahren **Märchenbucht**, die von feinem goldgelben Sand gesäumt ist, auf dem Grünstreifen dahinter wiegen sich hohe, Schatten spendende Dattelpalmen in der Meeresbrise. Im zentralen Abschnitt begleitet eine propere kleine Einkaufsmeile mit einigen Geschäften, Cafés und Kiosken die Uferstraße. Der **Containerhafen** im Süden von Khor Fakkan stört die Bilderbuch-Idylle nur optisch, das Wasser in der Bucht ist herrlich klar. Ob das so bleibt ist aber ungewiss, der wirtschaftlich bedeutende, natürliche Tiefseehafen soll in den nächsten Jahren beträchtlich ausgebaut werden.

Nachtleben und Rummel darf man hier nicht erwarten, das Alkoholverbot in Sharjah verhindert ausschweifende Vergnügungen. Doch wer Baden, Schnorcheln oder Tauchen will, Windsurfen, Jet Ski fahren oder Hochseeangeln, ist in Khor Fakkan richtig. Beliebt ist zum Beispiel ein Bootsausflug nach **Coral Island**, wo Unterwassersportler die bunte Tier- und Pflanzenwelt eines Korallenriffs erkunden können. Im gebirgigen Landesinneren laden die Wadis des Hajar-Gebirges zu Ausflügen mit dem Geländewagen ein

Die Tourenanbieter von Khor Fakkan organisieren Ausflüge zu den schönsten Tauchgründen

i Praktische Hinweise

Sport und Freizeit

Divers Down, Tauchbasis am Hotel Oceanic (s. u.), Khor Fakkan, Tel. 09/237 02 99, Fax 09/237 01 94, www.diversdown.tk. Kurse, Ausrüstungsverleih und zwei Tauchfahrten täglich, z. B. zum Car Cemetery, wo in etwa 30 m Tiefe Schiffs- und Autowracks eine ideale Behausung für Muränen und Mantas bilden. Beim Nachttauchen in den Anemone Gardens nahe Shark Island sieht man Seepferdchen, Barrakudas und Tintenfische. Es werden auch Fahrten in die Gewässer von Musandam, im Norden des Oman, organisiert.

Hotel

******Oceanic Hotel**, am nördlichen Ende der Bucht von Khor Fakkan, Tel. 09/238 51 11, Fax 09/238 77 16, www.oceanichotel.com. Nach wie vor das beste Haus am Platze, obwohl es mittlerweile eine Verjüngungskur vertragen könnte. Die ordentlichen Zimmer sind zweckmäßig eingerichtet und die hoteleigene Badebucht lässt nichts zu wünschen übrig. Das *Al-Gargour Rooftop*-Aussichtsrestaurant im markant runden, obersten Stockwerk bietet eine herrliche Fernsicht und internationale Küche. Eine Besonderheit ist das Ayurveda Spa im Haus mit Ölanwendungen, Aromamassagen und Yogakursen.

Ajman, Umm al-Qaiwain, Ras al-Khaimah – ›Zeitreise‹ in die nördlichen Emirate

Die Fahrt von Sharjah nach Norden gleicht einer Reise in die Vergangenheit der Vereinigten Arabischen Emirate, böse Zungen behaupten sogar, mit jedem zurückgelegten Kilometer drehe sich der Zeiger der Zeit um ein Jahr zurück. Für westliche Besucher kann aber gerade dies den Reiz von Ajman, Umm al-Qaiwain und erst recht des beinahe 80 km von Dubai entfernten Ras al-Khaimah ausmachen. Denn so traditionell wie hier geht es in keinem anderen Emirat zu. Die Zufälle der Geologie, die Abu Dhabi zu seinen schier unerschöpflichen Ölvorkommen verhalfen, haben im Boden unter den nördlichen Emiraten und unter dem Meeresboden vor ihren Küsten so gut wie kein ›Schwarzes Gold‹ versteckt. Nur in *RAK*, wie Ras al-Khaimah allgemein abgekürzt wird, wurden vor einigen Jahren Vorkommen entdeckt; deren Ausbeute macht aber immer noch lediglich 1% der Ölexporte der VAE aus. Umso mehr Hoffnungen setzt man deshalb in den **Tourismus**, immerhin erstrecken sich entlang der gesamten Küste der drei Emirate superbe, fast weiße, aber größtenteils noch unerschlossene Sandstrände.

Am entschlossensten widmet sich **Ras al-Khaimah** dem Ausbau des Fremdenverkehrs. Mit der Einweihung eines modernen *18-Loch-Grasgolfplatzes* und Plänen für neue *Resorthotels* wurden mittlerweile modernere Zeiten eingeläutet. Ein Bummel über die Märkte von RAK City, ein Spaziergang durch die Lehmhäuser der Altstadt oder ein Besuch des *National Museum* scheinen jedoch noch immer direkt ins 19. Jh. zu führen. Der Übergang zur Moderne ist in **Masafi** bereits gelungen, der von Fujairah umgebenen, aber zu RAK gehörenden Exklave im östlichen Teil des Hajar-Gebirges. In dem Bergdorf findet nicht nur ein beliebter *Freitagsmarkt* statt, dort fördern auch High-Tech-Pumpen das bekannteste *Mineralwasser* der VAE aus unterirdischen Bergwasserquellen.

In das Emirat **Umm al-Qaiwain** sollte einen Abstecher machen, wer sich für die Vogelwelt der Emirate interessiert: Die sieben Inseln in der Meerwasserlagune *Khor al-Baydah* zwischen Umm al-Qaiwain City und dem Festland stehen teilweise unter Naturschutz, denn in Watt, Schilf und Grasland haben zahlreiche und zum Teil seltene Vogelarten eine ideale Heimat gefunden. Bewegungshungrige Besucher nutzen gern die Wassersportmöglichkeiten im *Tourist Centre* oder im *Dreamland Aquapark* vor den Toren der Stadt.

Das dritte Emirat im Bunde ist zugleich das kleinste: **Ajman**, mit einer Fläche von 259 km² und 133 000 Einwohnern. Die zwei Inlandsenklaven *Masfut*, bei dem Marmor abgebaut wird, und die Oase *Manama*, das kleinere Mineralwasserquellen besitzt, sind touristisch wenig erschlossen. Die meisten Menschen leben in der Hauptstadt **Ajman City**, die früher ein Zentrum der Perlentaucherei war. Noch heute geht es im Hafen der ruhigen Kleinstadt lebhaft zu. Viel trägt dazu die *Dhow-Wharf* bei, eine Werft, auf der bis zum heutigen Tag die traditionellen Schiffe genauso wie schon vor Hunderten von Jahren gebaut werden.

◁ **Oben:** *Umm al-Qaiwain Citys Fort beherbergt heute ein kleines Heimatmuseum*
Unten: *Die Auswahl an frischem Obst auf Masafis Markt ist eine wahre Augenweide*

10 Ajman City

Kleine Hauptstadt eines winzigen Emirats mit sehenswertem Fort und begnadeten Schiffsbauern.

Ajman City, die **Hauptstadt** (114000 Einw.) des gleichnamigen Emirats, kann leicht an einem Tag besichtigt werden. Die Innenstadt erstreckt sich zwischen dem Meer im Westen und der Lagune Khor Ajman im Osten. Besonders entlang der Corniche (Arabian Gulf Street) am Arabischen Golf und im eng bebauten *Karama District* der Altstadt lädt sie zu stimmungsvollen Spaziergängen ein. Inmitten der meist zweistöckigen kubischen Häuser dieses historischen Viertels öffnet sich das kleine Oval des **Central Square**, an dessen Ostrand das sorgfältig restaurierte, schmucke Nain-Fort auffällt. Bei dem Lehmziegelgebäude mit Windturm und von Zinnen bekrönten Mauern handelt es sich um den im ausgehenden 18. Jh. errichteten Herrscherpalast. Heute beherbergt er das **Ajman Museum** (So–Do 9–13 und 17–20, Fr 17–20, im Winter nachmittags 16–19 Uhr, Tel. 06/7423824). Volkskundliche Exponate wie Krüge, Kannen oder Lederschläuche sind wie auf einem Markt auf Ständen arrangiert. Bronzezeitliche Funde dokumentieren die Siedlungsgeschichte der Region, zudem wurden um den Innenhof einige Handwerksbetriebe nachgebaut.

Verlässt man den Central Square nordwärts, so passiert man zunächst den **Clock Tower** und kommt dann am **Diwan** vorbei, dem Regierungssitz von Ajmans Herrscher Scheich Humaid bin Rashid al-Nuaimi. Schließlich ist die **Hafenbucht** und die an ihr entlangführende Uferstraße erreicht. Rechterhand geht es zum Hafen, an dem die Fähren von der Innenstadt zu den Industriegebieten am anderen Ufer des Khor Ajman ablegen. In seiner Nähe haben sich **Märkte** für Fisch und Fleisch, Früchte und Gemüse angesiedelt, nahebei bieten die Händler eines Iranischen Marktes Haushalts- und Elektrowaren feil. Während es hier in den Morgenstunden am lebhaftesten zugeht, wird in der auf halbem Weg gelegenen **Dhow-Wharf** auch in der zweiten Tageshälfte gearbeitet. Ajman genießt traditionell einen sehr guten Ruf, was den Bau von Dhaus angeht. Zwar sind Besucher auf dem Werftgelände nicht gerne gesehen, aber am Kai liegen immer einige fertige Schiffe vor Anker.

Kehrt man zur Straßengabelung zurück und geht in die andere Richtung, so kommt man erst an der *Marina*, dann an einem kleinen *Culture Center* und schließlich am großen *Kempinski Hotel* vorbei. Die Luxusherberge an dem weißen Sandstrand verleiht dem bodenständigen Ajman City ein wenig Glanz und Glamour.

i Praktische Hinweise

Hotel

Ajman Kempinski Hotel & Resort, Arabian Gulf Street, Ajman City, Tel. 06/7451555, Fax 06/7451222, www.ajmankempinski.com. Spitzenkomfort in 144 Zimmer, 10 Studios, 7 Suiten und 20 ›Cabanas‹. Beach Club und Recreation Center am 500 m langen Strand, Swimmingpool im Garten. Drei sehr gute Restaurants im Haus. Kostenloser Shuttlebus nach Sharjah und Dubai.

Restaurant

Danial Restaurant, Palm Tree Roundabout, Ajman City. Einheimische Hausmannskost. Neben Mezze und Shwarma stehen auch chinesische Reis- und Nudelgerichte auf der Speisekarte.

11 Umm al-Qaiwain City

Die beschauliche Emiratshauptstadt lädt zu Wassersport und Vogelbeobachtung ein.

Wie das benachbarte Ajman City zeigt sich Umm al-Qaiwain City (ca. 45000 Einw.), die **Hauptstadt** des gleichnamigen Emirats, vom Baufieber in Dubai City verhältnismäßig unberührt. Schon seit Menschengedenken lebt man hier vom Handel und dem Fischfang, daran haben auch die etwa 50 Bankhäuser wenig geändert, die in den letzten Jahren entlang der Küstenstraße Dependancen eingerichtet haben.

Die Stadt liegt auf einer lang gestreckten sandigen *Halbinsel*, die sich zu ihrem Ende hin zunächst stark verjüngt, um sich dann noch einmal beinahe kreisförmig auszudehnen. Mit der dem Festland vorgelagerten Insel Jazirat al-Sinniya schließt sie eine Lagune ein, den *Khor Umm al-Qaiwain*, auch **Khor al-Baydah** genannt. Hier liegen sieben weitere kleinere Inseln, die wie Sinniya selbst das Herz von Vogel- und Naturfreunden höher schlagen lassen (s. u.).

Stillleben am Hafen vom Umm al-Qaiwain: Seeleute an Bord einer der traditionellen Dhaus, die hier in großer Zahl vor Anker liegen

Die *King Faisal* oder *Muroor Road* erschließt Umm al-Qaiwain City der Länge nach bis zum letzten Roundabout an der Küste. Wenn nach der Landenge rechts die eingezäunte Grünfläche des **Public Park** zu sehen ist, hat man die Altstadt erreicht. In diesem *Lazimah* genannten Viertel haben sich einige traditionelle Lehmhäuser erhalten. Zwischen den Überresten eines ehem. Palastes und der alten Moschee wurde eines der sieben historischen Forts der Stadt renoviert. In ihm zeigt heute das **Umm al-Qaiwain Museum** (Sa–Do 8–13 und 17–20, Fr 17–20 Uhr) seine kleine Sammlung, meistenteils Kannen, Geschirr, Waffen, aber auch Keramik, syrisches Glas und einige etwa 2000 Jahre alte Terrakottafiguren, die Ausgrabungen im nahen Ed-Dur, einer Ortschaft aus dem 1./2 Jh. n. Chr, zutage förderten.

Hält man sich vom Museum aus rechts, so erreicht man bald die Lagune und die ihr folgende Corniche. Sie führt, vorbei am *Fish Market*, zum **Tourist Center** in der Nähe des *Flamingo Beach Resort*. In seiner Gartenanlage lockt ein Pool mit glitzernd kühlem Nass, auf dem nahen Khor kann man Wasserski, Speedboat und Glassbodenboot fahren. Am Tourist Center liegen auch Charterboote für einen Ausflug auf die nahe Insel **Jazirat al-Sinniya** bereit, die wegen ihrer reichen Vogelwelt zum Teil unter Naturschutz steht. In den Monaten Sept./Okt. und Mai/Juni lassen sich dort und auf den umliegenden Eilanden unzählige Zugvögel nieder, darunter Tausende von Flamingos und Orientseeschwalben sowie die größte Kolonie von Sokotra-Kormoranen der VAE.

Ebenfalls ums Wasser geht es im **Dreamland Aquapark** (Sa–Mi 10–18, Do/Fr 10–20 Uhr, Fr/Fei nur für Familien geöffnet, E11/Al-Ittihad Street, Tel. 06/768 18 88, www.dreamlanduae.com) 10 km nördlich von Umm al-Qaiwain City in Richtung Ras al-Khaimah. Dieser bunte und sehr beliebte Wasserpark mit Rafting River, Wellenbad und Riesenrutschen verspricht Vergnügen für Groß und Klein.

i Praktische Hinweise

Sport und Freizeit

Aero Club, E11/Al-Ittihad Street, 20 km nördlich von Umm al-Qaiwain City Richtung Ras al-Khaimah, Tel. 06/768 14 47, Fax 06/768 13 93, www.uaqaeroclub.com. Geboten sind: Skydiving (allein oder Tandem), Paragliding, Ultraleicht-, Helikopter- und Cessnaflug. Auf Anfrage auch Flugunterricht.

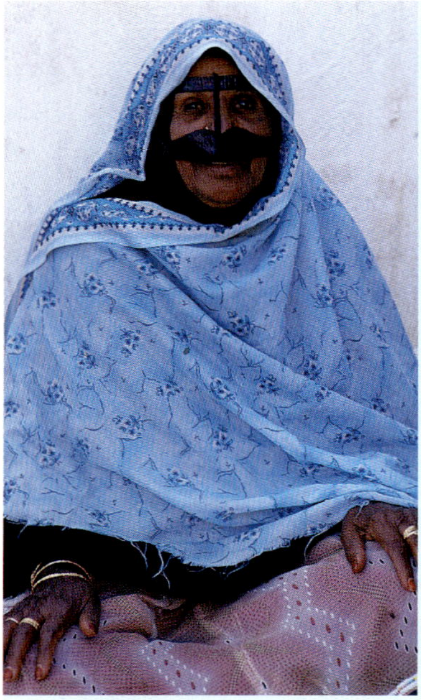

Viele nordomanische Beduinenfrauen verhüllen ihre Gesichter mit Leder-Burqas

Dresscode auf arabisch

Der Unterschied zwischen den Emiraten und dem Oman wird auch in der jeweiligen traditionellen Kleidung deutlich. Zwar tragen die Männer hier wie dort eine **Dishdasha**, eine knöchellange, langärmlige Tunika, meist weiß, aber auch braun, blau oder gestreift. Sie hat meist auf der Brust und am Stehkragen eine kurze Knopfleiste, die von einem Stoffband (**Furakha**) mit anhängender Quaste verdeckt wird, die wiederum oft parfümiert ist. Im Oman ist der Halsknopf meist seitlich angebracht. Emiratische Honoratioren und Würdenträger tragen über der Dishdasha noch einen dünnen, vorne offenen Mantel, eine sog. **Abba** oder **Bisht**, deren Ränder mit einer Goldborte verziert sind.

Am auffälligsten ist die unterschiedliche Kopfbedeckung: Emiratis tragen ein wahlweise weißes oder rot-weißes Kopftuch, die **Ghutra**, die mit dem geflochtenen schwarzen **Agal** auf dem Kopf fixiert wird. Omanis bedecken ihr Haupt mit der **Kummah**, einer Kappe, die nicht selten kunstvoll von Hand bestickt ist. Manche Männer bevorzugen den **Mussar** genannten Turban. Der farblich dazu passende Gürtelschal heißt **Shal** und dient wie der **Sapta** aus Silber und Leder dazu, den **Khandjar** aufzunehmen. Seit 1970 gehört dieser typische Krummdolch per Dekret des Sultans zum Festtagsgewand eines jeden Omani; er wird jedoch nie mit einer Kummah, sondern nur mit einem Turban getragen. Ein weiteres unverzichtbares Accessoire zu festlichen Gelegenheiten ist der **Assa**, ein bis auf den oft silbernen Handknauf recht schlichter ranker Holzstock.

Das Obergewand emiratischer Frauen ist meist die **Abayah**, der schwarze Ganzkörperumhang, der auch das Haar bedeckt. Sie ist jedoch eine Modeerscheinung und nicht vom Koran vorgeschrieben. Auch der mantelähnliche **Jilbab** mit oder ohne Hose ist sehr beliebt, eher selten sieht man die **Thoub** genannten traditionellen langärmligen Kleider. Unter der Abayah dürfen Frauen übrigens tragen, was sie wollen, und nicht selten lugen unter dem Abayah-Saum junger Mädchen topmodische Turnschuhe oder halsbrecherische Highheels hervor. Es gibt Abayah-Modelle mit Kapuze, Frauen können ihr Haar aber auch mit einem **Hijab** genannten Kopftuch bedecken. Es bleibt ihnen selbst überlassen, ob sie ihr Gesicht bedecken wollen; manche entscheiden sich dann für einen Gesichtsschleier aus dunkler Gaze, durch den man übrigens ausgezeichnet sieht, manche tragen eine Halb- oder Ganzgesichtsmaske, die **Burqa**. Die traditionellen Gewänder der omanischen Frauen bestehen aus leuchtend bunten Hosen (**Sirwal**), einem locker darüber getragenen Hemdkleid, der **Kandoura**, und dem hier **Lihaf** genannten Kopftuch. Diese ›Grundausstattung‹ variiert je nach Region, in der Batinah-Ebene bevorzugen die Frauen helle Gelb- oder Orangetöne und die farblich zu den Hosen passende Kandoura reicht etwa bis zu den Knien. Dagegen sieht man in und um Maskat häufig das Lawati-Gewand, das mit stark kontrastierenden Farben für Hose, knöchellanges Hemd und Kopftuch auffällt. Ob die Frau darüber noch eine Abayah trägt, hängt ganz von ihrem Geschmack und von den Außentemperaturen ab.

Hotel

*** **Flamingo Beach Resort**, Corniche, Umm al-Qaiwain City, Tel. 06/765 00 00, Fax 06/765 11 85, www.flamingoresort.ae. Familienfreundliches Strandhotel östlich der Altstadt mit 48 großen, zweckmäßig ausgestatteten Zimmern. Ausgedehnter Pool im hübschen Garten, daneben feiner hoteleigener Sandstrand. Von den Zimmern im zweiten Stock genießt man einen weiten Blick über die Bucht von Umm al-Qaiwain.

12 Ras al-Khaimah City

Plan Seite 84

Aufblühende Emiratshauptstadt zwischen Meer und Bergen mit schönen weißen Sandstränden.

120 000 Einwohner zählt Ras al-Khaimah City, die **Hauptstadt** des gleichnamigen Emirats. Für ihren Lebensunterhalt sorgen vorrangig die fischreichen Gewässer vor der Küste und der Handel. Seit der Entdeckung von Öl auf dem Gebiet des Emirats wurden in Ras al-Khaimah City Raffinerien errichtet, und mittlerweile strebt man auch den Ausbau des Tourismus an.

Ras al-Khaimah City ist zweigeteilt: Die Altstadt erstreckt sich auf einer nehrungsartigen Halbinsel, jenseits des tief ins Land reichenden und sich zur Lagune weitenden Meeresarms *Khor Ras al-Khaimah* liegt das moderne Geschäfts- und Regierungsviertel *Al-Nakheel*. An diesem Ufer befindet sich auch das quadratische Hafenbecken, das einige Hundert Meter weit ins Landesinnere reicht und um das sich mehrere Werften und petrochemische Betriebe angesiedelt haben.

Geschichte So geruhsam Ras al-Khaimah heute wirkt, so glänzend war seine Vergangenheit. Denn nur wenige Kilometer nördlich lag die im Altertum berühmte Hafenstadt **Julfar**. Im 3.–7. Jh. wurde dieser wichtige Handels- und Kriegshafen von den persischen **Sassaniden** beherrscht. Sie verloren diesen Stützpunkt erst mit dem Vormarsch der islamischen Araber. 637 schifften deren Truppen sich von hier zur Eroberung des sassanidischen Reiches, des heutigen Iran ein. Später fiel Julfar zunächst an den **Oman**, 892 griffen dann die persischen Abbasiden von Julfar aus den Oman an. In den folgenden Jahrhunderten wurde Julfar immer wieder als wichtiger Hafen erwähnt, so von dem arabischen Schriftsteller Yaqut im 13. Jh. Auch europäische Händler stießen bei ihren Erkundungsfahrten auf eine blühende Hafenstadt. Der Portugiese Duarte Barbosa etwa be-

Das Etisalat Building, zu erkennen an der weißen Kugel auf seinem Dach, ist örtlicher Sitz der gleichnamigen Telefongesellschaft und dominiert die Skyline von Ras al-Khaimah City

schrieb 1517 die Einwohner Julfars als ›wohlhabende Personen, hervorragende Navigatoren und Großhändler‹. Einer der berühmtesten Söhne der Stadt ist denn auch der Händler und Seekartograph **Ahmed Ibn Majid** (1432/37 – Beginn des 16. Jh.), von dem man sagt, er habe Vasco da Gama geholfen, den Seeweg von Afrika nach Indien zu finden. Mittlerweile bezweifelt die Wissenschaft diese Behauptung, sicher ist aber, dass die **Portugiesen** Ibn Majids präzise Seekarten benutzten.

Im frühen 16. Jh. errichteten sie zum Schutz ihrer Handelswege ein Fort bei Julfar. In den folgenden Jahrzehnten fühlten sich immer mehr Einwohner unter den portugiesischen Kanonen unwohl und verließen ihre Stadt. Viele siedelten sich im nahen Ras al-Khaimah im Süden an, Julfar jedoch verfiel. Daran änderte sich auch nichts, als die Perser 1633 die Europäer als Besatzer verdrängten. Heute sind von der einst so großen Stadt Julfar nur noch magere Fundamente und Gebäudereste zu sehen, die zum Schutz der noch im Erdreich verborgenen archäologischen Kostbarkeiten nicht betreten werden dürfen.

Derweil blühte Ras al-Khaimah unter der Regentschaft der beduinischen **Qawassim** auf. Da die Briten 1798 einen Bündnisvertrag mit dem omanischen Stamm der Al-Bu-Saids abschlossen, der mit den Qawassim verfeindet war, betrachteten diese die britischen Handelsschiffe fortan als legitime Angriffsziele. Zu Beginn des 19. Jh. entschloss sich **Großbritannien**, die Seewege nach Indien zu sichern und in der inzwischen als **Piratenküste** bekannt gewordenen Region militärisch zu intervenieren. In den Jahren nach dem ersten Angriff 1809 gelang es ihnen, Ras al-Khaimah einzunehmen und dessen Flotte zu vernichten.

Rund 150 Jahre später bestand Scheich Saqar ibn Muhammad al-Qasimi bei der Bildung der VAE zunächst vehement auf seiner Unabhängigkeit. Doch schon bald revidierte er diese Entscheidung und trat am 10. Februar 1972 der Föderation bei.

Besichtigung Bei einem Bummel durch die in ihren ältesten Bereichen aus dem 15. Jh. stammende Altstadt von Ras al-Khaimah City wird schnell klar, warum es heißt, der Norden der VAE lebe in einer anderen Zeit als Abu Dhabi oder Dubai. Traditionell gekleidete Bauern bieten auf dem **Fruit & Vegetable Souk** 1, der Sa–Do vormittags neben der Brücke über den Khor abgehalten wird, Bananen, Tomaten, Gurken und Kräuter an. Entlang des Khor liegen die Fischerboote und

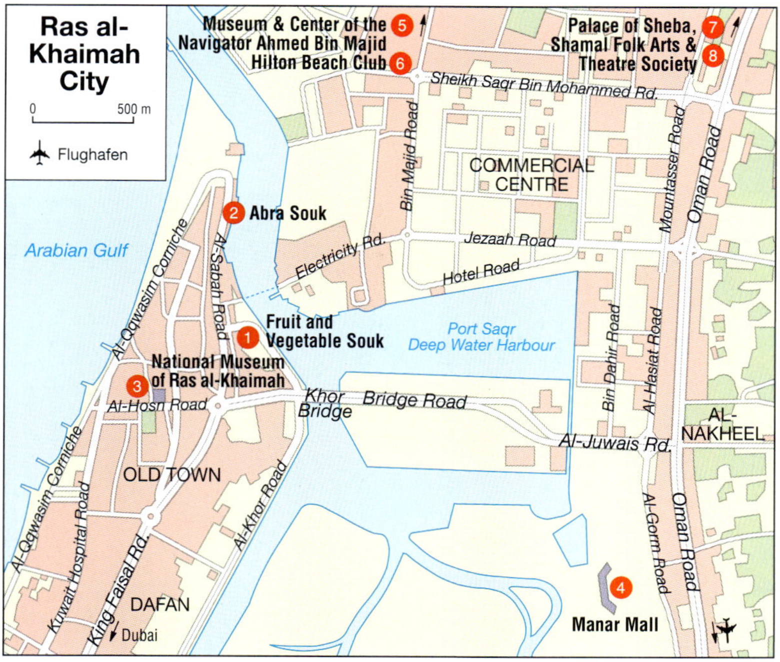

Ihre ganze Kunstfertigkeit wandten die Holzschnitzer Ras al-Kaimahs auf, um die Eingangstore des Palastes von Al-Hisin so herrlich mit Blumenmustern zu verzieren

-dhaus vor Anker, ihre Besitzer bessern Reusen aus oder plaudern im Schatten eines der baufällig wirkenden einstöckigen Teehäuser. Bis in den frühen Vormittag dauert der täglich am Strand stattfindende **Fish Market**. Etwas weiter nördlich präsentieren Händler auf dem auch *Iranian Market* (Iranischer Markt) genannten **Abra Souk** 2 ihre Waren – größtenteils Elektroartikel, Kunstfaserteppiche und Haushaltswaren – in Unterständen an Land oder von ihren Booten aus.

Zwischen den beiden Uferstraßen Al-Sabah Road und Al-Qqwasim Corniche führt eine breite, aber ungepflasterte, von kleinen Stoffläden und Schneidereien gesäumte Straße ins Zentrum der Altstadt. Hier erheben sich die quaderförmigen, lehmverputzten Gebäude des Palastes von **Al-Hisin**. Die abweisende,

Wie schon seit unzähligen Generationen reinigen die Fischer Ras al-Khaimahs nachmittags ihre Reusen und Netze, um am nächsten Tag wieder zum Fischfang auslaufen zu können

Prachtburschen – stolz präsentiert dieser Fischer in Ras al-Khaimah den frischen Fang

fast fensterlose Fassade und die drei Kanonen links vom Eingang weisen den Bau als ehemalige Festung aus. Sie wurde 1730–49 während der persischen Besatzung errichtet und diente seit der Mitte des 19. Jh. der Herrscherfamilie von Ras al-Khaimah als Regierungs- und Wohnsitz. Im sog. *Ruler Annex* oder *Qasimi Annex* residiert die Familie noch heute. Den Rest der stellenweise bis zu drei Stockwerke hohen Anlage überließ Scheich Saqar bin Mohammed al-Qasimi 1964 der Polizei, die darin bis 1984 ihre Wache und ein Gefängnis unterhielt. Mittlerweile beherbergt der vordere Gebäudekomplex um einen luftigen begrünten Innenhof das **National Museum of Ras al-Khaimah** 3 (Mi–Mo Sept.–Mai 10–17, Juni–Aug. 8–12 Uhr, Tel. 07/233 34 11, www.rakmuseum.gov.ae). In den niedrigen Räumen lassen zahlreiche Grabungsfunde, vorgeschichtliche Pfeilspitzen etwa, Schmuck aus Julfar, ein Porzellanteller aus China und Thailand oder die Beschreibung einer archäologischen Grabung im nahen Shimal die Vergangenheit lebendig werden.

Über die *Khor Bridge* führt der Weg vom Rondell am Eingang der Altstadt über den Khor Ras al-Khaimah nach Osten in den Stadtteil Al-Nakheel. Hier zeigt sich die moderne Seite RAKs, am tief ins Land reichenden Hafenbecken haben sich einige Industriebetriebe angesiedelt, in denen u.a. Erdöl weiterverarbeitet wird. Außerdem wurden auf dieser Seite der ›Lagune‹ die **Hotelbauten** der Stadt sowie das moderne Einkaufszentrum **Manar Mall** 4 errichtet. Dort müht man sich redlich, an Ausstattung und Angebot den großen Vorbildern aus Dubai nachzueifern. Fährt man an der Brücke nicht nach rechts sondern nach links, so passiert man nach etwa 3 km ein breites, einstöckiges Steinhaus mit hier ungewöhnlichem Satteldach, vor dem ein langes Ruderboot steht. Das Schild über der vorderen Fensterfront weist es als **Museum & Center of the Navigator Ahmed bin Majid** 5 und **Tomb Hall for Documentary and Heritage** aus, doch leider sind weder Öffnungszeiten noch Kontakttelefonnummer angegeben.

Badegäste freut die weit geschwungene sandige Bucht, die sich am nördlichen Ende des Viertels jenseits des Hafens erstreckt. Etwa in ihrer Mitte befindet sich der abgesperrte Bereich des **Hilton Beach Club** 6 mit zugehörigen Liegen, Sonnenschirmen und Pools. Die ebenso feinsandigen, aber weniger gepflegten Strandabschnitte rechts und links davon sind öffentlich zugänglich.

Folgt man der Ausfallstraße aus Ras al-Khaimah nach Norden, zeigt kurz hinter dem Ortsrand ein Schild nach rechts zum **Palace of Sheba** 7. Dieser entpuppt sich als kreisrunde eingefriedete Grabung von knapp 20 m Durchmesser, in der einige Steinfundamente zu sehen sind. Ein Abstecher lohnt sich trotzdem, einerseits wegen der beeindruckenden Bergkulisse, andererseits wegen des konisch zulaufenden **Rundturms**, der schräg gegenüber zwischen grünen Akazienbüschen hervorragt. Wie die meisten historischen Wachtürme dieser Region führt auch hier ebenerdig keine Tür ins Innere, der Zugang erfolgte mithilfe von Leitern über das erste oder zweite Obergeschoss. Der stellenweise bereits stark verwitterte Putz aus Lehm, Muschelkalk und Stroh ist nach überlieferter Art gefertigt und bietet einen malerischen Anblick.

An der kurzen Zufahrt liegt rechts das Gebäude der **Shamal Folk Arts & Theatre Society** 8 (Tel. 07/23 95 33, Fax 07/23 91 33), die hinter hohen Mauern und renovierten Ecktürmen in einem quadratischen Innenhof mehrere Beduinenzelte aufgebaut hat. Diese sollen einmal das Kernstück des bereits ausgeschilderten *Saqr Heritage Village* werden.

Dhayah Fort

Rund 10 km nördlich von Ras al-Khaimah City weist hinter dem Dorf Dhayah ein Hinweisschild nach rechts zum gleichnamigen Fort. An zwei unbeschilderten Weggabelungen hält man sich ebenfalls rechts, dann endet die schmale Straße am Fuß eines Hügels. Archäologischen Funden zufolge siedelten Menschen hier schon vor 5000 Jahren. Seit dem 18. Jh. nimmt ein Fort seinen Gipfel ein, ein betonierter Treppenweg führt auf die aussichtsreiche Höhe, von wo der Blick von den Bergen bis zum Meer schweift. 1819 widerstand die Festung als letztes Bollwerk den anstürmenden Briten, am 22. Dezember musste sich die Besatzung aber schließlich doch der überlegenen Waffengewalt ergeben.

i Praktische Hinweise

Sport und Freizeit

Tower Link Golf Course, am südwestlichen Ufer des Khor, Ras al-Khaimah City, Tel. 07/227 99 39, Fax 07/227 99 49, www.towerlinks.com. Neuer 18-Loch-Gras-Golfplatz (Par 72) in grandioser Umgebung am Ufer der Lagune, deren Ausläufer in den Platz einbezogen wurden, im Hintergrund ragen die Hajar-Berge auf. 9 Löcher und die Driving Range sind flutlichtbeleuchtet.

Ras al-Khaimah Water Ski Club, am südlichen Ufer des Khor, Ras al-Khaimah City, Tel. 07/236 44 44, Fax 07/236 45 45, www.waterskiing.org. Wasserski für Anfänger und Fortgeschrittene am Golf, zwei Slalomkurse und zwei Rampen bieten zusätzliche Herausforderungen. Einfache, günstige Unterkunft im Club House möglich.

Hotel

*****__Hilton Ras Al Khaimah__, Bin Dahir Road, Ras al-Khaimah City, Tel. 07/228 88 88, Fax 07/228 88 89, www.ras-al-khaimah.hilton.com. Bestes Haus am Platze im Al-Nakheel-Viertel am Hafen mit Aussicht auf die nahen Berge. Die Lage ist zwar nicht gerade romantisch, beschert aber malerische Sonnenuntergänge. Untertags halten sich die Gäste sowieso meist im Hilton Beach Club an der weit geschwungenen feinsandigen Meeresbucht auf (Shuttlebus). Restaurant und Bar im Haus, ebenso Fitnessraum und Beautysalon.

Restaurant

Vegetarian's Restaurant, Al-Muntasir Street (in Al-Nakheel, parallel zur Hauptstraße nach Shamal), Ras al-Khaimah City, Tel. 07/228 88 09. Fleischlose Küche mit stark indischem Einschlag. Allein die zahlreichen Gemüsecurries lohnen den Besuch. Wer sich nicht entscheiden kann, sollte Thalis wählen – dann werden mehrere Gerichte in kleineren Portionen serviert.

13 Masafi

Der kleine Bergort ist dank seinem Mineralwasser und dem Freitagsmarkt in den ganzen Emiraten bekannt.

Weit im Landesinneren liegt Masafi malerisch am Fuß des hoch aufragenden Hajar-Gebirges. Dass nur die eine Hälfte des Ortes zum Emirat Fujairah, die andere aber zu Ras al-Khaimah gehört, ist für auswärtige Gäste nicht von Belang. Sie kommen wegen des **Souk al-Juma**, des sog. Freitagsmarktes, der mittlerweile aber jeden Tag von 8–10 Uhr zu beiden Seiten der Durchgangsstraße abgehalten wird. In Bretterverschlägen oder unter freiem Himmel bieten die Händler in erster Linie frisches Gemüse und Obst sowie Blumen und Grünpflanzen an, daneben aber auch moderne Teppiche aus Kunstfasern und vergleichsweise rohe lokale Keramik. Dann und wann stößt man auf ein Antiquitätengeschäft, das allerlei Kitsch und Trödel anbietet, rostige Säbel etwa oder staubige Kamelpacktaschen, ein buntes Sammelsurium, das einen ganz eigenen Reiz ausstrahlt.

Dass der Name Masafi in den gesamten Emiraten in aller Munde ist, liegt aber weniger an der Reputation seines Marktes. Vielmehr ist er für sein **Mineralwasser** berühmt, das die *Masafi Mineral Water Company* am nördlichen Ortsrand aus unterirdischen Quellen abfüllt: jede Stunde 34 000 Flaschen, von 330 ml bis zu 2 l.

Unter Vogelfreunden hat der Name Masafi übrigens auch einen guten Klang, lassen sich doch im akazienbestandenen **Wadi Masafi** allerlei Arten beobachten, die Wüstenprinie etwa, der Langschnabelpieper, auch Steinrötel, Gelbkehlsperling oder Dornspötter, um nur einige zu nennen. Es beginnt wenige Kilometer nördlich der Stadt rechts der Straße und verläuft an den Hängen des 1153 m hoch aufragenden Jebel Masafi aufwärts.

Fujairah – Bergtouren und Tauchgänge im Osten

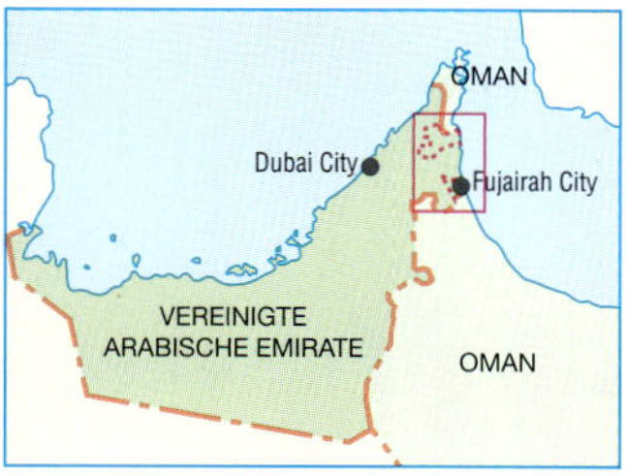

Als einziges Emirat liegt Fujairah vollständig an der **Ostküste** der Arabischen Halbinsel und damit am Indischen Ozean. Dank seiner fruchtbaren Böden und der verkehrsgünstigen Lage kann es auf eine lange Kulturgeschichte zurückblicken, Keramikfunde zeugen von einer 3000-jährigen Besiedelung. Das Emirat ist landschaftlich bemerkenswert vielgestaltig. Entlang seiner 70 km langen Küste erstrecken sich artenreiche **Fels- und Korallenriffe**, die zu ausgedehnten Tauchtouren einladen. Dort sind Schildkröten und Muränen zu Hause, Rochen und Haie, Kieferfische und Barrakudas. Besonders gern besuchen Unterwassersportler die vier **Meeresschutzgebiete** um Bidiya, Al Aqqa, Dadna und Rul Dibba.

Dem Meeressaum folgt auf der Landseite die fruchtbare Batinah-Küstenebene, die von den Bergen her **Wadis** queren. Diese oberflächlich meist trockenen Flussläufe führen genügend Grundwasser, um an ihren oft steilen Hochufern üppig grüne Vegetation zu ermöglichen. Herausragende Attraktion sind die **Hajar-Berge** selbst, deren karge Majestät ihresgleichen sucht. Die unberührte Felslandschaft ist bestens geeignet für Bergtouren und Ausflügen mit dem Allrad-Wagen, etwa in oder entlang der Wadis. Im **Wadi Wurrayah** kann man dabei gar einen Abstecher zu einer wahren Sensation in dieser Wüstenregion machen, vereinen sich dort doch einige Bergbäche und stürzen als **Wasserfälle** eine knapp 20 m hohe Felswand hinab.

Die eher kleinstädtische Emiratskapitale **Fujairah City** am Golf kann mit dem markanten *Fujairah Fort* aufwarten, das schon seit über 450 Jahren die Handelsstadt bewacht. Archäologische Zeugnisse aus dieser und früheren Zeiten finden sich im benachbarten *Fujairah Museum*, dazu eine interessante volkskundliche Schau. Im näheren Umkreis locken Mineral- und Schwefelbäder wie jenes von Ain Al Madab am nördlichen Stadtrand oder weitere historische Festungen wie im 10 km entfernten Dorf **Bithna**, bei dem rund 3000 Jahre alte Grabstätten und Mauerreste ausgegraben wurden. Weiter nordwärts an der Küste liegt die **Bidiya Mosque**, die älteste Moschee der VAE. Das vermutlich um 1500 erbaute Gotteshaus mit seiner eigenwilligen Architektur steht auch Nicht-Moslems zum respektvollen Besuch offen.

14 Fujairah City

Plan Seite 90

Kleine Emiratshauptstadt mit großem Hafen und ungewöhnlichen Stierkämpfen.

Fujairah City ist eine überschaubare, gastliche Emiratshauptstadt (85 000 Einw.). Besonders ihre Lage macht sie für Touristen interessant. Die Stadt befindet sich direkt am Meer, die Tauchreviere entlang der Küste sind schnell erreicht und auch zu den Bergen und Tälern des Hajar-Gebirges ist es nicht weit. So nutzen Besucher Fujairah City denn auch in erster Linie als Ausgangspunkt für Ausflüge, zumal der Ort selbst mit seinen hübsch hergerichteten Sehenswürdigkeiten schnell besichtigt ist.

Haupteinkaufsstraße ist die **Hamad bin Abdullah Road** ❶, die vom Ortseingang schnurgerade durch die Stadt bis zum Strand verläuft. Das nördlich ge-

◁ **Oben**: *Dibbas Moschee wird der großen Bedeutung des Ortes für den Islam gerecht*
Unten: *Gespannt beobachten die Zuschauer einen Stierkampf in Fujairah City*

legene Wohnviertel überragen die weithin sichtbaren Mauern des **Fujairah Fort** 2 (Sa–Do 9–13, Fr 14–18 Uhr), das sich auf einer kleinen kahlen Anhöhe nahe des heutigen Ortsrandes erhebt. In der ersten Hälfte des 16. Jh. zum Schutz der Küste erbaut, verfiel es in der Folgezeit und wurde erst 1650–1700 erneuert. Die Bausubstanz hat zwar seither gelitten, ist aber größtenteils noch erhalten und wurde erst vor kurzem restauriert. Die Festung besteht aus drei jeweils zweistöckigen Hauptgebäuden, zwei davon kegel-, eines würfelförmig, die durch massige gebäudehohe Mauern zu einem beeindruckenden Viereck verbunden sind.

Das Tor des *Old House of Sheik Abdullah bin Hamdan*, dem einzigen großen Gebäudekomplex in der Nähe Roundabout Al-Nakheel/Salam Road) wird in der Regel von einem Pförtner bewacht. In dem einstöckigen, ausladenden Bau am Ende des fußballfeldgroßen Vorhofs ist das regionalgeschichtliche **Fujairah Museum** 3 (So–Do 8–13 und 16–18, Fr 14–18 Uhr, Tel. 09/222 90 85) untergebracht. Mit Sorgfalt sind hier zahlreiche archäologische Fundstücke aus der Region zusammengetragen, die von eisenzeitlichen Beigaben aus einem Langkammergrab bei Bithna bis zu einer Übersicht über Felsritzungen, sog. Rock Art, in Fujairah reichen. Ein zweiter großer Bereich umfasst volkskundliche Stücke wie Waffen und Silberschmuck, die von historische Fotografien ergänzt werden. Eine Einführung in Schifffahrt und Fischerei Fujairahs schließt den Rundgang ab.

Vom Museum sind es nur wenige Autominuten zu den **Ain Al Madab Sulphuric Gardens** 4 (So–Fr 10–22 Uhr) am nördlichen Stadtrand im Stadtteil Madabb. Hier sprudeln am Fuß der Berge warme Schwefelquellen, um die ein Quellpark mit Rasenflächen, Bäumen und kleinen Brunnenpavillons angelegt wurde. In

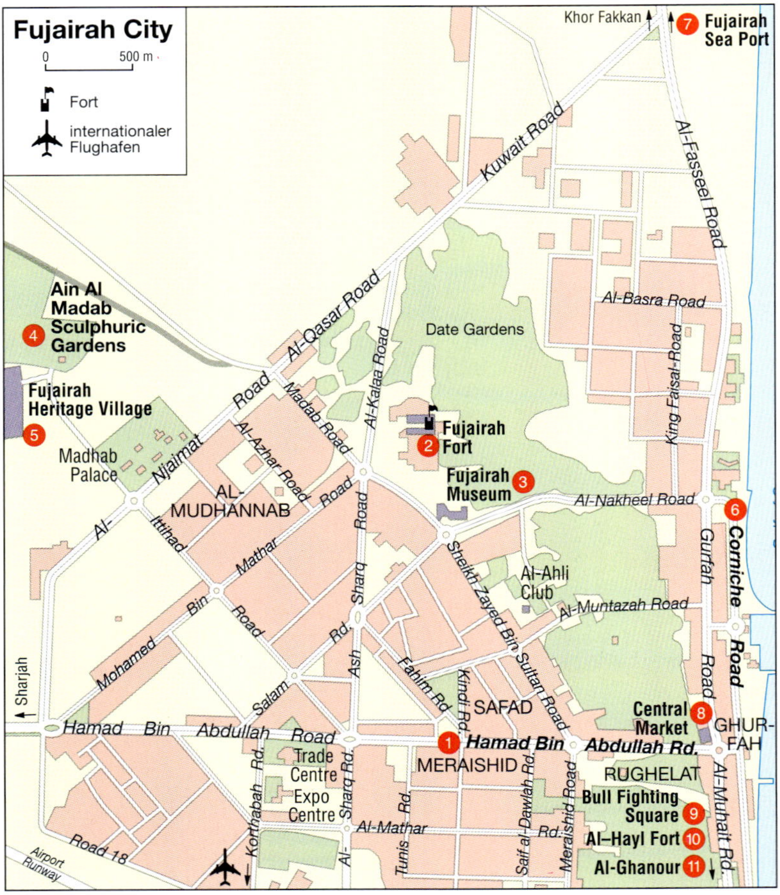

Mächtig erhebt sich Fujairah Fort auf einem grünen Hügel am Rand der Stadt. Schon seit 500 Jahren wacht die Festung über die Geschicke der Siedlung

seinem hinteren Bereich befindet sich das Badgebäude mit einem ca. 15x10 m großen Swimmingpool (So–Fr 10–19 Uhr) im offenen Atrium. Neben Vergnügen versprechen Bäder in dem schwefelhaltigen warmen Mineralwasser auch Linderung bei Hautkrankheiten, Arthritis und Muskelschwund.

Unmittelbar neben dem Park erstreckt sich in einem ausgedehnten mauerumgebenen Geviert das **Fujairah Heritage Village** 5 (So–Do 8.30–13.30 und 16.30–18.30, Fr 14–18.30 Uhr, Tel. 09/2226662), ein 1996 eröffnetes ›Museumsdorf‹. Blickfang sind einige traditionelle Palmblatthütten, die Matten, Kannen und Keramik enthalten. Auf dem weiten Kiesplatz in ihrer Mitte wird an Fest- und Feiertagen mitunter der Reihentanz *Ayyala* aufgeführt. Sehr gelungen ist links vom Eingang der traditionelle Brunnen, eigentlich eher ein Wasserloch, über das zwei parallel stehende Palmenstämme gebogen wurden. Über ihre zusammengebundenen Wipfel verläuft das Förderseil mit ledernem Wasserbehälter, den ein meist geduldig wiederkäuendes Zeburind aus dem Brunnen zieht.

Zurück in der Stadtmitte folgt man der Hamad bin Abdullah Road ostwärts, bis sie an ihrem Ende jenseits des *Incense Burner Roundabout* in die **Corniche Road** 6 mündet. Sie begleitet den dunklen Sandstrand und wird von den Einheimischen vor allem zum abendlichen Spaziergang gerne genutzt. Die Flaniermeile beginnt im Norden am *Coffeepot Roundabout*, an dem sowohl das Hilton Fujairah Hotel als auch der Fischereihafen liegen. Jenseits davon führt die Küstenstraße weiter Richtung Khor Fakkan und passiert den 1978 gebauten **Fujairah Sea Port** 7. Nach Singapur und Rotterdam ist Fujairah der drittgrößte *Bunkering Port* der Welt: Tag für Tag nehmen bis zu 150 Großtanker hier ihre Fracht auf. Diese besteht in der Regel aus Erdöl oder Erdgas,

In den Palmblatthütten des Heritage Village werden u. a. traditionelle Geräte gezeigt

das zwei Pipelines aus dem Landesinneren an die Küste leiten. Vom Anblick der riesigen Tankschiffe, die in loser Reihe entlang der Küste ihre Bahn ziehen, geht eine ganz eigene Faszination aus.

Zurück an der Mündung der Hamad bin Abdullah Road in die Corniche fällt der **Central Market** 8 auf, der das dortige Rondell dominiert. Hier werden Obst, Gemüse, Fleisch und sonstige Lebensmittel feilgeboten. Weiter Richtung Süden erstreckt sich zwischen Corniche und der parallel dazu verlaufenden Al-Muhait Road ein großer leerer Sandplatz, der etwas pompös **Bull Fighting Square** 9 genannt wird. Dort finden freitags, während des Winterhalbjahres auch donnerstags, jeweils 16–19 Uhr die traditionellen *Stierkämpfe* statt, für die Fujairah berühmt ist. Dabei werden zwei Brahmin-Rinder aufeinandergehetzt, unter lautem Schnauben schieben sie sich über den staubigen Platz. Sobald eines der Tiere das Weite sucht, ist der Kampf beendet, in Zweifelsfällen entscheidet ein Schiedsrichter. In aller Regel kommt keines der Tiere zu Schaden. Das Interesse der Zuschauer ist enorm und das Prestige des Siegers bzw. seines Besitzers zählt fast noch mehr als das Preisgeld, das bis zu 50 000 Dirham betragen kann.

Ausflüge

8 km südwestlich der Stadt (und sehr schlecht ausgeschildert) liegt das **Al-Hayl Fort** 10 am Fuß der Berge, einst wichtiger Grenzposten zum Oman und Hauptwohnsitz des Regierungsoberhauptes von Fujairah. Die quadratische Festungsanlage mit den Umfassungsmauern aus verputzten Lehmziegeln und dem zentralen Viereckwohnturm liegt am Eingang zum felsigen *Wadi al-Hayl*, in dem rund 65 archäologisch bedeutende Felsritzungen aus mehreren Jahrhunderten gefunden wurden. Will man sie aufsuchen, empfiehlt sich die Hilfe eines ortskundigen Führers; einen ersten Eindruck und Auswertungen bietet auch das Fujairah Museum (s. o.).

Nicht weniger sehenswert sind die knapp 20 km weiter in einem Bergtal gelegenen heißen Quelle von **Al-Ghanour** 11. Ihr schwefelhaltiges Mineralwasser tritt mit bis zu 60 °C an die Oberfläche, wo es sich in einer eingezäunten baumreichen Gartenanlage in mehreren Becken sammelt. Viele Besucher, die die Anfahrt über schlecht ausgeschilderte Wege auf sich nehmen, versprechen sich von einem Bad Linderung bei rheumatischen und arthritischen Beschwerden.

i Praktische Hinweise

Information

Fujairah Tourism, Fujairah Trade Center Building, Hamad bin Abdullah Road, Fujairah City, Tel. 09/223 15 54, Fax 09/223 10 06, www.fujairah-tourism.ae

Es ist schon ein beeindruckendes Schauspiel, wenn die gewaltigen Brahmin-Rinder während der Stierkämpfe auf dem Bull Fighting Square um das Recht des Stärkeren ringen

Noch untypisch leer ist der Tisch vor diesen traditionell gekleideten Herren im libanesischen Restaurant Al Meshwar, zu dessen Spezialitäten Lamm- und Huhngerichte gehören

Flughafen

Al-Fujairah International Airport (FJR), ca. 3 km südlich von Fujairah City, Tel. 09/222 42 05, Tel./Fax 09/222 62 22, www.fujairah-airport.com

Sport und Freizeit

Scuba International Diving Centre, Corniche Road (gegenüber Zentralmarkt), Fujairah City, Tel. 09/222 00 60, Fax 09/222 05 48, www.scubainternatio nal.net. Untergebracht im auffälligen weißen Clubgebäude des Fujairah International Marine Club. Die rührige Tauchschule bietet Ausbildung, Ausflüge und eine Dekompressionskammer.

Hotels

TOP TIPP *******Al Diar Siji Hotel**, Hamad Bin Abdullah Road, Fujairah City, Tel. 09/223 20 00, Fax 09/223 21 11, www.aldiarsijihotel.com. Elegantes Stadthotel in zehnstöckigem Hochhaus am Insurance Roundabout; erste Wahl für Reisende, die nicht unbedingt am Meer wohnen wollen. Die 90 Zimmer und 19 Suiten sind sehr großzügig geschnitten, modern und mit allem Komfort ausgestattet. Pool und Sportcenter im Haus, dazu zwei feine Restaurants und Bars.

*******Hilton Fujairah**, Corniche Road (am Coffeepot Roundabout), Fujairah City, Tel. 09/222 24 11, Fax 09/222 65 41, www.fujairah.hilton.com. 92 perfekt ausgestattete Zimmer, Chalets und Suiten am Meer, meist mit eigener Terrasse bzw. Balkon. Der dunkelsandige Hausstrand ist gepflegt, kann aber mit den feinen Stränden des Nordens nur bedingt konkurrieren. Ein Plus ist die zentrale Lage an der Corniche. Pool, Restaurants und Bars vorhanden.

Restaurants

Al Meshwar, Hamad bin Abdullah Road (gegenüber Fujairah Trade Center, neben McDonalds), Fujairah City, Tel. 09/223 11 13, Fax 09/223 36 67. Das eigenwillige Äußere im Stil einer Ruine täuscht: Das libanesische Restaurant serviert gute einschlägige Gemüse-, Lamm- und Huhngerichte, auf zwei Etagen stehen westliche und arabische Sitzgelegenheiten zur Verfügung. Kaffee, Imbisse oder einfach eine Shisha sollte man auf der herrlichen, leider etwas lauten Dachterasse genießen.

Taj Mahal, Hamad bin Abdullah Road (zw. Jerusalem und Jamal Abdul Nasser Street, nahe Union National Bank), Fujairah City, Tel. 09/222 52 25. Angenehmes Restaurant mit chinesischen und indischen Speisen, wobei letztere authentischer sind. Die Auswahl – auch an vegetarischen – Gerichten ist groß, die Portionen sind es ebenso.

Bithna, die kleine Ortschaft im Wadi Ham, liegt pittoresk am Fuß des Hajar-Gebirges

15 Bithna

Typisches Bergdorf mit malerischer Festung.

Fährt man von Fujairah City auf der Hauptstraße durch das Gebirge nordwestwärts Richtung Masafi, gelangt man nach etwa 10 km rechts zu einer Abzweigung ins *Wadi Ham*. Nach nur einigen Hundert Metern beginnt schon Bithna, ein für die Region charakteristisches **Bauerndorf**: Die ungeteerten Straßen führen vorbei an traditionellen Flachdach-Gehöften, daneben sieht man neuere Wohnhäuser mit farbig bemalten Schutzgittern vor Fenstern und Hofeingängen, Gemüsegärtchen und Dattelpalmenhaine setzen freundliche Farbtupfer ins vorherrschende Beige-Braun.

Hält man sich an der T-Kreuzung am Ortseingang rechts und fährt auf dieser Straße ein Stück über Bithna hinaus, bietet sich von einer Anhöhe kurz hinter den letzten Häusern aus ein sehr schöner Blick auf die Ruine von **Bithna Fort**. Ihre etwa 8 m hohen, lehmverputzten Mauern ragen malerisch über den Kronen von Dattelpalmen auf. Der gut erhaltene runde Wachturm hebt sich markant gegen den tiefblauen Himmel ab, sein etwas niedrigerer Zwillingsturm sichert die nordwestliche Ecke des etwa 20 x 20 m umfassenden Gevierts. Das Fort war 1735 zum Schutz der damals hier vorbeiführenden Karawanenstraße entstanden. Derzeit wird das historische Bollwerk renoviert, nach Abschluss der Arbeiten soll es ein Museum beherbergen.

Im November 2004 meldeten Fachleute die Entdeckung weiterer **archäologischer Stätten** nahe Bithna. Es handelt sich um Gräber, Fundamente und Mauerreste, die zum Teil bis auf das Jahr 1000 v. Chr. zurückgehen. Solange die Fundstätten wissenschaftlich erforscht werden, sind sie nicht öffentlich zugänglich.

16 Bidiya

Historische Moschee zwischen der See und den Bergen.

Rund 30 km nördlich von Fujairah City erhebt sich nach Durchfahrt des Dorfes Bidiya unmittelbar links an der Küstenstraße ein steiler Hügel, auf dem zwei historische **Wachtürme** eine wunderbare Aussicht erlauben: Landeinwärts schweift der Blick über die grünen Wipfel der Palmengärten zu den braun-roten, kahlen Hängen des Hajar-Gebirges, auf der gegenüberliegenden Seite dehnt sich jenseits eines schmalen baumbestandenen Uferstreifens das weite Blau des Meeres bis zum Horizont.

Die kunst- und kulturhistorische Besonderheit von Bidiya liegt jedoch zu Füßen des Hügels. Von einer mannshohen Lehmmauer umgeben befindet sich hier die strahlend weiße **Bidiyah Mosque** (tgl. 7–10 Uhr und außerhalb dieser Zeit, wenn das Wärterhäuschen links besetzt ist). Das Gotteshaus gilt als das älteste der VAE, auch wenn keine völlige Klarheit über das genaue Baujahr der sog. *Al Mashid al-Othmani* herrscht. Die Meinungen reichen von 1446 bis 1668. Jedenfalls ist die Architektur des nur etwa 6x6m großen Bauwerks bemerkenswert. Wie flache Zipfelmützen wirken die vier zum Quadrat angeordneten Stufenkuppeln, die das Dach bilden. Sie ruhen auf den etwas über 2m hohen Außenwänden, vor allem aber auf einer Säule in der Mitte des einzigen Raumes. Der Zutritt zur Moschee ist auch Nicht-Muslimen gestattet, die aber die üblichen Kleidervorschriften beachten müssen. Der Gebetsraum selbst ist mit Teppichen ausgelegt, neben dem *Mihrab*, der Gebetsnische Richtung Mekka, sind in den lehmverputzten und mit einfachen Ritzornamenten verzierten Wänden einige regalartige Vertiefungen für Korane ausgespart. Meist ist der Imam anwesend. Er freut sich über interessierte Fragen und gibt gern Auskunft über seine Moschee und Religion.

17 Wadi Wurrayah

Ein Wasserfall krönt die Fahrt durch die schroffen Felshänge des Hajar-Gebirges.

Etwa 7km hinter Bidiya entlang der Straße nach Khor Fakkan führt ein schmaler, aber durchgehend geteerter Abzweig von der Küstenstraße entlang des Wadi Wurrayah in die Berge. Bald schon lässt man die letzten Gärten der Küstenebene hinter sich, dann beginnen die kahlen und geröllübersäten **Hänge** des Hajar-Gebirges. Beeindruckend sind die schroffen Schluchten, die teilweise unmittelbar neben der Straße in die Tiefe abbrechen. Anfangs beleben noch einige vom Wind gebeugte **Schirmakazien** die Halden, in den höheren Lagen halten sich nur noch vereinzelte **Trockensträucher.** Einmal gabelt sich die Straße, doch die beiden Arme laufen jenseits eines Felsenkessels wieder zusammen. Schließlich endet der Weg auf einer Hochebene, von der aus man in die benachbarte Schlucht hinabsehen kann. Ein in dieser Gegend un-

Die weiße Moschee von Bidiya ist ein Ort der Einkehr – für Muslime und Andersgläubige

erwartetes Plätschern und Rauschen scheint seinen Ursprung unmittelbar hinter der nächsten Felsnase zu haben, kommt aber tatsächlich vom Ende dieser Schlucht: Dort entspringen die **Quellwasserfälle** des Wadi Wurrayah, die in mehreren Rinnsalen über zwei Stufen in ausgewaschene Felsbecken laufen. Diese ›natürlichen Badewannen‹ kann man sowohl zu Fuß vom oberen Parkplatz aus erreichen (auf festes Schuhwerk achten!) als auch mit einem geländegängigen Fahrzeug durch das Tal ansteuern. Im Winter führen die Fälle zwar mehr Wasser, doch auch im heißen Sommer ist ihr Anblick eine echte Überraschung inmitten dieser kahlen Bergwelt.

TOP TIPP

18 Al Aqqa

Fischreiche Tauchgründe vor schroffer Bergkulisse.

Sehr ruhig wird es entlang der Küstenstraße in den Norden Fujairahs, zumal an einigen Stellen die roten Felsmassen des **Hajar-Gebirges** nah an die Küste heranrücken und dort gerade noch Platz für den hellen **Sandsaum** bleibt, nicht jedoch für Felder oder gar Dörfer. Umso überraschender taucht zwischen *Dadnah* und *Al Aqqa* nach einer leichten Linkskurve ein imposantes Hochhaus am Ufer auf, eine silbern schimmernde moderne Burg zwischen Bergen und Meer. Es erweist sich als das noble Le Meridien-Hotel, das an dieser exponierten Stelle Erholungssuchende luxuriös beherbergt. Etwas einfacher geht es in seinem Schatten im Sandy Beach Hotel zu, dessen Gäste ebenfalls in erster Linie wegen der in der ganzen Region berühmten **Tauchplätze** hierher kommen. Einer von ihnen liegt direkt gegenüber dieses Hotels: Keine 50 m vom feinsandigen Strand entfernt, erhebt sich beispielsweise der spitze Felskegel von **Snoopy Island** aus dem Meer. In den relativ flachen Gewässern ringsum kommen Schnorchler und unerfahrene Taucher angesichts Hunderter bunter Clown- und Löwenfische ins Schwärmen; ab und an schwimmt auch eine Schildkröte oder ein schwarzrückiger Riffhai vorbei. Erfahrungen im Wracktauchen kann man nicht weit davon bei **Inchcape I** sammeln, wo die erst im Dezember 2001 versenkte ›Gray Swift 2‹ langsam mit Weichkorallen zuwächst. Zwischen den oberflächennahen Felsen von **Sharm Rocks** tummeln sich ganze Schwärme von Füsilierfischen und Makrelen. Weitere Tauchplätze in der Nähe ermöglichen in Korallenriffen, Schiffs- und Autowracks Begegnungen mit Drachenköpfen, Papageien- oder Rotfeuerfischen, von Seeigeln und Haien einmal ganz zu schweigen.

TOP TIPP

i Praktische Hinweise

Sport und Freizeit

Al Boom Diving, im Le Meridien Beach Resort, Al Aqqa, Tel. 09/244 90 00. Zweimal täglich Tauchausflüge, auch Ausflüge nach Musandam im Oman sind möglich. Anfängerkurse sind ebenso geboten wie Upgrades und Zertifikate für Fortgeschrittene.

Sandy Beach Diving Center, im Sandy Beach Hotel & Resort (s.u.), Al Aqqa, Tel. 09/244 50 50, Fax 09/244 59 00, sbdiving@emirates.com. Anfänger üben im Hotelpool, für Erfahrenere stehen Ausrüstung, Kurse und Boat Trips zur Verfügung: Night Dive, Underwater Photography, Wreck Diver u.v.m.

Als Solitär steht das Le Meridien an der Küste des Tauchreviers Al Aqqa

Hotels

***** **Le Meridien Beach Resort**, Al Aqqa, Tel. 09/244 90 00, Fax 09/244 90 01, www.lemeridien.com. Luxuriöses Beach Resort an der Nordspitze Fujairahs. Alle 218 Zimmer und Suiten verfügen über Meerblick, der 230 m lange hoteleigene Sandstrand am türkisblauen Indischen Ozean entspricht klassischen Urlaubsträumen. Kinderclub am Pool. Großes Wassersportangebot, Tourunternehmer und Autovermieter haben Filialen im Haus, falls man von dem einsam gelegenen Hotel aus einen Ausflug in die nahen Hajar-Berge oder ins 50 km südliche Fujairah City unternehmen möchte.

*** **Sandy Beach Hotel & Resort**, Al Aqqa, Tel. 09/244 55 55, Fax 09/244 52 00, www.sandybm.com. Familienfreundliches, jedoch nicht gerade günstiges Dive Resort am hellen Sandstrand gegenüber Snoopy Island. In erster Linie Unterwassersportler mieten sich in den 28 Bungalows oder 40 Hotelzimmern ein. Restaurant mit Schwerpunkt auf libanesischer Küche.

Restaurant

Fusion Restaurant, im Le Meridien Beach Resort, Al Aqqa, Tel. 09/244 90 00. Erstklassiges Restaurant in der großzügigen Hotellobby mit Panoramafenstern zur üppig begrünten Terrasse. Die Küche legt ihren Schwerpunkt auf Seafood, ein Gaumenschmaus, ob auf asiatische oder arabische Art zubereitet.

19 Dibba

Einst Fischerdorf, heute Tauchparadies im Norden der Emirate.

Dibba, die sympathische Kleinstadt zwischen Bergen und Meer, ist dreigeteilt: **Dibba Muhallab** gehört zu Fujairah, **Dibba Hisn** ist ein Teil von Sharjah und **Dibba Bayah** liegt auf omanischem Staatsgebiet, der Grenzposten zum Nachbarland der Vereinigten Arabischen Emirate befindet sich aber erst etwas weiter nördlich.

Für die Geschichte der islamisch-arabischen Welt ist der Ort von großer Bedeutung. Zu Beginn des 7. Jh. war Dibba dank

Rotfeuerfische und Schiffswracks sind in den Gewässern der Ostküste keine Seltenheit

seines natürlichen Hafens ein wichtiger omanischer Handelsstützpunkt. Seine Bewohner hatten sich noch zu Lebzeiten Mohammeds (ca. 570–632) zum Islam bekannt, verweigerten aber nach dem Tod des Propheten seinem Nachfolger, dem Kalifen Abu Bakr, die Gefolgschaft. Um die widerspenstigen Einwohner Dibbas unter seine Herrschaft zu zwingen, entsandte dieser in den sog. Ridda-Kriegen drei Armeen gegen die Stadt. Im Jahr 633 gelang es ihm schließlich, Dibbas Bürger in der **›Schlacht der Abtrünnigen‹** niederzuringen. 10 000 Menschen sollen damals den Tod gefunden haben, das Datum markiert die vollendete Islamisierung der Arabischen Halbinsel. Dibba aber wurde zum Fischerdorf degradiert und versank in Bedeutungslosigkeit. Heute lohnt sich in Dibba vor allem ein Blick auf die neue **Moschee**, deren schlankes weißes Minarett sich nahe des Souk ausgesprochen pittoresk vor den roten Felshängen des Hajar-Gebirges abhebt.

Die Touristen, die seit einigen Jahren in wachsender Zahl nach Dibba kommen, interessieren sich jedoch besonders für die malerischen **Felsbuchten** und **Sandstrände**, die sich südlich und nördlich des Ortes erstrecken. Taucher und Schnorchler erfreuen sich an den fischreichen **Fels-** und **Korallenriffen** um das Kap *Ras Dibba*. Im (omanischen) Hafen kann man Boote für Ausflugsfahrten zu den Riffen mieten oder an organisierten Touren teilnehmen. Ein beliebtes Ziel ist beispielsweise **Dibba Rock**, wo inmitten bunter Krustenanemonen oder Peitschenkorallen zahlreiche Clownfische, Seepferdchen, die ungewöhnlichen Brunnenbauer- oder Kieferfische, Stachel- und Sandrochen umherschwirren. Lohnend sind auch Stippvisiten in die wunderbare Unterwasserwelt von Musandam [Nr. 27], zumal man bei der Fahrt mit offiziellen Tourveranstaltern kein Visum braucht.

i Praktische Hinweise

Sport und Freizeit

Maku Divecenter, im Holiday Beach Motel (s. u.), Dibba, Tel.Fax 09/244 57 47, Mobil 050/796 53 34, www.makudive.com. Bei der PADI-Tauchschule kann man Schnuppertauchen ebenso wie seinen OWD Dive Master machen. Okt.–April werden für Gruppen von mind. 6 Personen sog. Übernachtungssafari nach Musandam organisiert, etwa zu den Tauchgründen vor dem naturschönen steinigen Niba-Beach.

Hotel

Holiday Beach Motel, ca. 4 km südlich von Dibba, Tel. 09/244 55 40, Fax 09/ 244 55 80, holybemo@emirates.net.ae. Die 41 Doppelbungalows liegen unmittelbar am schönen Strand, der Pool in ihrer Mitte dient auch Anfängern des angegliederten Tauchcenters als ›Einstieg‹. Ansonsten lockt das klare blaue Meer vor der Haustüre, Bootsausflüge können arrangiert werden. Sehr ruhige Umgebung, zwei Restaurants im Haus.

Oman – Weihrauchland am Indischen Ozean

Nur drei Stunden fährt man von Dubai City oder Abu Dhabi City aus in den Oman, und doch ist es, als beträte man eine andere Welt. *Ars al-Luban*, das alte **Weihrauchland**, exportiert seit 1967 auch Öl und Gas, ist also vergleichsweise wohlhabend. Doch überdimensionierte Prestigeobjekte sucht man hier vergebens. Der Oman präsentiert sich als modernes arabisches Land mit aufgeschlossenen Menschen, die ihre Traditionen pflegen und unternehmend in die Zukunft blicken.

Knapp **3 Mio. Menschen** leben in dem 212 000 km^2 großen Land, davon etwa ein Drittel Ausländer, meist Inder, Pakistani und Farsi. Vor allem in der Ölindustrie arbeiten auch einige ›Westerners‹. Geographisch unterteilt sich der Oman in die fruchtbare Küstenebene **Batinah**, 600 km lang und 20–40 km breit, die im Süden und Westen vom lang gestreckten **Hajar-Gebirge** begrenzt wird. Höchster Berg ist der 3075 m aufragende Jebel Shams. Das Gebirge setzt sich im Norden über das Staatsgebiet der Emirate bis zur zum Oman gehörenden felsigen Halbinsel **Musandam** fort. Der Süden des Oman zeigt geographisch und klimatisch ein anderes, ebenfalls sehr interessantes Gesicht. Reisen in diese Region werden aber in der Regel nicht von den Emiraten aus unternommen, sondern erfordern einen eigenständigen Aufenthalt. Daher beschränkt sich das folgende Kapitel auf die Attraktionen, mit denen der Oman in seinem **nördlichen Teil** von Maskat bis Musandam aufwarten kann.

Einen guten Einstieg bildet die Landeshauptstadt **Maskat** am Golf von Oman. Hier ergänzen sich die jahrtausendealte Tradition einer Hafenstadt und das geschäftige Treiben einer modernen, international orientierten Handelsmetropole aufs Beste. In den *Souks* und *Geschäftsstraßen* der Stadtviertel Mutrah oder Ruwi wartet ein umfangreiches Warenangebote auf Käufer, Museen und architektonische Highlights wie die *Große Moschee* oder der *Sultanspalast* sorgen für ein kulturelles Gegengewicht. Auch das Hinterland lohnt der genaueren Betrachtung, finden sich doch in der wildromantischen Bergregion um den Jebel Akhdar mehrere erstaunliche historische **Lehmforts**, etwa in den Oasenorten **Nakhl** und **Rustaq**. Mehr als 500 dieser Burgen gibt es im ganzen Land. Auch **Nizwa** kann sich einer besonders schönen Festung rühmen. Nicht weniger sehenswert ist der einstige Sommerpalast des Sultans in **Jabrin**.

Die Küste wird von strahlend weißen Forts bewacht, eines von ihnen ist in der sympathischen ehem. Hauptstadt **Sohar** zu besichtigen. Das kleinstädtische Zentrum der nördlichen Batinah-Ebene erlebte die wechselvolle Herrschaft von Persern, Portugiesen und Omanis. Das ›Norwegen Arabiens‹ erwartet Naturfreunde und Abenteuerlustige schließlich in **Musandam**, der felsigen Nordprovinz des Oman. Denn tief greifen hier die blaugrünen Fluten des Golfs in die äonenalte Bergwelt der nördlichen Ausläufer des Hajar-Gebirges. Highlight eines Besuches ist die Fahrt mit einer *Dhau* durch die unberührte Fjordlandschaft. Ein solcher Ausflug lohnt sich immer, ob man dabei nun *Delphine* beobachtet, für einen Badeausflug über Bord geht oder ›auf Tauchstation‹ die bunte *Unterwasserwelt* des warmen Golfs von Oman erkundet.

◁ **Oben:** *Glitzerschmuck zum Gotteslob – Kristalllüster der Grand Mosque von Maskat*
Unten: *Wegen seiner Fjorde gilt Musandam als das Norwegen Arabiens*

20 Maskat

Liebenswürdige Landeshauptstadt am Indischen Ozean mit Märkten, Stränden und orientalischem Flair.

Maskat bedeutet ›Ankerplatz‹, und tatsächlich bildet **Muscat Bay**, die beinahe halbkreisförmige Felsenbucht um die sich die Altstadt von Maskat gruppiert, einen perfekten natürlichen Hafen.

Geschichte Schon der griechische Geograph **Ptolemäus** (ca. 100–160 n. Chr.) erwähnte einen landseitig von Bergen eingeschlossenen »verborgenen Hafen« an der hiesigen Küste, in dem Fachleute den Vorläufer der heutigen Hauptstadt des Oman vermuten. Allerdings blieb der Ort lange Zeit unbedeutend, erst zum Ende des 15. Jh. liefen mit wachsendem **Handelsverkehr** immer mehr Kaufleute den Hafen an, um hier Frischwasser aufzunehmen. Das wiederum weckte das Interesse der **Portugiesen**, die im Jahr 1507 im Rahmen ihrer Expansion entlang der arabischen Küsten auch Maskat angriffen und eroberten. Die Europäer sicherten ihre neue Besitzung mit dem Bau einer Stadtmauer, die in Teilen bis auf den heutigen Tag Bestand hat, sowie den beiden ebenfalls erhaltenen Forts Mirani und Jalali. Knapp 150 Jahre dauerte ihre Herrschaft, doch 1650 nahm schließlich die omanische Widerstandsarmee der Imame Maskat ein. Mit diesem Erfolg schlossen sie die Rückeroberung ihres Landes ab und beendeten das Zeitalter der Portugiesen an dieser Küste.

Im 18. und 19. Jh. stieg der Oman zu einer bedeutenden **Seefahrer**- und **Handelsnation** auf. Weihrauch-, Gold-, Elfenbein-, Gewürz- und Sklavenhandel mit Ostafrika, Indien und sogar China machten Maskat zu einer der wohlhabendsten Städte der arabischen Halbinsel, 1793 ernannte Imam Sultan bin Ahmed sie zu seiner Hauptstadt. Inzwischen stand auch Sansibar unter der Herrschaft des Oman und 1840 wurde die Hauptstadt auf die Insel vor der afrikanischen Küste verlegt. 1856 spalteten sich Sansibar und die Ländereien an der ostafrikanischen Küste ab, jahrelange Erbstreitigkeiten zwischen den nun verfeindeten Zweigen der Herrscherfamilie waren die Folge. Daran litt auch die von Maskat aus regierte Hälfte des Landes. Der wirtschaftliche Niedergang war besiegelt, als 1865 ein verheerender Orkan Omans gesamte Afrikaflotte zerstörte. Das Vakuum füllten schnell europäische Handelsnationen, mit deren modernen Dampfschiffen der Oman nicht mehr mithalten konnte. Die Eröffnung des Suezkanals 1869 und die

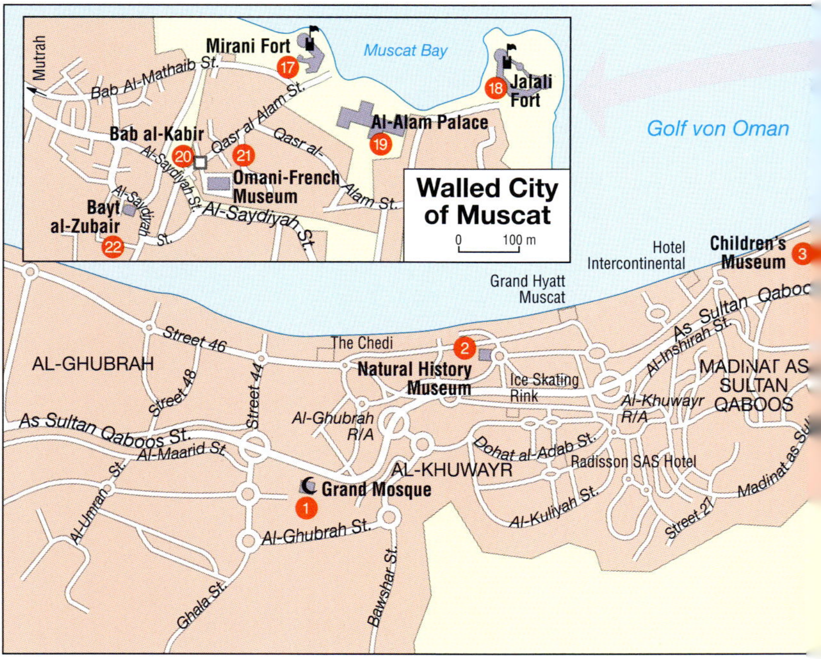

Die weißen Kaufmannshäuser an der Muscat Corniche zeugen vom Wohlstand der Händler während der Blütezeit Maskats im 19. Jh.

damit einhergehende Verlagerung wichtiger Handelsrouten taten ein übriges.

Die wirtschaftliche Talsohle schien durchschritten, als 1967 auch im Oman Öl gefunden wurde. Doch Sultan **Said bin Taimur** fürchtete schädlichen westlichen Einfluss auf sein Land, schottete es systematisch von der Außenwelt ab und verbot sogar das Radiohören. In Maskat schlossen auf seine Anweisung hin die

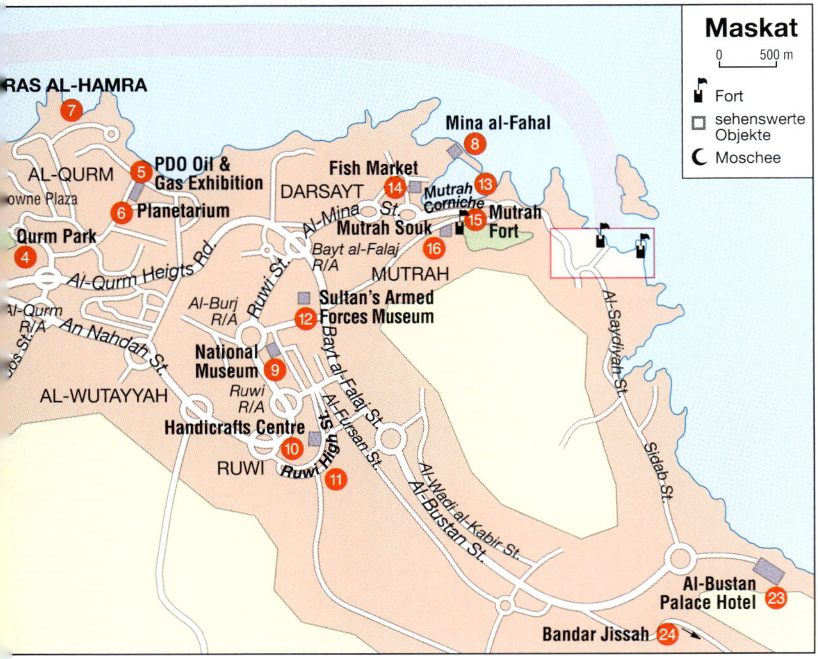

Stadttore von Sonnenunter- bis -aufgang. Andererseits ließ er seinen Sohn Qaboos im Ausland ausbilden, der junge Thronfolger studierte u.a. an der englischen Militärakademie Sandhurst. 1970 kehrte er von dort nach Maskat zurück, entmachtete mithilfe von Militärs seinen Vater und übernahm die Herrschaft im Oman. Den alten Sultan schickte er ins Exil nach London, wo dieser noch im gleichen Jahr starb.

Unter **Sultan Qaboos** blühten sowohl das Land als auch dessen Hauptstadt auf. Maskat hat sich seit 1970 dramatisch verändert: Am Ras al-Hamra entstand ein moderner Frachthafen, ein Teil der historischen Befestigungsmauer um die Altstadt wurde eingeebnet, um Platz für neue Straßen zu schaffen, entlang derer sich rasch neue Wohn- und Geschäftsviertel ausdehnten. Heute leben rund 60 000 Einwohner in der eigentlichen Hauptstadt, der gesamte Großraum, die sog. **Capital Area**, ist Heimat von rund 700 000 Menschen.

Städtebaulich ist Maskat dreigeteilt. Das teils mauerumgebene **Muscat**, der Nukleus der Stadt an einer perfekten Bucht, und das ebenfalls historische **Mutrah** um die westliche Nachbarbucht bilden die Altstadt. Im Süden und auf einem breiten Küstenstreifen im Westen erstrecken sich die vergleichsweise jungen Wohn- und Geschäftsviertel. Im Landesinneren liegen **Bayt al-Falaj** und **Ruwi**, wo in erster Linie indische und pakistanische Einwanderer leben. Die meernahen Stadtteile **Qurm**, **Shatti al-Qurm**, **Madinat as-Sultan Qaboos** und **Al-Khuwair** werden dagegen von Einheimischen bevorzugt. An den makellosen Sandstränden dieser Wohngebiete sind auch die meisten der internationalen Hotels angesiedelt. Da in diesem Bereich der omanischen Küste zwischen Meer und Bergen nur ein schmaler Streifen Land zur Verfügung steht, greift Maskat hier wie ein ausgestreckter Arm weit nach Südwesten. **Capital Area** nennt man denn auch dieses mit vielen Grünflächen aufgelockerte, von bis zu achtspurigen Stadtautobahnen und zahlreichen abzweigenden Straßen erschlossene Gebiet. Seinen vorläufigen Abschluss findet es mit dem einstigen Fischerdorf **Seeb**, in dem sich neben einem Palast des Sultans und zahlreichen vornehmen Villen auch der *Internationale Flughafen Maskats* befindet.

Den ›Tränen der Götter‹, dem Weihrauchharz, verdankte der Oman seinen Reichtum

Schon die Anfahrt auf Maskat durch die gepflegten Außenbezirke ist ein Vergnügen, die Gebäude wirken proper ohne protzig zu sein, die wohldurchdachte Infrastruktur entspricht dem beachtlichen Verkehr und auch das Fahrverhalten ist nicht so aggressiv wie in anderen Städten der Golfregion.

Capital Area

Einen fulminanten Auftakt macht bereits im Al-Ghubrah-Viertel im Westen von Maskat die großartige **Grand Mosque** (1) (Sa–Mi 8–11 Uhr für Nicht-Muslime, langärmelige saubere Kleidung, Frauen müssen ihr Haar bedecken). Sultan Qaboos hatte seinem Volk den mächtigen Zentralkuppelbau im Jahr 2000 zu seinem 30-jährigen Thronjubiläum geschenkt. Durch zwei hoch aufragende Torbögen in gebäudebreiten Mauerringen, in denen unter anderem Bibliothek und Waschräume untergebracht sind, gelangt man in den mit polierten Marmorplatten ausgelegten Innenhof. Dort befindet sich links der gewaltige, aus demselben Marmor errichtete und von einer goldenen Kuppel gekrönte Bau der Moschee. Durch das Eingangsportal betritt man den 70 x 60 m großen Saal, in dem rund 5000 Menschen beten können. Er ist vollständig von einem blauen Teppich ausgelegt. Ein roter Läufer führt zu Mihrab und Kanzel an der gegenüberliegenden Wand. Buntglasfenster und mit Koransuren beschriftete Zierleisten gliedern die drei übrigen Wände. Vier mächtige Marmorsäulen tragen die hohe bemalte Holzdecke, in ihrer Mitte wölbt sich hoch oben die vollstän-

Top Tipp

Was für ein Jubiläumsgeschenk: Sultan Qaboos stiftete aus Anlass des 30. Jahrestages seiner Thronbesteigung die atemberaubend schöne Grand Mosque von Maskat

Eine Frage des Glaubens

Wenn der Muezzin zum Gebet ruft, strömen im Oman hauptsächlich **Ibaditen** in die Moscheen, denn dieser muslimischen Glaubensrichtung gehören dort drei Viertel der Bevölkerung an. Lediglich im Jemen, in Südalgerien, Libyen und auf der tunesischen Insel Djerba finden sich weitere ibaditische Gemeinden.

Der Ibadismus ist eine Sekte innerhalb des Islam, die im Jahr 680 von **Abd Allah ibn Ibad al-Maqa'isi al-Tamimi** († 708) begründet wurde. Er widersprach der überlieferten Auffassung, das Amt des Kalifen, des geistlichen und weltlichen Führers der islamischen Welt, müsse immer von einem Nachkommen des Propheten Mohammed übernommen werden. Nach Ansicht Abd Allah ibn Ibads sollte dagegen eine Versammlung der Ältesten den schriftgelehrtesten, rechtschaffensten Mann einer Gemeinschaft zum (religiösen) Führer, zum **Imam**, wählen. Dieser Versammlung erkannte er sogar das Recht zu, den Imam wieder abzusetzen, wenn er sich als ungerecht erweisen sollte. So ausgeprägt war das ibaditische Bedürfnis nach gerechter Herrschaft, dass Angehörige dieser Religion lange Jahre in von Andersgläubigen beherrschten Regionen nicht einmal Gottesdienste abhielten. Der letzte ›wahre Imam‹, der entsprechend dieser Vorgaben im Omam gewählt wurde, war **Ahmad ibn Sa'id** (reg. 1754–83), Gründer der Al-Bu-Said-Dynastie. Seine Nachfolger – einer von ihnen ist der heute regierende Sultan Qaboos – erhoben keinen Anspruch mehr auf geistliche Führerschaft. Allerdings kam es 1868, 1913 und 1954 zu Aufständen von im Landesinneren gewählten Imamen gegen das Sultanat, die dieses nur mit britischer Hilfe niederschlagen konnte.

Die als besonders **strenggläubig** geltenden Ibaditen sind in der Praxis sehr **tolerant**. Tatsächlich verstehen sich Ibaditen selbst als ›Aufrechte‹ (*Ahl al-istiqama*), als wahre Gläubige, auch im Gegensatz zu anderen Muslimen. Da aber ihrer Meinung nach niemand auf Erden ganz genau zu bestimmen vermag, wer ein wahrhafter Muslim oder ein verlorener Abtrünniger ist, behandeln sie alle Andersgläubigen, seien es nun Sunniten, Schiiten, Christen, Juden oder Hindus gleichermaßen zuvorkommend.

dig mit kostbar funkelnden Kachelmosaiken ausgekleidete Kuppel, von der ein beeindruckender Lüster aus Swarovski-Kristallen hängt. Der atemberaubenden Pracht des Gotteshauses kann sich kaum ein Besucher entziehen. So dauert es einige Zeit, bis man sich von diesem Anblick losreißen und das gegenüberliegende *Gebetshaus der Frauen* aufsuchen kann. Es ist kleiner und zurückhaltender ausgestattet, wenngleich auch hier nicht an kostbarem Material gespart wurde.

Auf der gegenüberliegenden Seite der Stadtautobahn lädt das **Natural History Museum** ② (Okt.–März Sa–Do 9–13 Uhr, Tel. 24641510) zu einem Besuch ein. Hier kann man sich über Geographie und Geologie des Oman kundig machen. Ein 14 m langes Pottwalskelett beeindruckt durch seine schiere Größe, das Nationale Herbarium informiert über Fauna und Flora zu Land und zu Wasser. Lohnend ist auch ein Spaziergang durch den angegliederten *Botanischen Garten*.

Dort unten, nahe des Strandes an der Ash Shati Street, bietet das **Children's Museum** ③ (Sa–Do 8–13.30, Mo 16–20 Uhr, Tel. 24605368) Kindern die Gelegenheit, die Geheimnisse der Natur selbst zu erkunden. In spielplatzähnlicher Umgebung können sie z. B. Zwiebelhäute durch ein Mikroskop betrachten, in einem Luftballon Überdruck erzeugen oder optischen Täuschungen auf den Grund gehen. Der lauschige **Qurm Park** ④ daneben ist ein beliebter Picknickplatz der Hauptstädter. Der Park ist der öffentlich zugängliche Teil eines Naturschutzgebietes, zu dem in erster Linie das im Osten zum Meer hin verlaufende *Wadi Adai* zählt. Seinen Namen verdankt er den seltenen schwarzen Mangroven, die sich im Naturpark erhalten haben und auf arabisch Qurm heißen.

Nicht weit davon stellt die **PDO Oil & Gas Exhibition** ⑤ (Sa–Mi 8–16, Do 8–12 Uhr, Tel. 24677044) im Gebäude der nationalen Ölfördergesellschaft Petroleum Development Oman (PDO) die Geschichte der Öl- und Gasförderung des Landes vor, die für den Oman so große Veränderungen brachte. Im benachbarten **Planetarium** ⑥ (Mi 19 und Do 10 Uhr, Tel. 24675542) kann man einen in englischer Sprache moderierten Blick in die Sterne werfen. Auf der entgegengesetzten Seite des PDO-Geländes geht es zum Kap **Ras al-Hamra** ⑦, wo Archäologen Überreste einer mindestens 5000 Jahre alten Siedlung fanden und dessen sandige Ufer mitunter Meeresschildkröten zur Eiablage dienen. Ob das noch lange so bleiben wird, scheint zumindest fraglich, denn im Osten des Kaps herrscht am modernen Ölhafen **Mina al-Fahal** ⑧ stets reger Betrieb.

Ruwi

Im westlichen Bereich des geschäftigen ›indischen‹ Viertels Ruwi nahe der Abdulridha-Moschee in der Al-Noor Street widmet sich das **National Museum** ⑨ (Sa–Mi 8–14 Uhr, Tel. 24701289) insbesondere den Beziehungen zwischen dem heutigen Oman und der Insel Sansibar, die vom 17. bis zum 19. Jh. zu einem Reich gehörten. Noch heute sprechen viele Omani Kiswahili und sind stolz auf die alten Beziehungen zu Afrika. Die kleine Sammlung des Museums besteht aus Schmuck, Trachten, mit Kaurischnecken besetzten Holztruhen und einigen Modellen von hochseetauglichen omanischen Handelsschiffen.

Nahebei in südlicher Richtung wird im **Handicrafts Centre** ⑩ omanische Handwerkskunst feilgeboten: Hier gibt es qualitätvolle Keramik, Teppiche oder Khandjars mit Echtheitsgarantie zu entsprechend hohen Preisen. Das staatliche Geschäft ist leicht an den großen Tonbehältern vor dem Schaufenster zu erkennen. Weniger exklusive Einkäufe kann man in der nach Süden verlaufenden *Souk Ruwi* oder **Ruwi High Street** ⑪ machen, die mit ihren Textil- und Schmuckgeschäften, Elektroläden und Schneiderein zu den Hauptgeschäftsstraßen Maskats zählt. Sie mündet in das Ruwi Roundabout mit der *Taxisammelstelle* sowie dem zentralen *Busbahnhof*.

TOP TIPP Auf dem Weg von Ruwi nach Mutrah lohnt das **Sultan's Armed Forces Museum** ⑫ (tgl. 8–13 Uhr, Tel. 24312648) einen Besuch. Es ist in dem schmucken weißen Bayt al-Falaj Fort untergebracht, das um 1806 als wehrhafter Wohnsitz für Sultan Said bin Sultan erbaut wurde. Von der herrschaftlichen Funktion zeugen die aufwendig geschnitzten Türen und die restaurierten Wandmalereien in den Gemächern. Während des Aufstands der Stämme gegen den Sultan musste die Festung im Jahr 1915 zum bislang letzten Mal einem Angriff widerstehen. Den gut aufbereiteten historischen Überblick zur Militärgeschichte des Oman im Erdgeschoss ergänzen im ersten Stock Waffen, Uniformen, Dokumente und Fotografien. Die

Mirani Fort, die portugiesische Festung über Muscat, diente sowohl dem Schutz der Stadt vor Angriffen als auch der Wacht über die widerspenstigen Omanis. Rechts der Sultanspalast

Authentizität wird durch einen Soldaten erhöht, der Besucher während der Besichtigung begleitet.

Mutrah

Mutrah ist das quirlige Altstadtviertel der Fischer und Händler, der Lehmverputz der eng aneinander gebauten Häuserkuben zeigt Risse, elektrische Leitungen hängen abenteuerlich tief über den schmalen Gassen. Westliche Besucher bleiben bei diesem Anblick meist lieber auf der **Mutrah Corniche** 13, die die Südseite der Bucht von Mutrah mit einer zweispurigen Straße und einem breiten Fußweg begleitet. Sie beginnt im Westen nahe des **Fish Market** 14. Gegenüber dominiert das 1580 von den Portugiesen errichtete, mächtige **Mutrah Fort** 15 die Bucht. Es wird noch heute vom Militär genutzt.

Vom Hafen aus führt die Uferstraße über den Samak (= Fisch) Roundabout in leichtem Bogen südwärts zum einladenden *Riyam Park* bzw. dem *Sur al-Lawatiya-Viertel*. Dort befindet sich zwischen Corniche und Mutrah High Street der viel gerühmte **Mutrah Souk** 16 (tgl. 8–13 und 17–21 Uhr), der im Westen in den kleinen *Gold Souk* übergeht. In dem bunten Markt werden Plastikspielzeug, Shishapfeifen und Nylonhemden ebenso angeboten wie Silberschmuck, Khandjars und Maria-Theresia-Taler. Wer sich für Antiquitäten interessiert, sollte darauf achten, dass beispielsweise der Dolchgriff tatsächlich aus Bernstein ist oder die kleinen Löcher in der Hochzeitstruhe wirklich von einem Holzwurm stammen; manches auf alt gemachte Stück wurde nämlich erst vor wenigen Tagen aus Indien importiert. Insgesamt macht es Spaß, durch die mit Planen überspannten sandigen Gassen zu schlendern, hier an einer Dose Weihrauch zu riechen, dort eine Schnitzerei zu bewundern oder am nächsten Stand eine Dishdasha, das traditionelle Gewand der Araber, anzuprobieren.

TOP TIPP

Das umliegende Viertel wird vor allem von **Lawati** bewohnt, Schiiten aus der Region um Hyderabat, deren Vorfahren sich bereits im 16. Jh. hier ansiedelten. Aus dieser Zeit stammen auch viele der hiesigen Häuser, die derzeit grundlegend renoviert werden.

Walled City of Muscat

Nur eine kurze Fahrt führt von Mutrah über die windungsreiche Küstenstraße zur Muscat Bay, an die sich das ›noble‹ Altstadtviertel von Muscat schmiegt. Die Bucht wird von zwei portugiesischen Festungen aus dem frühen 16. Jh. dominiert. **Mirani Fort** 17 liegt auf dem vorspringen Felsenkap im Westen, die lehmverputzten Mauern von **Jalali Fort** 18 ragen ausgesprochen malerisch auf einer Klippe im Osten auf. Leider sind die beiden Forts nicht öffentlich zugänglich. Im Scheitelpunkt der Bucht befindet sich der märchenhaft anmutende **Al-Alam Palace** 19, der Stadtpalast des Sultans von Oman. Das Gebäude kann von ›Nor-

Sogar die Teilnehmer des Gulf Cooperation Council Treffens, das 1985 im Al Bustan Palace stattfand, dürften von der Lobby des Luxushotels beeindruckt gewesen sein

malsterblichen‹ lediglich von außen bewundert werden, doch am Haupteingang hat man durch die schwarz-goldenen Gitter des schmiedeeisernen Zauns einen guten Blick auf den fantasievollen Zentralbau mit der weiß, blau und goldfarben gekachelten Fassade. Das große, filigrane Glasmosaikfenster in der Mitte wird abends und nachts von innen erleuchtet und strahlt dann in verschiedenen Blautönen. Weht die Flagge auf dem Flachdach, ist der Hausherr anwesend.

Die umliegende propere Altstadt, die sog. *Dar Said*, erstreckt sich innerhalb der historischen Stadtmauer. Mehrere Stadttore wie das **Bab al-Kabir** 20 sind noch erhalten, ihre früheren Torflügel wurden jedoch entfernt und die Durchgänge für Straßen verbreitert. An die ›Goldene Zeit‹ Maskats erinnern innerhalb der Mauern zahlreiche renovierte Handelshäuser und Stadtpaläste. Einer von ihnen ist das um 1840 erbaute und auch als architektonischer Zeitzeuge interessante *Bayt Fransa*. Es beherbergt heute das **Omani-French Museum** 21 (Sa–Mi 8.30–13.30, Do 9–13 Uhr, Tel. 24736613) und diente 1896–1920 als Stadtresidenz des französischen Botschafters. Auf zwei Etagen wird mit vielen historischen Fotografien, Trachten und detailgetreuen Modellen arabischer und europäischer Handelsschiffe an die alten Handelsbeziehungen zwischen dem Oman und Frankreich erinnert.

◁ **Oben links:** *Stoffe in der Ruwi High Street*
Oben rechts: *Farbenfroh gekleidete Bedienung im Kargeen Restaurant*
Mitte: *Landestypische omanische Kleidung im National Museum*
Unten links: *Silberwaren im Mutrah Souk*
Unten rechts: *Frischer Fisch vom Markt an der Mutrah Corniche*

Nicht weit davon, doch außerhalb der alten Stadtmauer dient das **Bayt al-Zubair** 22 (So–Do 9.30–13 und 16–19 Uhr, Tel. 24736688) in der Al-Saydiyah Street als Volkskundemuseum. Unverkennbar ist sein zinnenbekrönter Rundturm mit den achteckigen Fenstern. Innen vermitteln Fotografien, traditionelle Möbel und Ausstellungen zu diversen überlieferten Handwerkskünsten einen guten Einblick in die Kultur des Oman.

Vor den Toren der Stadt

7 km südlich befindet sich unmittelbar an einer wahren Traumbucht, umgeben von hoch aufragenden Bergen, das berühmte **Al-Bustan Palace Hotel** 23. Sultan Qaboos hatte den mächtigen Repräsentationsbau eigens für die Abgeordneten des Gulf Cooperation Council-Gipfeltreffens errichten lassen, das 1985 in Maskat stattfand. Ein vorher an dieser wunderschönen Stelle gelegenes Fischerdorf war dabei im Weg, seine Bewohner wurden kurzerhand umgesiedelt. Auch wer nicht in dem Hotel wohnt, kann die gewaltige Eingangshalle bewundern oder gegen Gebühr den Tag am hiesigen Strand verbringen.

Einige weitere Kilometer nach Südosten wartet der herrliche Strand **Bandar Jissah** (24) auf Sonnenhungrige. Eine Aussichtsplattform an der Straße in den Felsen über ihr ermöglicht einen herrlichen Blick über die Bucht. An den Wochenenden geht es am Strand in der Regel sehr lebhaft zu. Dann ist auch im *Oman Dive Center* am Strand oft kein Boot mehr für einen Ausflug zum *Rock Arch* zu bekommen, einem malerischen Felsenbogen vor der Küste.

i Praktische Hinweise

Sport und Freizeit

Mark Tours, beim Al-Khuwair Roundabout, Muscat, Maskat, Tel. 24562444, Fax 24565434, www.mark-oman.com. Auch deutschsprachige Reiseleitung ist möglich bei den empfehlenswerten Ausflügen. Im Angebot sind Stadtrundfahrten, Lagerfeuerromantik auf dem Jebel Shams oder eine Fahrt nach Nizwa und Rustaq. Auch Touren durch die Wadis des Hajar-Gebirges werden organisiert.

Oman Dive Center, Bandar Jissah, Maskat, Tel. 24824240, www.diveoman.com.om. Wassersport in jeglicher Form inkl. Ausrüstungsverleih, dazu Schnorchel-, Tauch-, Delphin- und Walbeobachtungstrips. Wer sich von dem superben Strand nicht trennen mag, kann in einfachen Gästezimmern übernachten.

Hotels

TOP TIPP *******Al-Bustan Palace**, Muttrah (7 km südlich, nahe Sidab), Maskat, Tel. 24799666, Fax 24799600, www.al-bustan.intercontinental.com. Luxuriös ausgestattet sind die 250 Zimmer und Juniorsuiten im acht Stockwerke hohen Tower und den beiden Seitenflügeln des staatlichen Vorzeigehotels. Die Krönung aber erwartet den Gast im ›Hinterhof‹ des Hotels, jenseits des Palmengartens, denn die dortige halbkreisförmige Badebucht kann nur als perfekt bezeichnet werden!

*******Grand Hyatt Muscat**, Shatti al-Qurm (nahe Al-Khuwair Roundabout), Maskat, Tel. 24641234, Fax 24605282, www.muscat.grand.hyatt.com. Blockhafter, doch luxuriöses Nobelhotel am feinen al-Qurm-Strand. 280 Gästezimmern, dazu Business Center, Fitness Center und Pool mit ›Lazy River‹-Strömung. 2 Restaurants, 5 Cafés und Bars.

*******InterContinental Muscat**, nahe dem Al-Kharuiyah Roundabout, Maskat, Tel. 24680000, Fax 24600012, www.interconti.com. Hinter dem kantigen Hotelblock verbirgt sich ein überzeugendes Erste-Klasse-Haus, das die Vorzüge eines Strandresorts mit denen eines Cityhotels verbindet. 265 weitläufige Räume, dunkelsandiger Hausstrand, sowie Pool, Tenniscourts und ein großer Fitnessbereich. Pub und zwei Restaurants im Haus.

TOP TIPP *******The Chedi**, North Gubrah 232, Way No. 3215, Street No. 46, Maskat, Tel. 24524400, Fax 24493485, www.ghmhotels.com. Das Luxushotel am Indischen Ozean vereint traditionelle omanischer Architektur mit geschmackvoll puristischem Design. 151 Zimmer und Suiten bilden den stilvollen Rahmen für vollkommene Entspannung. Feines Restaurant und Bar im Haus.

TOP TIPP *****Villa Shams**, Mina al-Fahal (nahe Qurm Park), Maskat, Tel. 24561197, Fax 24563697, www.villashams-omanhotel.com. Bezaubernde Pension im Villenviertel auf einer Anhöhe über dem Qurm Park. Die Besitzerin Hilde Schmidt hat die sieben Gästezimmer und drei Suiten jeweils individuell in orientalischem Stil eingerichtet. Im Garten verspricht ein Pool Erfrischung. An Verköstigung wird lediglich Frühstücksbüfett geboten, aber die Hausherrin hilft gern mit Insidertipps bezüglich guter Restaurants.

Restaurants

Golden Oryx, Rex Road, Ruwi, Maskat, Tel. 24702266. Die umfangreiche Speisekarte umfasst thailändische und chinesische Spezialitäten. Besonders beliebt ist das sog. Mongolian Barbeque, bei dem der Gast sein Büfett selbst zusammenstellt, anschließend bereiten die Köche diese Auswahl aus Fleisch, Fisch, Meeresfrüchten, Gemüse und diversen Soßen vor den Augen des Gastes auf einer tischgroßen Grillplatte im Handumdrehen zu.

Green Mountain Restaurant, Sheraton Oman Hotel, Ruwi, Maskat, Tel. 24772772. Bekannt gutes Restaurant mit internationaler Küche, das an Mittwochabenden wegen seines Fischbüfetts geradezu überlaufen ist. So viele Köstlichkeiten des Meeres werden aufgetischt, Hammour, Hai und Hummer, aber auch

Fast meint man, einer Fata Morgana aufzusitzen, wenn versteckt zwischen den schroffen, ausgedörrten Felsen des Jebel Akhdar grüne Gärten und Plantagen auftauchen

Austern und Kaviar, dass der Beiname ›Neptuns Königreich‹ vollkommen gerechtfertigt ist. Reservierung nötig.

TOP TIPP **Kargeen**, Al Harthy Complex (parallel zur Madinat al-Alam Street), Al-Wattayah, Maskat, Tel. 24 56 05 75. Trotz seiner erheblichen Größe charmantes Restaurant mit Falafel und Kebab, aber auch Burgern und Pizza. Vor allem in den Gartenbereichen mit ihren romantischen Separees, den lebhaften Familientischen und den traditionellen Zelten herrscht stimmungsvolles Treiben. An den Wochenenden (Do/Fr) empfiehlt sich Reservierung.

Mumtaz Mahal, Qurm, beim Children's Museum, Maskat, Tel. 24 60 59 07. Ausgezeichnetes indisches Restaurant auf einem aussichtsreichen Hügel über Qurm Park, in dem man zum Plätschern des Wasserfalls bzw. zu den Sitarklängen der Livemusik frisches Roti und Nan zu würzigen Curries oder zartem Tandoori Lamm genießt.

21 Jebel Akhdar

Obstgärten, Blumenterrassen und Outdoorabenteuer auf dem höchsten Berg des Oman.

Auf der Fahrt von der Küste nach Nizwa fällt rechts ein in Jahrmillionen von Wind und Wetter scheinbar rund geschliffenes Gebirgsmassiv auf. Es wird in seiner Gesamtheit Jebel Akhdar, der ›grüne Berg‹ genannt, besteht aber im Wesentlichen aus dem vielfach zerklüfteten **Saiq Plateau**, das auf bis zu 3000 m ansteigt und damit neben dem etwas weiter nordöstlich aufragenden *Jebel Shams* (3075 m) die höchste Erhebung des Oman ist. Seine Hänge und Wadis sind voll kultivierter, jedoch versteckter Gärten, hier wachsen Granatäpfel, Aprikosen, Feigen, Mandeln und kleine rosafarbene Rosen, aus denen Öl gewonnen wird. Immer mehr Outdoorfreunde kommen mit ihren allradgetriebenen Wagen hierher, um die größtenteils noch unberührten felsigen Höhen, die zerklüfteten Schluchten, Wadis und Höhlensysteme zu erkunden oder einfach nur, um in einer Nacht am Lagerfeuer unter freiem Himmel den funkelnden Sternen ein Stück näher zu sein.

i Praktische Hinweise

Hotel

******Jebel al-Akhdar Hotel**, auf dem Saiq Plateau an der Zufahrtsstraße von Birkat al-Mawz aus, Tel. 25 42 90 09, jakhotel@omantel.net.om. In der Lobby liegen handgezeichnete Übersichtspläne der näheren Umgebung aus, im Winter wärmt hier ein offenes Kaminfeuer die abendlichen Heimkehrer. Restaurant im Haus, es gilt BYO (›Bring your own‹ – Alkohol kann man selbst mitbringen).

22 Nizwa

Stadt der Silberschmiede und Korangelehrten mit einem mächtigen Fort und geschäftigen Markt.

Der ausgesprochen hübsche Bergort, dessen Altstadt passend zum dominierenden Fort vollständig in historischem Stil restauriert wurde, kann auf eine große Vergangenheit zurückblicken. Bereits vor rund 2000 Jahren siedelten Menschen in dieser **Oase** am südlichen Fuß des Hajar-Gebirges. In späteren Jahrhunderten gewann sie als **Handelsknotenpunkt** an Bedeutung, zumal in der unmittelbaren Umgebung Silbererz abgebaut wurde. Als erste Stadt des Oman nahm Nizwa im Jahr 630 den Islam an. In der Folge wurden zahlreiche Koran- und Rechtsschulen in Nizwa gegründet. Im 8. Jh. wurde Nizwa zudem zum omanischen Mittelpunkt der Ibadiya, einer islamischen Gruppierung, die den Gläubigsten aus ihrer Mitte zum Imam und geistlich-weltlichem Herrscher wählte. Bis heute trägt der Ort deshalb den Beinamen ›**Zentrum des Islam**‹. Im Jahr 793 bestimmte der ibaditische Imam Mohammed bin Abi-Affan das gut befestigte Nizwa gar zur Hauptstadt seines Reiches.

Diese Zeiten sind längst vorbei. Mittlerweile ist Nizwa **Verwaltungshauptstadt** der *Al-Dakhliya-Region*, eine sympathische Kleinstadt, die für die Herstellung von süßem **Omani Halwa** sowie für seine geschickten **Silber-** und **Waffenschmiede** berühmt ist. Außerdem befindet sich im Osten vor der Stadt die Produktionsstätte von **Amouage**, dem der Eigenreklame zufolge ›wertvollsten Parfüm der Welt‹ [s. S. 114].

Dieses Zicklein wechselt auf dem Souk al-Juma in Nizwa gerade den Besitzer

Die Altstadt von Nizwa erstreckt sich südlich der Hauptstraße auf einem Hügel zu Füßen des mächtigen, vollständig restaurierten **Nizwa Fort** (Sa–Do 9–16, Fr 8–11 Uhr), dessen gewaltiger Rundturm noch heute beeindruckend ist. Die bedeutendste von drei Festungsanlagen der Stadt ließ Imam Sultan bin Saif bin Malik al-Ya'arubi um 1660 errichten. Es lohnt sich, durch das Gewirr der Treppen, Terrassen, Kammern und Gemächer des Forts einen Weg auf die zinnengeschmückte Plattform des Turms zu suchen. Sie misst etwa 45 m im Durchmesser und erlaubt von Treppenausgucken einen weiten Blick über die Stadt, die umgebenden Dattelhaine und das staubig-felsige Umland.

TOP TIPP Unmittelbar vor den Toren des Forts beginnt der bekannte **Nizwa Souk**, in dem die Händler unter Arkadengängen, in Marktgebäuden und auf offener Straße ein buntes Gemisch aus Traditionellem und Touristensouvenirs feilbieten. Silberschmuck und mit Silberdraht kunstvoll verzierte Khandjars gehören zu den ›Aushängeschildern‹, sind aber gerade deshalb nicht gerade günstig. Es gibt erstaunlich viele Dolche, Säbel, Pistolen und altersschwache Gewehre, daneben aber auch eine reiche Auswahl an Weihrauch, Stoffen, Leder, Kleidung, Kamelriemen und Keramik, alles in ansprechendem Ambiente präsentiert. Mitten im Souk befinden sich Fischhalle, Fleisch- und Gemüsemarkt, die für zusätzliches Flair sorgen.

Besonders rege geht es an Donnerstag- und Freitagvormittagen zu, wenn während des **Souk al-Juma**, des Freitagsmarktes (7–ca. 11.30 Uhr), auf dem Platz zwischen der ummauerten Altstadt und der Hauptstraße Ziegen und Rinder verkauft und versteigert werden. Nebenan bieten dann fliegende Händler billige Kleidung aus Fernost an, und auch Grünpflanzenverkäufer machen an diesem Tag gute Geschäfte.

Tanuf

Etwa 20 km nördlich von Nizwa auf dem Weg nach Bahla kann man die ›Geisterstadt‹ Tanuf am Fuß der Berge erkunden. Der Ort wurde in den sog. Jebel-Kriegen

Labyrinth für die Sicherheit – nur Burgbewohner fanden sich ohne weiteres in den zahlreichen Etagen, Terrassen, Ausgucken, Treppenfluchten und Durchgängen von Nizwa Fort zurecht

(1954–59) von der britischen Luftwaffe zerstört, da sich der gegen den Sultan rebellierende Imam hierher zurückgezogen hatte. Die aus Lehmziegeln in traditioneller Bauweise errichteten Wohnhäuser und die Moschee des vor etwa 300 Jahren gegründeten Dorfes sind verfallen und stark verwittert, gerade deshalb bilden sie aber eine malerische Kulisse für einen kleinen Spaziergang. In dem neu gegründeten Dorf Tanuf nicht weit davon wird das gleichnamige, bekannteste Mineralwasser des Oman abgefüllt.

i Praktische Hinweise

Hotel

****Falaj Daris Hotel**, an der Hauptstraße, 4 km südlich von Nizwa, Tel. 25 41 05 00, Fax 25 41 05 37, www.falajdarishotel.com. Das Hotel im Stil eines Forts bietet 55 ebenerdige Zimmer um einen Garten mit kleinem Pool. Die Ausstattung wirkt etwas in die Jahre gekommen, aber das macht der aufmerksame Service und die herzliche Atmosphäre wieder wett. Restaurant im Haus.

Restaurant

Al-Zuhul, im Souk gegenüber Nizwa Fort, Nizwa. Gute einheimische Küche, also Shwarmas und Kebabs, die man mit Genuss und Blick auf das hier noch etwas ruhigere Markttreiben bzw. die pittoresken Festungsmauern verzehren kann.

23 Jabrin

Sommerpalast und Festungsbau – wie ein Solitär erhebt sich das Fort allein in der Ebene.

TOP TIPP Schön und imposant ist **Jabrin Fort** (Sa–Do 9–16, Fr 8–11 Uhr), das Imam Bil'arab bin Sultan al Ya'arubi um das Jahr 1670 als Sommerfrische errichten ließ. So erklärt sich auch die Anmut vieler Bereiche der vorzüglich restaurierten, dreistöckigen Anlage. Beispielsweise sind einige der 55 Räume mit Zierleisten an den Wänden und bemalten Balkendecken ausgestattet. Auch die vielfach schön geschnitzten Türen sind sehenswert. Die typischen *Falaj*-Kanäle, die seit der Restaurierung wieder Wasser führen und das Erdgeschoss und den großen Vorhof von Jabrin durchziehen, dienten in diesem Fall nicht der Bewässerung, sondern fungierten in den heißen Sommermonaten als eine Art frühe Klimaanlage. Das Fort ist mit Mobiliar, Waffen, Kamelsätteln, Krügen und anderen Gebrauchsgegenständen früherer Tage ausgestattet, auch wenn leider Erklärungen

Stilisierte Blumen und fantasievolle Muster zieren manche Holzdecken in Nizwa Fort

zu den Stücken fehlen. Im ersten Stock ist die ehem. Palastküche zu besichtigen, neben deren Eingang haben sich frühe *Sgraffitokünstler* u. a. mit einem eingeritzten Krummdolch und der Darstellung eines Kamels in der Außenwand verewigt. Auf der etwa 20x20m umfassenden Plattform des höchsten *Aussichtsturms* kann man sich vollends wie der frühere Sultan fühlen, der von hier aus den Blick weit über sein Land schweifen ließ, von den Häusergruppen und Dattelpalmenhainen im Vordergrund bis zum majestätischen Hajar-Gebirge am Horizont.

Bahla

Bahla ist eine kleine Stadt 8 km östlich von Jabrin, Richtung Nizwa. Ihre große Zeit hatte sie unter der Herrschaft des Stammes der Bani Nabhan, die von der Mitte des 12. bis zum Ende des 15. Jh. die umliegende Region beherrschten. Sie ist bekannt für ihre zahlreichen **Töpfereien**, aber in volkstümlichen Erzählungen auch als Heimat von Teufeln (*Scheitan*) und Geistern (*Jin*). Historisch bedeutend ist jedoch einzig **Bahla Fort**, eine gewaltige Festungsanlage auf dem Bahlool-Hügel, die in Teilen bereits auf vorislamische Zeit zurückgeht. Sie war von einer 12 km langen Mauer umgeben, die abschnittsweise noch heute erkennbar ist. Viele ihrer 15 Tore und 132 Wachtürme sind ebenfalls noch recht gut erhalten. Da aber Regengüsse und der Zahn der Zeit die 1987 von der UNESCO als Weltkulturerbe ausgezeichnete Anlage immer weiter schädigten, wurde es mittlerweile in die Liste der bedrohten Stätten aufgenommen. Dies zog groß angelegte Restaurierungsarbeiten nach sich, die derzeit noch im Gange sind.

Die omanische Regierung müht sich nach Kräften, Bahla Fort vor dem Verfall zu bewahren und so den Status der Festung als UNESCO Weltkulturerbe aufrecht zu erhalten

24 Nakhl

Nakhl Fort ist eine der größten Festungsanlagen des Oman, entsprechend gern besuchen Touristen und Schüler die sorgsam renovierte, noch immer mächtige Lehmziegelburg

Eine imposante Festung und warme Quellen machen das Dattelbauerndorf zu einem beliebten Ausflugsziel.

Schon von weitem sind der hoch aufragende runde Wachturm und das TOP TIPP Hauptgebäude von **Nakhl Fort** (Sa–Do 9–16 Uhr, Tel. 26 78 13 84) zu sehen, denn die beeindruckende Festung wurde in und auf einen weit in die Ebene hineinreichenden felsigen Ausläufer des Hajar-Gebirges gebaut. Vermutlich stand hier bereits in vorislamischer Zeit eine Burg, die später vielfach erweitert wurde. Sicher ist, dass es im 9. und 16. Jh. zu umfangreichen Erneuerungsarbeiten kam. Das labyrinthartig verschachtelte Fort ist eine der architektonisch beeindruckendsten und mit einer Gesamtfläche von rund 3400 km^2 auch größten historischen Festungsanlagen des Oman. In den meist nur spärlich ausgestatteten Innenräumen befanden sich früher Wohn- und Schlafgemächer für mehrere Familien, dazu Wirtschaftsräume, Besprechungszimmer, Büros und Soldatenunterkünfte, die mit verwirrend verlaufenden Fluren, Treppenfluchten, Torgängen und Aussichtsterrassen untereinander verbunden sind.

Nakhl Fort beherrschte die gesamte Ebene ringsum und sicherte auch den TOP TIPP Zugang zur umliegenden Oase sowie zu den heißen **Al-Thowarah-Quellen** am etwa 3 km entfernten nördlichen Ende des Dorfes Nakhl. Dort sickert an den Hochufern eines breiten, meist trockenen Flussbetts badewasserwarmes Wasser aus den Felsen. Es sammelt sich in steinernen Becken, in denen sich an lauen Abenden besonders die männliche Jugend des Dorfes vergnügt. Für Frauen stehen eigene Becken etwas weiter oberhalb zur Verfügung, man soll-

Verhältnismäßig opulent ist die Ausstattung dieses Schlafzimmers in Nakhl Fort

te bei Interesse aber nach den schicklichen Zeiten für ein Bad fragen, das übrigens bei allerlei rheumatischen Beschwerden helfen soll. Auch wer nicht untertauchen will, kann in dem lauschigen Wadi angenehme Stunden verbringen. Hier picknickt man im Schatten hoher Palmen, trifft sich mit Freunden und plaudert.

25 Rustaq

Historisches Fort und warme Quellen am Nordostrand des Hajar-Gebirges.

Das Städtchen Rustaq blickt von den nördlichen Ausläufern des Jebel Akhdar weit über die Batinah-Ebene. Im 17. Jh. war es sogar für kurze Zeit die Hauptstadt des Reiches von Maskat und Oman. Heute erinnert lediglich das etwa 1 km² umfassende **Rustaq Fort** an diese Zeit. Die vielgestaltige Lehmziegelfestung entstand um 1250 auf den Ruinen des persischen Vorgängerbaus Qalat al-Kisra aus dem 7. Jh., der wiederum an die Stelle einer Wehranlage aus vorislamischer Zeit getreten war. Mitte des 17. Jh. wurde Rustaq Fort umfassend erneuert und ausgebaut, weitere Türme kamen 1744 und 1906 dazu. Noch im Jahr 1950 verschanzten sich die Aufständischen um Talib bin Ali al-Hina hier gegen den Sultan Said bin Taimur von Oman. Der treppauf-treppab führende Rundgang durch Kommandantur, die Mannschaftsquartiere und Empfangsräume, auf die Aussichtsplattformen und in die Wachtürme ähnelt dem in anderen Forts des Oman, wie immer ist auch die **Aussicht** auf das Umland von den Flachdächern aus oder durch die Schießscharten der Geschütze großartig.

Im Gebiet um Rustaq gibt es außerdem heilende Thermalquellen, die be-

Etwa 480 Euro kostet der Frauenduft Gold & Crystal von Amouage, der exklusivsten Parfumdistille der Welt

Amouage, ein Hauch von Ewigkeit

Amouage ist das arabische Wort für ›Welle‹, wird aber eher für überschwängliche Gefühle als für Wasser verwendet. Gleichzeitig ist es der Name des **›wertvollsten Parfüms der Welt‹**. Es wird in Nizwa hergestellt, Sayyid Hamad bin Hamoud al-Bu-Said, Mitglied der königlichen Familie, gab seine Entwicklung 1983 in Auftrag, um an die viele Jahrhunderte alte Duft-Tradition seines Heimatlandes anzuknüpfen. Seine Hoheit betraute Guy Robert, die ›Nase Frankreichs‹ mit der Aufgabe, das erlesenste Parfum der Welt zu destillieren.

Nach nicht ganz zwei Jahren präsentierte Robert **Amouage**, einen Duft aus mehr als 120 kostbaren und seltenen Zutaten. Als ›blumig-fruchtig‹ wird er beschrieben, mit einem Hauch von Rose, Jasmin und Maiglöckchen im Vordergrund, dem sich Aprikose, Limette und Pfirsich beigesellen. Darunter ahnt man Silberweihrauch, Myrrhe, Heideröschen, Patschuli, Iris und Sandelholz, getragen wird die Kreation von grauer Ambra, Zibet und Moschus.

So kostbare Düfte verlangen nach adäquaten Gefäßen, daher gestaltete die für das englische Königshaus tätige Gold- und Silberschmiede Asprey's aus London für das Originalparfum passende **Flaçons**. Sie sind wie Minarette (für Frauen) bzw. ein Khandjar (für Männer) geformt, aus Sterlingsilber handgearbeitet und mit nahezu 24 Karat vergoldet. Mittlerweile sind mit den zahlreichen Varianten, dem Eau d'Amouage, Esprit d'Amouage oder dem Silver Cologne auch Behältnisse aus Bleikristall mit Golddekoration oder poliertem Kristall hinzugekommen, edel

Friedfertigen Besuchern öffnet sich das Eingangstor von Rustaq Fort verheißungsvoll (rechts), doch frühere Angreifer schreckten die hohen Mauern und Türme der Trutzburg (links)

deutendste davon ist **Ain al-Kasafa**, etwa 2 km entfernt vom zentralen Roundabout in Rustaq. Ihr Wasser hat eine Temperatur von 45 °C und soll wegen seines hohen Schwefelgehalts Rheuma und Hautkrankheiten lindern.

Outdoorfreunde schätzen die umliegenden *Wadi Bani Ghafar*, *Wadi al-Sahtan* und *Wadi Bani Auf*, die gut mit Allradwagen zu befahren sind. Zudem laden zahlreiche Höhlen zu einer – vorsichtigen – Erkundung ein, zum Beispiel die Al-Sanaqha Cave, in der sogar eine unterirdische Quelle sprudelt.

Auf der Rückfahrt zur Küste passiert man das mächtige, 1711 errichtete **Fort Al-Hazm**, in dem ein Artillerie-Museum eingerichtet werden soll, dessen Besuch aber schon wegen eines Rundgangs durch die geheimnisvollen Verliese lohnt.

26 Sohar

Angeblich die Heimat von Sindbad, sicher ein reizendes Seebad.

In der ausgedehnten Provinzmetropole Sohar ist man davon überzeugt, dass hier einst die Wiege des legendären Seefahrers Sindbad stand. Da das Gegenteil nicht zu beweisen ist, sollte man diese Behauptung nicht anzweifeln. Jedenfalls war Sohar schon vor dem Beginn der christlichen Zeitrechnung, damals noch unter dem Namen **Majan**, eine bekannte Hafenstadt, die der Seefahrt und dem Kupferbergbau ihren Wohlstand verdankte. 971 zerstörten persische Truppen den Ort, der sich davon nie wieder vollständig erholte. 1738 spielte Sohar noch einmal eine bedeutende Rolle in der Geschichte des Oman, als hier Provinzgouverneur Ahmed bin Said al-Saidi eine persische Invasionsarmee zurückschlug und so sein Land vor der Fremdherrschaft bewahrte. 1744 wurde dieser Ahmed bin Said zum Imam gewählt und begründete die **Al-Bu-Said-Dynastie**, die den Oman bis auf den heutigen Tag regiert. Das kleine Sohar jedoch erwachte erst vor einigen Jahren dank des modernen Industriehafens und aufkeimenden Tourismus' aus seinem Dornröschenschlaf.

Tatsächlich erfreut sich Sohar eines schönen dunkelbraunen **Sandstrandes**, der sich unverbaut mehrere Kilometer weit hinzieht. Leider wirkt der neu erbaute *Al-Qala'a Handicraft Souk* in der Stadtmitte mit seinem Angebot aus Keramik, Palmblatterzeugnissen, Parfümen, Silberschmuck und Kleidung noch etwas steril und farblos.

Einen Besuch wert ist das **Sohar Fort Museum** (Sa–Mi 8–13.30, Do 9–13 Uhr, Tel.

Auch der Oman hat eine ›Weiße Stadt am Meer‹: Die ausgedehnte Provinzmetropole Sohar wird besonders wegen ihrer Lage an einem unverbauten Sandstrand gern besucht

26844758), die weiße Festung auf einer Anhöhe am Meer. Bereits im 13. Jh. wachte an dieser Stelle ein Fort über die Küste, dessen Grundmauern im weiten Innenhof zum Teil ausgegraben sind. Die heutige, klar gegliederte Anlage geht auf das 16. Jh. zurück. Im Erdgeschoss des quaderförmigen Hauptbaus findet man das Grab des 1866 verstorbenen Sultans Sayyid Thuwwaimi bin Said bin Sultan bin Ahmed al-Bu Said. Die in den Sarkophag eingravierte Jahreszahl ›1272–1282‹ gibt den Zeitraum seiner Herrschaft nach muslimischer Zeitrechnung an. Die Nachbarräume und die beiden oberen Turmgeschosse enthalten eine interessante Ausstellung zur Geschichte des Landes. Zu sehen sind Waffen, Ausgrabungsfunde und Schautafeln zum früheren Handel zwischen Sohar und China. Den Höhepunkt der Besichtigung bildet das Flachdach, von dem aus man über die weißen Häuser von Sohar und die wogenden grünen Wipfel der Palmengärten bis zu den roten Hajar-Bergen blickt, während sich in entgegengesetzter Richtung das Blau des Golfs von Oman erstreckt.

Die Freude am Spiel ist auch unter omanischen Männern weit verbreitet

i Praktische Hinweise

Hotel

****Sohar Beach Hotel**, Tel. 26841111, Fax 26843766, www.soharbeach.com. Angenehmes Strandhotel, halbkreisförmig im Stil eines traditionellen Forts erbaut. 44 großzügige, individuell eingerichtete Zimmer mit ansprechenden Details wie Buntglasfenstern oder holzgeschnitzten Ziergittern. Restaurantterrasse zu Garten und Pool hin.

27 Musandam

Felsen und Fjorde dominieren die nördlichste Provinz des Omans.

Die Provinz Musandam nimmt die felsig-zerklüftete Nordostspitze der arabischen Halbinsel ein und hat keine Landverbindung zum restlichen Oman. Die **Exklave** grenzt im Süden ausschließlich an die Vereinigten Arabischen Emirate. Umso inniger ist der Kontakt mit dem Meer: Einerseits streckt Musandam seine Landfinger in Form von kahlen, schroff abfallenden Gebirgszügen in die Straße von Hormuz aus, im Gegenzug greifen vielfach verzweigte **Fjorde**, hier **Khors** genannt, weit in das felsige Landesinnere hinein. Überall stehen die tiefblauen Wasser in einem aparten Kontrast zu den von Sandfarben über Ocker- und Braun bis zu tiefem Rostrot changierenden Gesteinsschichten.

Zu Recht brachte diese eindrucksvolle Fjordlandschaft Musandam den Beinamen **›Norwegen Arabiens‹** ein, auf arabisch heißt sie Ruus al-Jebel, ›Land der Berge‹. Seit jeher pflegt man hier gute Beziehungen zum nur 50 km entfernten Iran. Doch während früher Kaufleute für den wechselseitigen Warenaustausch sorgten, sind es heute **Schmuggler**, die im Morgengrauen in kleinen Schnellbooten Ziegen bringen und abends mit Elektrogeräten und Zigaretten wieder über die Straße von Hormuz zurückkehren.

Kulturell haben sich in der eher unzugänglichen Region einige Besonderheiten entwickelt, von denen eine der **Jerz** ist, die sog. ›Musandam-Axt‹, die nur hier hergestellt und benutzt wird. Das etwa 1 m lange pickelähnliche Gerät mit dem maximal 10 cm langen Axtkopf kann als Gehstock, als Werkzeug oder als Waffe benutzt werden. Solche Vielseitigkeit ist in den abgelegenen Fischerdörfern Musandams wichtig, die wegen des ungangbaren felsigen Landesinneren bis heute nur mit dem Boot erreichbar sind. **Kumzar**, der nördlichste Ort des Oman, ist ein solches Dorf. In dessen Abgeschiedenheit entwickelten seine Bewohner sogar einen eigenen Dialekt, das *Kumzari*, eine Mischung aus Arabisch und Farsi (Persisch), mit Einflüssen von Hindi, Baluchistani, Portugiesisch und Englisch.

Da viele Seeleute auf den Dhaus und größeren Fischerbooten am Hafen von **Khasab** aus dieser Region stammen, ist ihre Heimatsprache in der Provinzhauptstadt häufig zu hören. Das Städtchen auf einem schmalen Küstenstreifen im Norden selbst besteht aus unscheinbaren Wohnhäusern und Gärten, zwei kleinen Märkten und einer Schule mit Internat. Um Platz für die wegen der Nähe zu Dubai in den letzten Jahren in immer größeren Zahlen eintreffenden Touristen zu schaffen, wird im alten Hafenbecken gerade Land aufgeschüttet. Deshalb liegt auch **Khasab Fort** (Sa–Do 9–16, Fr 8–11 Uhr) heute nicht mehr wie einst am Wasser, sondern etwas im Landesinneren. In der gedrungen wirkenden Viereckfestung, deren Ecktürme die Umfassungsmauer nur geringfügig überragen, hat-

Angenehme Pflicht – Dhaufahrten durch die beeindruckende Fjordlandschaft Musandams sind bei einem Besuch im Norden des Oman ein Muss für jeden Urlauber

Zu einer gewissen Berühmtheit hat es der Schmuggelmarkt nahe dem Hafen von Khasab gebracht, auf dem frühmorgens Ziegen aus dem Iran gegen Elektrogeräte getauscht werden

ten sich die Portugiesen verschanzt, bis sie 1644 omanischen Truppen weichen mussten. Heute beherbergt das renovierte Fort ein kleines, aber mit Stolz bestücktes Heimat- und Geschichtsmuseum.

Musandams eigentliche Attraktion aber ist zweifellos seine großartige **Natur**. Gerade ihrer Kargheit wegen lohnt sich die Erkundung des felsigen Landesinneren. Erfahrene **Bergwanderer** und **-kletterer** finden hier ein – allerdings weder markiertes noch gesichertes – Paradies, um dessen Erschließung sich Khasab Tours (s. u.) bemüht. Ein lohnendes Ziel ist etwa der Felssturz beim Dorf **Tawi**, auf dessen wild durcheinandergeworfenen Blöcken man vielfach sehr gut erhaltene prähistorische *Felszeichnungen* und *-ritzungen* bestaunen kann: Kamele, Sonnenräder und ein Boot.

Einfacher ist es, mit dem 4x4 in die Berge zu fahren, am besten vertraut man sich einem routinierten Führer an. Der bringt den Gast dann sicher durch die wild-bizarre Bergwelt. Empfehlenswert ist ein Ausflug auf den 2087 m hohen **Jebel Harim** (Berg der Frauen), dessen eigentlicher Gipfel jedoch militärisches Sperrgebiet ist. Der Weg führt über das geradezu liebliche **Sayh Plateau**, eine gipfelumstandene Hochebene mit fruchtbaren Feldern und ausreichend Weide für frei laufende Ziegen und Esel. Auch das **Wadi Sal al A'la** an der Ostküste lohnt einen Abstecher. Sein Ende bildet ein weites Rund, in dem Dutzende dicht belaubter Schirmakazien und Weißdorn stehen. In ihrem Schatten machen Menschen wie Ziegen gern Picknick. Unbedingt sollte man von hier aus zum nahen Aussichtpunkt über dem **Khor Najd** fahren. Zwar führt eine abenteuerlich gewundene Serpentinenpiste hinab an sein Ufer, doch ist der Anblick des tiefblauen Wasserarms, der von bizarr gezackten Bergen gerahmt wird, aus luftiger Höhe von 1800 m unübertrefflich.

Gelegenheit, einen oder mehrere der Fjorde aus der Nähe zu inspizieren, hat man bei einer der hier geradezu obligatorischen **Dhaufahrten**, die etwa in den 20 km langen **Khor Sham** führen. Ein Höhepunkt wartet bereits am Anfang eines solchen Tagesausfluges, wenn die Bootsführer am Eingang des Fjordes *Delphine* ›herbeipfeifen‹, die dann auch meist auftauchen, das Boot mit übermütigen Luftsprüngen umkreisen oder es ein Stück des Weges begleiten. Weiter führt die beschauliche Fahrt vorbei an gewaltigen *Felswänden*, die aus unzähligen verschiedenfarbigen Gesteinsschichten bestehen. Vor Tausenden von Jahren haben die Urkräfte der Erde sie aufgeworfen, heute verlaufen die Lagen oft schräg ins Wasser. Besonders spektakulär wird der Anblick bei Sonnenauf- oder -untergang, wenn das Licht den Fjordwänden wahre Farbsinfonien in

Umbra, Orange und Zinnober entlockt. Das Boot passiert abgelegene *Fischerdörfer* wie Qanaha oder Maqlab und einsame Felsinseln, die in einem Fall bereits Eingang in die Geschichte gefunden haben: Das vollkommen öde *Jazirat al-Maqlab* verdankt seine englische Bezeichnung *Telegraph Island* der kurzzeitigen Stationierung eines britischen Bautrupps, der im Jahr 1865 das Unterseekabel zwischen Karatschi und London verlegte. Das Originalkabel soll noch heute auf dem Boden des Khor zu sehen sein, ein guter Anlass für einen Bade- und Schnorchelstopp. So artenreich und bunt die Unterwasserwelt sich hier auch gibt, bei **Seebi Island** nahe dem Ende des Fjords ist sie sogar noch schöner. Die Sichtweite in dem ruhigen Gewässer beträgt bis zu 20 m, auch nach den bunten Fischschwärmen muss man nicht lange spähen. Die erstaunliche Artenvielfalt beinhaltet zum Beispiel Polypen, Nudibranch, Sergeant Major, Dascyllus, Anemonenfisch, Tang Grouper – um nur einige zu nennen. Vorsicht übrigens vor den stellenweise sehr zahlreichen Seeigeln.

TOP TIPP

Außerhalb der Fjorde hat man weitere Auswahl an **Tauchplätzen**, die aber wegen der oft starken Strömungen und des Gezeitensogs nur etwas für erfahrene Sportler sind. Hier gibt es Korallengärten, Wracks, Steilwände und Kanäle, in denen man Seeschildkröten, Rochen, Riff- und Walhaien begegnen kann, aber auch Skorpion-, Squirrel- und Löwenfischen. In den Wintermonaten hat man weiter draußen sogar die Chance auf einen Blau-, Buckel- oder Minkwal.

Schon in prähistorischer Zeit wurden die Felszeichnungen von Tawi geschaffen

Delphine sind gern gesehene Begleiter bei Dhaufahrten entlang der Küste

Praktische Hinweise

Sport und Freizeit

Extra Divers, am Strand des Golden Tulip Hotels, Khasab, Tel. 26 73 05 01, Mobil 99 87 79 57, Fax 26 73 05 01, www.ulimewes.com. Einziges Dive Centre in der Region, deutsche Leitung. PADI-Kurse für Kinder wie für Assistant Instructors. Für Anfänger und ›Schnuppertaucher‹ gibt es ein ›Hausriff‹ in unmittelbarer Nähe. Täglich 2-Tank-Tauchgänge, Nacht-, Wrack-, Strömungstauchen – alles möglich.

Khasab Travel & Tours, Khasab, Tel./Fax 26 73 04 64, (Tel. 04/266 99 50 Dubai, VAE), www.khasab-tours.com. Das komplette Ausflugsprogramm aus erfahrener Hand: Fjorde, Berge, Dörfer. Im Winterhalbjahr deutsche Vertretung im Golden Tulip Hotel. Gute Adresse für Bergtouren.

Hotel

******Golden Tulip Resort**, Khasab, Tel. 26 73 07 77, Fax 26 73 08 88, www.goldentulipkhasab.com. Erstes Haus am Platze, etwas außerhalb Khasabs malerisch auf einer ansteigenden Klippe gelegen. Alle 45 Zimmer, zwölf Chalets und drei Suiten liegen zum blauen Meer und zum Sonnenaufgang hin. Restaurant im Haus, neben dem kleinen aufgeschütteten Sandstrand steht eine Tauchbasis zur Verfügung (s. o.).

NET TOURS

Dubai, Vereinigte Arabische Emirate (VAE) und Oman aktuell A bis Z

Vor Reiseantritt

ADAC Info-Service:
Tel. 018 05/10 11 12
Fax 018 05/30 29 28
(0,12 €/Min.)

ADAC im Internet:
www.adac.de
www.adac.de/reisefuehrer

Vereinigte Arabische Emirate im Internet:
www.vae-botschaft.de
www.uaeinteract.com

Oman im Internet:
www.omantourism.gov.om
www.nizwa.net

Allgemeine Informationen

Tourismusämter

Deutschland

Abu Dhabi Tourism Authority, c/o Aviareps Mangum, Sonnenstr. 9, 80331 München, Tel. 089/236 62 18 32, abudhabi@mangum.de (auch für A und CH)

Dubai Department of Tourism and Commerce Marketing (DTCM), Bockenheimer Landstr. 23, 60325 Frankfurt/Main, Tel. 069/71 00 02-0, Fax 069/71 00 02-34, www.dubaitourism.ae

Sultanate of Oman, Ministry of Tourism, c/o Interface International, Petersburger Str. 94, 10247 Berlin, Tel. 030/42 08 80 12, Fax 030/42 25 62 86

Informationen auch bei:
Botschaft der Vereinigten Arabischen Emirate, Hiroshimastr. 18–20, 10787 Berlin, Tel. 0 30/51 65 16, Fax 0 30/51 65 19 00, berlin@uae-embassy.de

Botschaft Oman, Clayallee 82, 14195 Berlin, Tel. 030/810 05 00, Fax 030/81 05 51 99, botschaft-oman@t-online.de

Schweiz

DTCM, Schaffhauserstr. 121, 8302 Kloten, Tel. 043/225 44 44, Fax 043/255 44 45, dtcm_ch@dubaitourism.co.ae (auch für *Österreich* zuständig)

Generalkonsulat von Oman, Chemin de Roilbot 3a, 1292 Chambésy, Tel. 022/758 96 60, Fax 022/758 96 66

Österreich

Botschaft der Vereinigten Arabischen Emirate, Peter-Jordan-Str. 66, 1190 Wien, Tel. 01/368 14 55, Fax 01/368 44 85

Botschaft von Oman, Währinger Str. 2–4, 1090 Wien, Tel. 01/310 86 43, Fax 01/310 72 68, embassy.oman@chello.at

Reisedokumente

Für die Einreise in die VAE sowie den Oman wird ein mind. 6 Monate gültiger Reisepass benötigt. Kinder benötigen einen eigenen Reisepass oder einen Eintrag im Reisepass der Eltern. Deutsche, Österreicher und Schweizer erhalten das nötige Visum bei der Einreise. Für die VAE ist dieses ›Visa on Arrival‹ kostenlos, der Oman erhebt eine geringe Gebühr.

Kfz-Papiere

Für das Anmieten von Fahrzeugen in den VAE und im Oman ist sowohl der nationale als auch ein internationaler Führerschein erforderlich, auch wenn der Wagen bereits von Europa aus gebucht wurde. Die Kaution wird als Kreditkarten-Deposit hinterlegt.

Wer vorhat, mit dem Mietwagen von den VAE in den Oman oder umgekehrt zu fahren, muss beim Anmieten darauf hinweisen und eine entsprechende Versicherung abschließen. Einreise oder Durchfahrt durch Enklaven wie um Hatta oder

◁ *Arabische Ansichten:*
Oben: *Ruhe vor dem Sturm – Rennkamele sammeln ihre Kräfte am Race Court von Dubai*
Mitte: *Auf einer Privatinsel vor Jumeirah erhebt sich das Luxushotel Burj al-Arab*
Unten: *Die Eroberung der Wüste ist heute einfacher als zu Zeiten Lawrence von Arabiens oder Wilfred Thesigers*

Zwillingsstädte wie Al Ain/Buraimi oder Dibba sind ohne bürokratischen Aufwand möglich. Die eigentlichen Grenzposten können 20 km und mehr voneinander entfernt liegen. Daher ist beim Grenzübertritt darauf zu achten, sich einen Ausreisevermerk in den Pass stempeln zu lassen. Andernfalls muss man den ganzen Weg zurückfahren, um sich den nötigen Stempel zu holen.

Geld

Gesetzliches Zahlungsmittel ist in den *VAE* der Dirham (Dh), unterteilt in 100 Fils. Es gibt Scheine zu 5, 10, 20, 50, 100, 200, 500 und 1000 Dh sowie Münzen zu 1 Dh und zu 1, 5, 10, 25 und 50 Fils. Die drei kleinen Werte werden jedoch wenig benutzt.

Im *Oman* zahlt man mit Omani Rial (R), ein Rial entspricht 1000 Baisa. Scheine werden zu 1, 5, 10, 20 und 50 R sowie zu 100 und 200 Baisa ausgegeben, Münzen gibt es im Wert von 25, 50 und 100 Baisa. Die ebenfalls geprägten 2-, 5- und 10-Baisa-Münzen sind kaum in Umlauf.

Ein- und Ausfuhr von Landes- und Fremdwährung sind in beiden Staaten unbeschränkt möglich.

An den **Geldautomaten** der Nationalbanken des jeweiligen Emirats (z. B. Abu Dhabi United National Bank, National Bank of Dubai) sowie vieler internationaler Bankniederlassungen (z. B. Citi Bank, American Express Bank) kann man in den VAE mit der **Maestro-Karte** Bargeld abheben. Sowohl in den VAE als auch im Oman sind Abhebungen mit international üblichen **Kreditkarten** (VISA, Mastercard, etc.) in jeder größeren Stadt problemlos möglich. Kreditkarten werden zudem in den meisten Hotels und in zahlreichen größeren Geschäften akzeptiert.

Die jeweiligen Nationalbanken wechseln auch **Traveller Cheques**, allerdings nicht in jeder Dependance.

Der gute Ruf der österreichischen Kaiserin

Häufig führen Antiquitäten- und Silberläden im Oman in ihrem Sortiment einige der auch in Europa beliebten **Maria-Theresia-Taler**. Diese ab 1780 geprägten Silbermünzen mit dem Abbild der österreichischen Kaiserin Maria Theresia sind jedoch oft schon sehr abgegriffen, denn noch bis zur Währungsreform im Mai 1970 waren sie im Oman als reguläres Zahlungsmittel bei Privatgeschäften in Umlauf. Allerdings handelt es sich dabei meist um Nachdrucke, die z. B. die Bank von England noch bis 1960 herausgab – alle mit dem Prägeaufdruck 1780 versehen. In den Nahen Osten kamen die Maria-Theresia-Taler durch französische Soldaten, die damit während Napoleons Ägyptenfeldzug 1798 bezahlten. Daher sind sie auf der gesamten Arabischen Halbinsel auch als **Rial Fransi** bekannt.

Hund und Katze

Wer Haustiere in die VAE und in den Oman mitnehmen will, muss umfangreiche Impf- und Quarantänebestimmungen beachten. Genaue Informationen geben die jeweiligen Botschafen.

Zollbestimmungen

Bei der **Einreise** in die *VAE* dürfen neben persönlichen Gegenständen auch 2000 Zigaretten, 400 Zigarren oder 2 kg Tabak eingeführt werden, was von Europa aus nicht sinnvoll ist, da Tabakwaren vor Ort bedeutend günstiger sind. Nicht-Moslems dürfen, außer nach Sharjah, auch 2 l alkoholische Getränke mit sich führen. In den *Oman* dürfen nur Gegenstände des persönlichen Gebrauchs sowie max. eine Flasche Alkohol eingeführt werden.

Jeweils verboten ist die Mitnahme von frischen Lebensmitteln, insbesondere Schweinefleischprodukten, sowie von Zeitschriften mit freizügigem Inhalt, von Pornografie und Waffen (im Oman auch Spielzeugpistolen und Imitate). Videokassetten und Filme können vom Zoll eingezogen werden, um anstößige Stellen unkenntlich zu machen. Der Besitz und die Einfuhr von sowie der Handel mit (illegalen) Drogen wird strafrechtlich streng, d.h. eventuell mit der Todesstrafe, geahndet. **Wichtig:** Bei der Mitnahme von Schmerzmitteln und Psychopharmaka empfiehlt es sich, ein internat. ärztliches Attest mitzuführen, da einige dieser Medikamente im Oman als illegale Drogen angesehen werden.

Bei der **Ausreise** nach Europa darf jede volljährige Person ab 18 Jahren zollfrei mitführen: 200 Zigaretten, 100 Zigarren, 1 l Alkohol oder 250 ml Parfüm. Gegenstände des persönlichen Gebrauchs, die ggf. im aufgegebenen Reisegepäck verstaut sind, sind ebenfalls zollfrei. Zu beachten ist jedoch die EU-weite Einfuhrgrenze für zollfreie Waren in Höhe von 175 €.

Schon vor einem Kauf sollte man bedenken, dass bestimmte Muscheln wie das Tritonshorn oder andere ›tierische Souvenirs‹ gemäß dem *Washingtoner Artenschutzgesetz* nicht nach Europa eingeführt werden dürfen.

Tourismusämter im Land

Die Tourismusämter kümmern sich in erster Linie um die internationale Vermarktung ihrer Heimatemirate, die Betreuung von Touristen vor Ort wird gern Hotels und Touranbietern überlassen. Gewisse Ausnahmen bilden Al Ain und Dubai, die Informationsbüros unterhalten, in denen man etwa Broschüren oder einfache Stadtpläne erhält. Ihre Adressen sind ebenso wie die Kontaktdaten der staatlichen Tourismusabteilungen im Hauptteil unter Praktische Hinweise aufgeführt.

Notrufnummern

ADAC Notrufzentrale München:
Tel. 00 49/89/22 22 22 (rund um die Uhr)

ADAC Ambulanz-Service München:
Tel. 00 49/89/76 76 76

Österreichischer Automobil Motorrad und Touring Club

ÖAMTC Schutzbrief-Nothilfe:
Tel. 00 43/(0)1/251 20 00

Touring Club Schweiz

TCS Zentrale Hilfsstelle:
Tel. 00 41/(0)224 17 22 20

Vereinigte Arabische Emirate

Polizei, Ambulanz, Feuerwehr: Tel. 999

Oman

Polizei, Ambulanz, Feuerwehr: Tel. 99 99

Diplomatische Vertretungen

Vereinigte Arabische Emirate

Botschaft der Bundesrepublik Deutschland, Towers at the Trade Center, West Tower 14 F, Abu Dhabi Mall, Abu Dhabi City, Tel. 02/644 66 93, Fax 02/644 69 42, www.abu-dhabi.diplo.de. In dringenden Notfällen Tel. 50-621 62 91.

Deutsches Generalkonsulat, Khalid bin al-Waleed Road, New Sharaf Building (Dubai Islamic Bank Bldg., nahe Bur Juman Shopping Mall), Bur Dubai, Dubai City, Tel. 04/397 23 33, Fax 04/397 22 25, www.dubai-diplo.de

Botschaft der Republik Österreich, AL Khazna Tower, Abu Dhabi City, Tel. 02/676 66 11, Fax 02/671 55 51, abu-dhabi-ob@bmaa.gv.at

Botschaft der Schweizerischen Eid genossenschaft, Hamdan Street, Dhabi Tower (nahe Zakher Hotel), Abu Dhabi City, Tel. 02/627 46 36, Fax 02/626 96 27, vertretung@adh.rep.admin.ch

Schweizer Generalkonsulat, World Trade Center, Dubai City, Tel. 04/329 09 99, Fax 04/331 36 79, vertretung@dai.rep.admin.ch

Oman

Botschaft der Bundesrepublik Deutschland, P.O.Box 128, (nahe Al-Nahda Hospital, Al-Hamriyah-Roundabout), Maskat, Tel. 24 83 24 82, Fax 24 83 56 90, diplofrg@omantel.net.com

Botschaft der Republik Österreich, Moosaa Abdul Rahman Hassan Complex, Building No. 477, Way 3109, Maskat, Tel. 24 79 31 35, Fax 24 78 35 48, maskat-ob@bmaa.gv.at

Generalkonsulat der Schweiz, Al-Asfoor Plaza Building, Apt. 104, Al-Qurm, Maskat, Tel. 24 56 82 05, Fax 24 56 82 06, consulch@omantel.net.com

Besondere Verkehrsbestimmungen

Sowohl in den VAE als auch im Oman herrscht **Rechtsverkehr**, der im Prinzip genauso geregelt ist wie in Europa. **Höchstgeschwindigkeit** innerhalb von Städten: 60 km/h, auf Landstraßen und Autobahnen 100 bzw. 120 km/h (Schilder beachten!). Zahlreiche Radarkontrollen mit unterschiedlicher Toleranz.

Vor allem in den VAE, deren Straßen meist sehr gut ausgebaut sind, wird gern ein schneller und rücksichtsloser **Fahrstil** gepflegt. Hier empfiehlt sich besondere Wachsamkeit. Auf Überlandfahrten und in Dörfern muss man damit rechnen, dass überraschend **Ziegen** oder **Kamele** die Straße kreuzen.

Bei **Verkehrsunfällen** – und seien sie auch noch so geringfügig – müssen alle Beteiligten auf das Eintreffen der Polizei warten; die Fahrzeuge dürfen in der Zwischenzeit nicht bewegt werden.

Für Fahrten in der **Wüste** und auf **weichem Sand** gelten besondere Vorsichtsmaßnahmen, welche die jeweiligen Tou-

Vorsicht, Wüstenschiffe kreuzen! Noch haben 4x4-Wagen die Kamele nicht ganz verdrängt

renanbieter oder Autovermieter vor Ort gern erläutern. Sachgemäße Ausstattung sowie ausreichend Wasser und Treibstoff sollten selbstverständlich sein.

Telefonieren beim Fahren ist strafbar.

Vor allem in den Innenstädten gibt es zahlreiche **Rondelle**, sog. *Roundabouts* (R/A), meist mindestens zweispurig. Dadurch kommt es innerhalb der Rondelle oft zu gewagten Spurwechseln, hier ist erhöhte Vorsicht geboten!

Da Alkoholkonsum in den muslimischen Ländern nur toleriert wird, gelten hinsichtlich Alkohol am Steuer strenge Vorschriften, die unbedingt eingehalten werden sollten. **Promillegrenze: 0**.

Gesundheit

Es sind keine besonderen Vorkehrungen zu treffen. Sicherheitshalber empfehlen sich rechtzeitig vor Reiseantritt eventuell anstehende Auffrischimpfungen gegen Tetanus und Polio, eine gut sortierte Reiseapotheke sollte Sonnenschutzcremes mit hohen Lichtschutzfaktoren sowie Durchfallmittel enthalten.

In **Notfällen** wird man in den exzellent ausgestatteten Krankenhäusern gut versorgt, die meisten Ärzte sprechen Englisch. Anfallende Kosten müssen ausländische Patienten freilich sofort bezahlen, der Abschluss einer umfassenden **Auslandskrankenversicherung** mit eventuellem Rücktransport ist also anzuraten.

Krankenhäuser

Vereinigte Arabische Emirate

Al Noor Hospital, Abu Dhabi City, Tel. 02/626 52 65

Abu Dhabi Hospital, Abu Dhabi City, Tel. 02/621 46 66

Rashid Hospital, Dubai City, Tel. 04/219 20 00

Al Maktoum Hospital, Dubai City, Tel. 04/219 66 66

Al Qasimi Hospital, Sharjah City, Tel. 06/538 64 44

Saqr Hospital, Ras al-Khaimah City, Tel. 07/222 36 66

Al Fujairah Hospital, Fujairah Ctiy, Tel. 09/224 29 99

Dibba Fujairah Hospital, Dibba, Tel. 09/244 66 66

Oman

Royal Hospital, Emergency Service, Capital Area, Maskat, Tel. 24 59 28 88

Elektrizität

Wechselstrom 220/240 V, 50 Hz. Viele Steckdosen passen nur für Dreikontaktstecker. Da nicht alle Hotels Adapter zur Verfügung stellen, empfiehlt sich die Mitnahme eines eigenen Adapters.

Zeit

MEZ + 3 Stunden, während der europäischen Sommerzeit MEZ + 2 Stunden.

Anreise

Flugzeug

Vereinigte Arabische Emirate

Die nationalen Fluglinien **Ethihad** (Abu Dhabi) und **Gulf Air** (Dubai) sowie zahlreiche internationale Gesellschaften fliegen Abu Dhabi City und Dubai City regelmäßig von Europa aus an (z.B. ab Frankfurt, München oder Genf). Nahezu jede größere Stadt verfügt über einen **Internationalen Flughafen**, von weltweiter Bedeutung sind jedoch in erster Linie die von Abu Dhabi City und Dubai City. Beide genießen einen ausgezeichneten Ruf als zollfreie **Einkaufsparadiese**. Ein weiterer Ausbau ist geplant, was auch den bereits bemerkenswert großen Shopping- und Duty Free-Bereichen zugute kommen soll.

Abu Dhabi International Airport (AUH), 37 km nördlich der Stadt, Tel. 02/5757500, www.dcaauh.gov.ae. Die Zahl der derzeit rund 5 Mio. Passagiere pro Jahr soll sich bis 2010 auf 20 Mio. erhöhen. Für die Weiterfahrt in die Innenstadt stehen vor dem Flughafengebäude Taxis (z.B. von Al-Ghazal; Festpreise) bereit.

Interessant für den Rückflug: Der *City Terminal Check In* (nahe Abu Dhabi Mall) bietet Gepäckabgabe und Boarding Card stressfrei bis zu 24 Std. vor der Abreise, Tel. 02/6445599.

Dubai International Airport (DBX), 4 km von Zentrum entfernt, am Rande von Deira, Tel. 04/2162525 (Department of Civil Aviation), www.dubaiairport.com. Der bereits begonnene Ausbau des innenstadtnahen Flughafens soll die Passagierkapazität von derzeit 21,7 Mio. auf 60 Mio. im Jahr 2010 erhöhen. Nach der Ankunft kommt man am einfachsten mit einem der zahlreich vorhandenen Taxis zu seinem Zielort in Dubai, wenn kein Transfer oder Mietwagen arrangiert wurde.

Derzeit plant Dubai den Bau eines zweiten Flughafens bei Jebel Ali, der mit einer avisierten Passagierzahl von 120 Mio. pro Jahr der größte der Welt werden soll.

Weitere Internationale Flughäfen in VAE

Al Ain (AAN), www.alain-airport.gov.ae

Fujairah (FJR), www.fujairah-airport.com

Ras al-Khaimah (RKT), www.rakairport.com

Sharjah (SHJ), www.shj-airport.gov.ae

Oman

Von Europa aus fliegen Lufthansa, British Airways und Swiss Airlines den Internationalen Flughafen der Landeshauptstadt Maskat direkt an. Die nationale Fluglinie **Oman Air** unterhält ebenso Verbindungen nach Europa wie Kuwait Airways und andere Fluggesellschaften aus der Region.

Seeb International Airport (MCT), ca. 40 km westlich von Maskat, Tel. 24519809 (Information Office), www.omanairports.com. Im Flughafengebäude gibt es Schalter einiger namhafter Mietwagenfirmen, ansonsten stehen für den Transport reichlich Taxis zur Verfügung. Das Entgelt muss vor Fahrtantritt vereinbart werden, die Fahrer verlangen z.T. erkleckliche ›Festpreise‹.

Khasab Airport (KHS), Tel. 26731592
Fax 26730364

Bank, Post, Telefon

Bank

Vereinigte Arabische Emirate

In Abu Dhabi, Dubai und Ajman sind sowohl die nationalen als auch die meisten internationalen Banken vertreten und auch in den Hauptstädten der anderen Emirate finden sich ausreichend Bankniederlassungen. Sehr weit verbreitet sind **Geldautomaten** (Automatic teller machines, ATM), an denen man bei entsprechendem Hinweis auch mit der Maestro Card Geld abheben kann. Wer mit seiner Kreditkarte Bargeld zieht, muss mit erheblichen Gebühren rechnen.

Öffnungszeiten: Sa–Mi 8–13, Do 8–11 Uhr. Einige Filialen öffnen auch Sa–Mi 16–18.30 Uhr.

Oman

Bank Muscat und National Bank of Oman sind in allen größeren Städten vertreten, Niederlassungen internationaler Banken findet man in erster Linie in Maskat. **Achtung:** Im Oman kann man mit der Maestro Card kein Bargeld abheben.

Öffnungszeiten: Sa–Mi 8–12,
Do 8–11.30 Uhr

Post

Vereinigte Arabische Emirate

In Abu Dhabi befindet sich die **Hauptpost** nahe des Madinat Zayed Shopping Center, man kann Post aber auch an der Hotelrezeption abgeben. Brief- und Paketbeförderung funktionieren i. d. R. einwandfrei, vor allem während des Ramadan kann es zu Verzögerungen kommen.

Öffnungszeiten: meist Sa–Mi 8–12 und 16–18, Do 8–11.30 Uhr. Die Schalterstunden variieren jedoch je nach Postamt erheblich. Weit verbreitet sind auch die privaten *Postal Agencies*.

Oman

Postämter sind in allen größeren Orten vorhanden, die Öffnungszeiten variieren jedoch, meist Sa–Do vormittags und Sa–Mi am späten Nachmittag.

Telefon

Internationale Vorwahlen:
VAE 00971
Oman 00968
Deutschland 0049
Österreich 0043
Schweiz 0041

Nationale Vorwahlen: Abu Dhabi 02, Al Ain 03, Dubai 04, Sharjah, Ajman, Umm al-Qwain 06, Ras al-Khaimah 07, Fujairah, Khor Fakkan, Dibba 09, Mobil 050

Sowohl in den VAE als auch im Oman sind **Mobiltelefone** weit verbreitet. In den Küstenregionen ist der Empfang ausgezeichnet, was man von den oft unzugänglichen Bergregionen nicht durchweg behaupten kann. Die Benutzung handelsüblicher GSM-Mobiltelefone ist problemlos möglich. Vor Ort telefoniert man mit sog. Pre-Paid-Karten günstiger.

Einkaufen

Auf den traditionellen Märkten und in den unzähligen modernen Einkaufszentren der Emirate findet man so ziemlich alles, was die bunte Warenwelt weltweit zu bieten hat. In den VAE werden auf die meisten Waren weder bei der Einfuhr noch beim Verkauf **Steuern** erhoben, sodass die Preise im Vergleich zu den europäischen oft sehr günstig sind (Ausnahme: Alkohol). Andererseits sollte man gerade bei teuren Stücken in etwa wissen, was diese zuhause kosten, denn nicht jedes angepriesene Sonderangebot ist auch wirklich eines.

Was für eine Auswahl! Im Souk von Maskat ist das Warenangebot schier grenzenlos

Die unbestreitbare Spitzenposition als **Einkaufsparadies par excellence** nimmt Dubai ein, hier bricht die schiere Zahl der Souks und Malls alle Rekorde, es gibt fast keinen Straßenzug, in dem nicht Sonderangebote, Promotion und Prozente locken. Diese Goldgräberstimmung erreicht jedes Jahr in den Monaten Dezember bis Februar ihren Höhepunkt, wenn während des **Dubai Shopping Festival** (DSF, www.mydsf.ae) die meisten Preise um bis zu 70 % reduziert werden.

In den Emiraten wie im Oman gehört stets ein nettes **Gespräch über den Preis** zum Einkaufen. In den Souks sowieso, meist kann man aber auch in den Geschäften der Malls über den Preis verhandeln. Freilich darf der Kunde dort keine exorbitanten Nachlässe erwarten, ein Entgegenkommen oder Abrunden ist dagegen in aller Regel möglich.

Besonders beliebte Mitbringsel sind **Parfüm** und **Goldschmuck**, aber auch **Kleidung** internationaler Modedesigner kann man günstig erstehen. Hat der Gast einige Tage Zeit, kann er oder sie auch einen der zahlreichen indischen Schneider beauftragen, nach eigenen Vorgaben ein gutes Stück **maßzuschneidern**. Seide, Kaschmir oder andere edle Stoffe stehen dafür reichlich zur Auswahl. Dasselbe gilt für **Teppiche**, die aus dem nahen Iran und Irak importiert werden. Bei Kaufinteresse muss man jedoch bedenken, dass je nach Kaufpreis bei der Rückkehr ins Heimatland evtl. Zoll [s. S. 122] anfällt. An landestypischen Gegenständen werden gern **Schnabelkannen** mitsamt den zugehörigen kleinen henkellosen Kaffeetassen und **Shishas** (Wasserpfeifen) erstanden. Der *Oman* ist für seinen oft auffälligen **Silberschmuck** berühmt. Auch **Weihrauch** wird hier in seinem Ursprungsland gern gekauft, ebenso **Gewürze**, insbesondere einige Fäden von echtem **Safran**. Ein besonders schönes Andenken ist ein mit Silberdraht kunstvoll verzierter **Khandjar**, wie die typischen Krummdolche genannt werden. Ein echtes Stück, vielleicht sogar mit Bernsteingriff, ist freilich nicht billig. Günstiger sind da schon die bereits erwähnten **Maria-Theresia-Taler** [s. S. 122] die ebenfalls ein hübsches Souvenir mit bleibendem Wert abgeben.

Immer auf dem Teppich bleiben - die Mahlzeiten werden traditionell im Sitzen eingenommen

Arabische Gaumenfreuden

Um **arabische Küche** zu kosten, wählt man am besten libanesische Restaurants, denn Lokale, die sich auf landes- oder regionaltypische Küche spezialisiert haben, sind selten. Die Speisen ähneln sich jedoch sehr, gegessen wird traditionellerweise mit der *rechten Hand*. Vorab kommt stets eine große Platte nicht angemachter Salat und Gemüse auf den Tisch, Mineralwasser ist ebenfalls meist im Menü enthalten: Als **Vorspeise** (*Mezze*) bieten sich *Mutabel*, Auberginenmus, oder *Houmus* an, Kichererbsenmus mit Gewürzen und Olivenöl. Knusprig-heiße *Falafel* oder *Tabouleh*, der arabische Salat (mit geröstetem Weißbrot heißt er *Fattush*), leiten dann zu den **Hauptgerichten** über, bei denen Variationen von und mit Hühner- und Hammelfleisch dominieren. *Shawarma* ist die hiesige Version des türkischen Döners, Fleischspieße heißen *Shish Kebab*, sind sie mit mariniertem Huhn bestückt, nennt man sie *Shish Tawouk*. Mit *Machbous*, einem Lammeintopf, liegt man ebenfalls immer richtig und auch *Foul*, ein Eintopf auf Bohnenbasis mit wechselnden weiteren Zutaten, ist sehr beliebt. Entlang der Küste wird häufig auch Fisch serviert, meist gegrillter *Hammour*, eine Art von Zackenbarsch. *Calamares*, Tintenfischringe, und *Samak Narjeel*, Fisch in Kokossoße, findet man ebenfalls oft auf den Speisekarten. Vegetarier kommen mit spinat- oder käsegefüllten *Borek* (Blätterteigtaschen) oder einem der zahlreichen Reisgerichte mit Gemüse auf ihre Kosten.

Als **Desserts** stehen z.B. honigsüße *Baklava* zur Verfügung, aber auch *Muhlabiya*, den süßen Reispudding mit Rosinen, sollte man probieren. Ein arabisches Essen endet stets mit einer Tasse Tee (*Schai*), der meist als *Schai Nana*, also mit einem Minzblatt, serviert wird, oder Kaffee (*Qahwa*), der oft mit Zimt gewürzt ist.

Essen und Trinken

Erstaunlicherweise gibt es in den gesamten Emiraten noch kein kulinarisches Festival, welches das vielfältige Angebot der hier ansässigen Restaurants aus aller Welt ins rechte Licht rücken würde. Speziell das multikulturelle Dubai mit seinen Bewohnern aus allen fünf Kontinenten hat in dieser Hinsicht Erstklassiges zu bieten. Hier kann man ebensogut arabisch essen wie marokkanisch, mongolisch, japanisch und – natürlich – indisch in allen Variationen. Zur Auswahl stehen aber auch amerikanische Steakhäuser, französische Gourmetrestaurants oder spanische Tapas-Bars, es gibt Knödel, Gulasch, Borscht und Kaviar, Froschschenkel, Sashimi, Mandarinfisch und Bacalhau, Schnitzel, Risotto, Kebab – kurz, alle Küchen dieser Welt scheinen hier vertreten. Viele der meist hervorragenden Restaurants sind in Hotels beheimatet, ausgewählte Adressen finden sich im Hauptteil unter Praktische Hinweise.

Trinkgeld wird nicht grundsätzlich erwartet, ist jedoch gern gesehen. In den meisten Hotels und Restaurants ist der Service bereits im Preis enthalten, doch für herausragende Qualität oder besondere Aufmerksamkeit kann man sich durchaus mit einem Trinkgeld in Höhe von 5–10 % des Rechnungsbetrages bedanken.

Feste und Feiern

Offizielle feste Feiertage: 1. Januar: Neujahr, 6. August: H. H. Sheikh Zayed Bin Sultan Al Nahyan's Accession Day, 2. Dezember: Nationalfeiertag.

Offizielle bewegliche Feiertage (nach dem islamischen Mondkalender): 1. Moharram (1. Februar 2006, 21. Januar 2007, 11. Januar 2008): *Islamisches Neujahr*; 12. Rabi ul-Awal (11. April 2006, 31. März 2007, 20. März 2008): *Mevlid* (Geburtstag des Propheten Mohammed); 27. Rajab (in den letzten 10 Tagen des Ramadan): *Lailat al Miraj* (Nacht der Macht); 1. Shawwal (23. Oktober 2006, 13. Oktober 2007, 1. Oktober 2008): *Eid Al-Fitri* (Fastenbrechen, 3 Tage lang); 9. Zul Hajjah (31. Dezember 2006, 20. Dezember 2007, 8. Dezember 2008): *Eid Al-Adha* (Opferfest, 4 Tage).

Der islamische Kalender ist ein zwölfmonatiger **Mondkalender**, daher je nach Mondphase zehn oder elf Tage kürzer als der gregorianische Sonnenkalender. So wandert er im Zeitraum von 32,5 Jahren einmal rückwärts vollständig durch den gregorianischen Kalender. Der einzelne Monat hat je nach den Mondphasen 29 oder 30 Tage. Schaltjahre werden nicht angewandt, da jeder Monat unmittelbar mit der Sichtung des neuen Mondes beginnt. Entsprechend können sich auch die oben genannten Festtage gegebenenfalls um einen Tag verschieben.

Der Rythmus des traditionellen Ayyalah-Stocktanzes wird von Trommeln vorgegeben

Die **islamischen Monate** heißen 1. Muharram, 2. Safar 3. Rabi'-ul-Awwal, 4. Rabi'-ul-Achir (oder: Rabi'-uth-Thani), 5. Dschumada al-Ula, 6. Dschumada al-Achira, 7. Radschab, 8. Scha'ban, 9. Ramadan, 10. Schawwal, 11. Zul Qa'da, 12. Zul Hajjah. Das **arabische Wochenende** hält sich an die islamischen Vorgaben und umfasst Donnerstag und Freitag. Samstag und Sonntag sind reguläre Werktage.

Eine Besonderheit ist der Muslimen heilige Fastenmonat **Ramadan**. Er wird nach dem Mondkalender bestimmt, d. h. sein Datum im Julianischen Kalender ist veränderlich. Während des etwa 26-tägigen Ramadan fasten gläubige Muslime von Sonnenauf- bis -untergang, d.h. sie nehmen weder Essen noch Trinken zu sich und verzichten auch auf das Rauchen. Kinder, Schwangere, alte und kranke Menschen sind von der Einhaltung dieser Gebote entbunden. Andersgläubige sind gehalten, das Fasten zu respektieren und in der Öffentlichkeit ebenfalls nicht zu essen, zu trinken oder zu rauchen. Obwohl das öffentliche Leben untertags während des Ramadan sehr zurückgefahren ist, finden sich doch stets einige Restaurants, hinter deren abgeklebten Scheiben man auch während der Fastenstunden etwas zu essen bekommt. Abends bzw. in der Nacht essen dann auch die Muslime, viele Restaurants unterbreiten dann besondere Ifthar-Angebote in traditionellen Zelten. Der Ramadan endet mit dem großen Fest **Eid al-Fitri**, das im Familienkreis mit einem großen Festessen, neuen Kleidern für die Kinder und Geschenken für Freunde und Verwandte gefeiert wird.

Ramadantermine nach der westlichen Zeitrechnung:

24. September–22. Oktober 2006,
13. September–11. Oktober 2007
1. September–29. September 2008

Wie am **Nationalfeiertag** begleiten auch den **Eid al-Fitri** öffentliche Festivitäten mit Musik und Tanz, dauern dann aber gleich mehrere Tage. In vielen Cultural Centres und Heritage Villages, aber auch in Parks und Herrscherpalästen kann man dann Darbietungen der überlieferten **Reihentänze** beobachten: Die traditionell weiß gekleideten Tänzer und die meist bunt geschmückten Tänzerinnen stehen nach Geschlechtern getrennt in einer Linie nebeneinander und bewegen sich zum eindringlichen Rhythmus der Trommeln immer einige Schritte vor und zurück. Ein bekannter Tanz der Beduinen ist etwa der *Ayyalah*, ein ehem. Kriegstanz, bei dem sich 20–200 mit Stöcken oder Schwertern bewaffnete Männer in zwei gegenüberliegenden Reihen bewegen. Klatschen und Trommeln bestimmen den Takt des schnellen *Liwa*, den ostafrikanische Sklaven auf die Arabische Halbinsel mitbrachten und der noch heute von Gesängen in Kiswahili begleitet wird. Die Frauen dagegen sind für ihren *Al-Nooban-* oder *Na'ashat-Haartanz* berühmt, bei dem die Mitwirkenden ihre langen Haare exzessiv im Kreis herumwirbeln. Manch einem aus dem Publikum wird da schon vom Zuschauen schwindelig.

Klima und Reisezeit

In den VAE und im Oman herrscht tropisches bis subtropisches Klima, d. h. es ist das ganze Jahr über heiß. Während im Landesinneren trockene Luft vorherrscht, ist es in den Küstenregionen entsprechend der hohen Luftfeuchtigkeit relativ schwül. Die omanische Hauptstadt Maskat ist einer der heißesten Orte der Erde, hier kann das Thermometer im Sommer leicht auf über 40 °C ansteigen. Im Winter fällt meist etwas Regen, an den Küsten ca. 100 mm, in den Bergen kann sich die jährliche Niederschlagsmenge auf bis zu 500 mm erhöhen.

Die beste **Reisezeit** ist November/Dezember, wenn sich die Tageshöchsttemperaturen an der Küste auf angenehme 25–28 °C einpendeln.

Klimadaten Dubai

Monat	Luft (°C) min./max.	Wasser (°C)	Sonnen- std./Tag	Regen- tage
Januar	15/21	22	8	1
Februar	16/22	21	8	1
März	18/25	23	8	2
April	21/30	25	10	1
Mai	26/35	27	11	–
Juni	28/40	30	11	–
Juli	29/44	31	10	–
August	30/42	32	10	–
September	26/37	31	10	–
Oktober	24/32	30	10	–
November	21/27	27	9	1
Dezember	16/23	25	9	1

Klimadaten Maskat

Monat	Luft (°C) min./max.	Wasser (°C)	Sonnen- std./Tag	Regen- tage
Januar	19/25	22	10	2
Februar	19/25	22	9	1
März	22/28	23	9	1
April	26/32	24	11	1
Mai	30/37	26	12	–
Juni	31/39	27	12	–
Juli	31/40	29	10	–
August	29/40	30	11	–
September	28/36	28	11	–
Oktober	27/34	26	11	–
November	23/30	25	10	1
Dezember	20/26	22	9	2

Kultur live

Kulturelle Highlights sind rar in den Emiraten. Im November treffen sich Musikfreunde in Abu Dhabi zum **Abu Dhabi Jazz Festival** im Beach Rotana Hotel. Das Dubaier Pendant dazu ist das **Dubai International Jazz Festival**, das an drei Tagen im Jan./Febr. in Dubai Media City stattfindet. Zwischen den beiden Musikevents hat das **Dubai Film Festival** (DFF, www.dubaifilmfest.com) seinen Platz gefunden, das im Dezember 2004 zum ersten Mal im Madinat Jumeirah veranstaltet wurde.

Vor allem in ländlichen Gebieten kann man abends oder am Wochenende öfter einmal einem **Spontankonzert** beiwohnen, das Jugendliche oder die Musiker eines Ortes mit der einsaitigen Rababa oder der gitarreähnlichen Tanubra geben. Den Takt bestimmt stets Al-Tanbol, die Trommel, begleitet von Dif (Tamburin) und rhythmischem Händeklatschen. Für westliche Ohren klingt die Musik manchmal eintönig und dengelnd, kann sich aber zu einem mitreißenden Stakkato steigern, bei dem kaum ein Zuhörer ruhig sitzen bleibt.

Nachtleben

Die Vereinigten Arabischen Emirate und der Oman sind islamische Länder, daher werden hier nicht an jeder Ecke ausschweifende Abendunterhaltung oder gar Trinkgelage angeboten – obwohl es beides gibt. Vor allem Dubai City bietet Diskotheken, Nachtclubs und Bars für jeden Geschmack.

Mit Ausnahme des Emirats Sharjah, in dem Alkoholverbot und eine etwas strengere Kleiderordnung gilt, können Gäste und Besucher der meisten mittleren und größeren Hotels das Abendessen im Restaurant durchaus mit einer gepflegten – und teuren – Flasche Wein genießen oder einige Stunden in legerer Pub-Atmosphäre verbringen. Empfehlenswerte Adressen sind im Hauptteil unter Praktische Hinweise genannt.

Die landestypischere Form der Abendgestaltung ist nach Sonnenuntergang ein Spaziergang mit Freunden, mehrere Spielchen *Backgammon* sowie ein angeregtes Gespräch bei einer Tasse Tee und einer oder mehreren Shisha-Pfeifen. Man raucht sie in Cafés und nach dem Essen in Restaurants. *Shisha-Rauchen* (oder ›Tabak trinken‹, wie es auf arabisch heißt) ist eine übliche und sehr geruhsame Abendbeschäftigung, auch für Touristen unbedingt zu empfehlen. Man sitzt, plaudert und genießt die zahllosen Geschmacks- bzw. Geruchsvarianten des hiesigen Tabakangebots von Apfel, Vanille und Pomeranze bis hin zu Rosenblüten.

Sport

Golf

Während der Golfsport im Oman so zu sagen noch in den Kinderschuhen steckt, gibt es in den Emiraten mehrere erstklassige 18-Loch-Plätze. Neben den *brown courses*, d.h. Sandgolfplätzen, entstanden in den letzten Jahren verstärkt *green courses*, Rasengolfplätze, die dank intensiver Bewässerung jedem internationalen Vergleich standhalten – es versteht sich, dass die Gebühren bei einem solch enormen Aufwand nicht billig sind. Für Mitglieder der United Arab Emirates Golfers' Association (UGA) gelten meist Sonderkonditionen. Die Adressen einzelner Clubs finden sich im Hauptteil unter Praktische Hinweise bei den jeweiligen Punkten.

Dubai verfügt über die meisten Plätze in den Emiraten. Hier werden seit 1990 auch jedes Jahr im März die **Dubai Desert Classic** (www.dubaidesertclassic.com) ausgetragen, die wegen der exorbitanten Preisgelder in Millionenhöhe hochkarätige Spieler aus aller Welt anzieht.

Die **Spitzengolfplätze** in Dubai sind unter Praktische Hinweise im Hauptteil aufgeführt. Weitere Auskünfte erteilt:

Dubai Golf Office, Tel. 04/380 19 19, Fax 04/380 20 11, www.dubaigolf.com

Kamelrennen

Kein nennenswerter Ort in den Emiraten kommt ohne Kamelrennbahn aus, ob Oase oder Emiratshauptstadt, überall findet man in der Umgebung einen mehrere Kilometer umfassenden ovalen **Camel Race Track**. Das deutet bereits darauf hin, wie begeistert die einheimischen Männer von Kamelrennen sind. Die Siegprämien sind beträchtlich und der Ruhm eines erfolgreichen Züchters ist vollends unbezahlbar.

Die Rennen finden an den Wochenenden im Winter meist frühmorgens statt, also Nov.–April Do/Fr 6–7 Uhr. Es ist schon ein Erlebnis, die hochbeinigen Renndromedare zu beobachten, die in flottem Trab um die Wette laufen. Oft begleiten die Besitzer ihre wertvollen Tiere beim Rennen – in Allradautos auf der Innenbahn. Aus Gewichtsgründen sind die meisten Jockeys Jugendliche, oft sogar noch Kinder, obwohl das per Gesetz seit einigen Jahren verboten ist.

Pferderennen und Reiten

Edle Rennpferde sind auf der gesamten arabischen Halbinsel eine Leidenschaft all jener, die es sich leisten können. Scheich Mohmmed bin Rashid al-Maktoum, der Kronprinz von Dubai, gehört zweifellos dazu. Er nimmt selbst an Wettkämpfen teil und unterhält neben der Pferderennbahn von Dubai einen berühmten Rennstall.

Schluss- und Höhepunkt der jährlichen Rennsaison (Nov.–März) ist Ende März der **Dubai World Cup** (www.dubaiworldcup.com). Bei Preisgeldern in Höhe von

In Dubais Hyatt Regency werden die Scheichs aufs Glatteis geführt

15 Mio. US-Dollar trifft sich hier alles, was in der internationalen Szene Rang und Namen hat. Etwas urtümlicher geht es bei den **Endurance Querfeldeinrennen** zu, die im Winterhalbjahr häufig stattfinden. Der Kurs führt in der Regel etwa 100 km durch die Wüste, wobei der Zustand von Pferden und Reitern in regelmäßigen Abständen überprüft wird.

Genaue Termine, Startlisten und weitere Auskünfte gibt es bei:

UAE Equestrian and Racing Federation, Abu Dhabi, Tel. 02/666 18 00, Fax 02/665 57 00, www.uaeequafed.ae

Reiter mit geringeren Ambitionen können Mitte Sept.–Mitte Juni einfach Reitstunden oder Ausritte in die Wüste arrangieren, z. B. bei:

Dubai Polo Club & Horseriding, Dubai City, Tel. 04/333 11 88

Sharjah Equestrian Club, Tel. 06/531 11 55

Regatten

Vor der Küste der Emirate und des Oman finden meist im Winterhalbjahr zahlreiche Bootsrennen statt. Zu den größeren, international besetzten zählen:

Dubai–Muscat Sailing Race, jedes Jahr im Februar/März segelt eine Flottille von Klasse 1- und Klasse 2-Booten von Dubai City aus um die Nordspitze der Arabischen Halbinsel 365 Seemeilen offshore nach Maskat, der Hauptstadt des Oman. Veranstalter ist der:

Dubai International Marine Club, c/o Le Meridien Mina Seyahi Hotel, Beach Road, Jumeirah, Dubai City, Tel. 04/399 41 11, Fax 04/399 41 48, www.dimc-uae.com

Formula One UIM World Championships (www.f1boat.com), mit bis zu 220 km/h tragen die Teams aus aller Welt mit ihren F1-Powerbooten ihre Rennen aus. In den VAE finden die Rennen meist im Dezember in wechselnden Emiraten statt.

Auch Fujairah richtet im November/Dezember vor seiner Küste mit dem **Fujairah Grand Prix** ein F1 Powerboat Race aus. Auskunft dazu gibt der:

Fujairah International Marine Club, c/o Scuba International Diving Centre, Corniche Road (gegenüber Blue Souq), Fujairah City, Tel. 09/222 00 60, Fax 09/222 05 48

Rugby

Regen Interesses von Expats und Einheimischen erfreut sich das im November stattfindende internationale Rugby Tournier **Dubai Rugby Sevens** (www.dubairugby7s.com). Für das Finale strömen bis zu 20 000 Zuschauer in das Clubstadion des ausrichtenden

Dubai Exiles Rugby Club, Ras al-Khor Road (nahe dem Dubai Country Club), Dubai City, Tel. 04/333 11 98, Fax 04/333 02 79, www.dubaiexiles.com. Tickets unter Tel. 04/367 65 20

Tauchen

Vor allem die Ostküste der Arabischen Halbinsel, der Golf von Oman von Maskat über Fujairah und Khor Fakkan bis nach Musandam, kann mit einigen sehr schönen Tauchgründen aufwarten. Dort bieten Korallenriffe ebenso wie Schiffs- und Autowracks Einblicke in eine bunte Tier- und Pflanzenwelt unter Wasser, Namen wie *Shark Island* (Hai-Insel) oder *Anemone Gardens* (Anemonengarten) sprechen für sich.

Empfehlenswerte Tauchbasen vor Ort sind unter den Praktischen Hinweisen der jeweiligen Punkten genannt.

Tennis

Die meisten der großen Resorthotels in den Emiraten und im Oman bieten einen oder mehrere Outdoor-Tennisplätze, die gegen Gebühr auch auswärtigen Spielern offen stehen.

Kleine Benimmschule für Ausländer

Kein Einheimischer erwartet von ausländischen Gästen, alle Feinheiten des arabischen Knigge zu beherrschen. Doch einige ›Dos und Don'ts‹ sollten man kennen, um vor Ort nicht unangenehm aufzufallen.

Generell sollten Männer wie Frauen abseits des Strandes nicht allzu viel **nackte Haut** zeigen. In Dubai hat man sich in dieser Hinsicht zwar schon an allerlei gewöhnt, aber gern gesehen sind Hot Pants und Netzshirts auch dort nicht. Außerhalb der großen Städte, in den Bergdörfern des Hajar-Gebirges etwa, ist konservative Kleidung dagegen ein absolutes Muss. Dies gilt umso mehr während des Fastenmonats **Ramadan**, sowohl in den Emiraten als auch im Oman. Auch wer nicht fastet, sollte während dieser Zeit darauf verzichten, in der Öffentlichkeit zu essen, zu trinken oder zu rauchen. Dafür gibt es vor Restaurants Sichtschirme oder die Abgeschiedenheit der Hotels. Auch beim Besuch einer **Moschee** gelten einige Kleidervorschriften. Gepflegte Kleidung wird vorausgesetzt, nackte Beine oder Oberarme sind nicht gestattet. Vor dem Betreten der Moschee ziehen alle Besucher die Schuhe aus, Frauen müssen ihr Haar bedecken. Ein Trugschluss wäre die Annahme, mit der **Landestracht** könne man nichts falsch machen. Während eine sog. Dishdasha ein hervorragendes Mitbringsel ist, sollte man sie als westlicher Ausländer vor Ort nicht tragen, da sich viele Emiratis und Omanis dadurch beleidigt fühlen könnten.

Sehr unhöflich wäre es auch, als Gastgeber keine Getränke anzubieten bzw. als Gast angebotenen **Kaffee** oder **Tee** abzulehnen. Hat man mindestens eine Tasse geleert, wird solange nachgeschenkt, bis man die leere Tasse mit der rechten Hand aus dem Handgelenk ein wenig hin- und herdreht. Ist man zum **Essen** eingeladen, kann man ruhig mehrmals zugreifen, sollte jedoch am Ende ein bisschen übrig lassen, um den Eindruck zu vermeiden, die Gastgeber hätten nicht genug auf den Tisch gebracht. Hier wie auch sonst im täglichen Leben gilt die rechte Hand als die ›gute‹. Man sollte nichts, weder Geschenke noch Wechselgeld, mit der linken Hand geben oder nehmen, da diese traditionell der Körperreinigung dient und daher bei den Arabern als ›unrein‹ gilt.

Wenn man jemandem aus einer Gruppe vorgestellt wird, sollte man allen Anwesenden die Hand reichen. Bei einer arabischen Frau wartet der Mann jedoch, bis sie von sich aus die Hand zum Gruß anbietet. Bei Zusammentreffen sitzen Araber häufig auf dem Boden eines Zeltes oder auf Kissen in einem Majlis, einem der traditionellen Empfangs- und Besprechungsräume. Gäste sollten dabei anderen nicht ihre Fußsohlen zuwenden.

Neben diesen eher speziellen Höflichkeitsregeln gilt auch in den Emiraten und im Oman die **allgemeine Etikette**, ältere Leute bevorzugt zu behandeln und Menschen nicht zu fotografieren, ohne sie vorher um Erlaubnis gefragt zu haben. In abgeschiedenen Gegenden kann das **Fotografieren** von Landschaft oder Bauwerken auf Verwunderung oder gar Unverständnis stoßen; Ordnungskräfte sind dann manchmal schnell zur Stelle. In einem solchen Fall ist es das Beste, sich als Tourist vorzustellen und vor allem ruhig zu bleiben,

International bekannt sind die ATP- und WTA-Turniere der **Dubai Tennis Open Championships** (www.dubaitennischampionships.com), die jedes Jahr Ende Februar, Anfang März in Dubai City ausgetragen werden. Preisgelder von rund 1 Mio. US-Dollar locken dann Spitzenspieler und -spielerinnen aus aller Welt in das Dubai Tennis Stadium in Al-Garhoud. Tickets gibt es beim **Dubai Tennis Box Office**, Tel. 04/282 91 66.

Wassersport

Die warmen Gewässer des Arabischen Golfs im Westen und des Golf von Oman im Osten sind ein Wassersportparadies par excellence, jedenfalls im Winterhalbjahr, wenn die Wassertemperaturen angenehme 22–25 °C betragen. **Schwimmen**, **Schnorcheln** und **Jet Ski** fahren stehen dann ganz oben auf der Liste der Vergnügungen. Als **Seglerparadiese** sind sowohl der *Khor al-Baydah* bei Umm al-Qaiwain als auch die Fjorde von *Musandam* im omanischen Norden bekannt.

Das ganze Jahr über sind die **Aquaparks** der Emirate ein beliebtes Ausflugsziel bei Jung und Alt, sei es das *Wild Wadi* in Dubai City oder der *Dreamland Aquapark* zwischen Umm al-Qaiwain und Ras al-Khaimah. Adressen sind unter Praktische Hinweise bei den jeweiligen Punkten aufgeführt.

Statistik

Organisation: Ende 1971 schlossen sich die Emirate Abu Dhabi, Dubai, Sharjah, Ajman, Umm al-Qaiwan und Fujairah zu den *Vereinigten Arabischen Emiraten* (VAE), auf arabisch *Al-Imarat al-Arabiyya al-Muttihada*, zusammen. Im Jahr 1972 trat auch Ras al-Khaimah der bundesstaatlichen Föderation bei, deren Mitglieder stark auf ihre Selbstständigkeit pochen. Die Amtsgeschäfte leitet der Oberste Rat, dem die herrschenden Scheichs aller sieben Emirate angehören. Eine von ihm ernannte Föderationsregierung übernimmt die Verwaltung und zeichnet für eine gemeinsame Außen-, Verteidigungs- und Ölpolitik verantwortlich. Auch Bildung, Gesundheit und Verkehr werden zum Teil zentralistisch geregelt.

Als Erstem unter Gleichen kommt Abu Dhabi im Obersten Rat eine Führungsrolle zu. Unterstützt wird es dabei – meist – durch das ebenfalls mächtige Dubai. Entsprechend sind Scheich Khalid bin Zayed al-Nahyan (Abu Dhabi) Präsident, und Scheich Mohammed bin Rashid al-Maktoum (Dubai) Vizepräsident der einzigen Föderation der arabischen Welt. Parteien oder Wahlen gibt es nicht. Hauptstadt der VAE ist Abu Dhabi City, die Emirate und ihre jeweiligen Hauptstädte tragen stets die gleichen Namen.

Das Nachbarland *Oman* ist gemäß seiner Verfassung von 1996 eine absolute Monarchie, Staatsoberhaupt ist Sultan Quaboos bin Said. Ihn berät ein Konsultativrat, dessen Mitglieder 2003 erstmals vom Volk gewählt wurden. Hauptstadt des Oman ist Maskat.

Lage: Die *Vereinigten Arabischen Emirate* befinden sich im Nordosten der Arabischen Halbinsel. Von Süd nach Nord ziehen sich die Emirate Abu Dhabi, Dubai, Ajman, Umm al-Qaiwain und Ras al-Khaimah am Persischen Golf entlang, lediglich Fujairah besitzt eine längere Küste im Osten zum Golf von Oman hin. Im Nordwesten grenzen die VAE an Katar, im Westen und Süden an Saudi-Arabien, im Osten an den Oman.

Der *Oman* unterteilt sich in ein Kernland im Osten der Arabischen Halbinsel und die Enklave Musandam, die das felsige Nordkap an der Straße von Hormuz einnimmt. Dazwischen erstrecken sich Gebiete der VAE wie das Emirat Fujairah bis an die Ostküste am Golf von Oman. Die Nachbarländer des Oman sind im Süden der Jemen, im Westen Saudi-Arabien sowie im Nordwesten wie gesagt die Vereinigten Arabischen Emirate.

Landesnatur: Der wie ein Horn vorspringende Nordosten der Arabischen Halbinsel ist von einem relativ schmalen, fruchtbaren *Küstenstreifen* umgeben, dem sich landeinwärts Salzton- und Sandebenen anschließen. Letztere gehen im Südwesten und im Süden in die *Rub al-Khali* über, die große arabische Sandwüste, die sich viele Hundert Kilometer weit erstreckt. Ihre Dünen wandern übrigens, doch hält sich mit etwa 20 cm pro Jahr das Wachstum der Wüste in Grenzen. Parallel zum östlichen Golf von Oman erhebt sich vom felsigen Kap von Musandam im Norden bis zu den Karabergen in der südlichen Dhofar-Region des Oman das lang gestreckte felsenkahle *Hajar-Gebirge*, das mit dem Jebel Akhdar auf mehr als 3000 m Höhe ansteigt.

Fläche: Oman 309 500 km^2, Abu Dhabi 67 340 km^2, Dubai 3885 km^2, Sharjah 2590 km^2, Ras al-Khaimah 1684 km^2, Fujairah 1165 km^2, Umm al-Qaiwain 777 km^2 und Ajman 259 km^2; VAE gesamt rund 83 600 km^2 (zum Vergleich: Schweiz 41 285 km^2).

Bevölkerung: Insgesamt leben in den VAE 4,3 Mio. Menschen, gut drei Viertel davon sind Ausländer. Denn neben den einheimischen Arabern leben und arbeiten hier zahlreiche Gastarbeiter aus Pakistan, Indien, Bangladesh und den Philippinen sowie in geringerer Zahl westliche Ausländer wie Briten und Australier.

Der Oman zählt 2,8 Mio. Einwohner, etwa ein Drittel sind ausländische Arbeitnehmer, ebenfalls meist Pakistani und Inder sowie einige westliche Ausländer. Die einheimische arabische Bevölkerung zeigt häufig schwarzafrikanische Züge, was auf den hier einst sehr bedeutsamen Sklavenhandel zurückgeht.

Sprache: Arabisch ist Haupt- und Amtssprache, im Geschäfts- und Tourismusbereich wird im Allgemeinen Englisch gesprochen, daneben ist auch russisch weit verbreitet. Entsprechend der national stark gemischten Bevölkerung hört man auf den Straßen auch häufig Urdu, Farsi, Tagalog und zahlreiche indische Dialekte.

Religion: In den VAE und im Oman ist der Islam Staatsreligion, die Einheimischen sind jeweils zu mindestens 95% Moslems. Während in den VAE die sunnitische Glaubensrichtung der Maliki- und Hanbali-Schulen vorherrscht, bekennen sich knapp drei Viertel der omanischen Bevölkerung zur Untergruppierung der Ibaditen, auch Charidschiten genannt, die übrigen sind Schiiten. In beiden Ländern gibt es hinduistische, christliche und jüdische Minderheiten.

Wirtschaft: Die **VAE** zählen mit einem durchschnittlichen Jahreseinkommen von 20000 US-Dollar pro Kopf zu den reichsten Ländern der Erde. Möglich wird das durch *Erdöl- und Erdgasexporte*, die in Abu Dhabi (80% der VAE-Förderung) seit 1962, in Dubai (10%) seit 1970, in Sharjah (4%) seit 1974 und in Ras al-Khaimah (1%) seit 1984 on- und offshore betrieben wird. Die entsprechenden verarbeitenden Industrien sind zu einem Großteil entlang der Westküste angesiedelt, in Ruwais (Abu Dhabi) etwa und um Jebel Ali (Dubai), doch zwei Pipelines führen auch an die Ostküste nach Fujairah. Der bedeutendste Verkehrsknotenpunkt der gesamten Region ist Dubai City, das durch seinen leistungsfähigen Flughafen und vor allem den modern ausgebauten natürlichen Hafen zum größten Import- und Re-Exportzentrum im gesamten Nahen und Mittleren Osten avancierte. Als *Goldumschlagplatz* nimmt Dubai gar eine Spitzenstellung ein, Schätzungen gehen davon aus, dass 80% der gesamten weltweit gehandelten Goldmenge über Dubai fließt. Einen stimulierenden Effekt hat sicher die Tatsache, dass Handel und Einkommen in weiten Teilen steuerfrei und die Preise entsprechend günstig sind. Als *Finanzzentrum* ziehen die VAE auch zahlreiche regionale und internationale Banken an, die sich in Abu Dhabi, Dubai und Ajman niedergelassen haben.

Zunehmend gewinnt auch die *Tourismusindustrie* an Bedeutung, die vor allem in Dubai zügig ausgebaut wird. Gleichzeitig fördert die dortige Umsetzung von Großprojekten wie der Neulandgewinnung nach dem Vorbild von *The Palm* vor den Küste oder dem Hochziehen neuer Stadtteile wie *Dubailand* auch die einheimische *Bauindustrie*. Mehr auf Naturerleben und Unterwassersport setzt Fujairah, das im Tourismusbereich ebenfalls beachtliche Zuwachsraten aufweisen kann. Ras al-Khaimah und Umm al-Qaiwain gelten neben den fruchtbaren Oasen im Landesinneren als die ›Gärten‹ der VAE, mit deren *Gemüseproduktion* ein Großteil des heimischen Bedarfs gedeckt wird. Ansonsten fällt die landwirtschaftliche Produktion ebenso wie die Fischerei nur wenig ins Gewicht, das früher so wichtige Perlentauchen ist heute bedeutungslos.

Ähnlich ist die wirtschaftliche Lage im **Oman**, in dem seit 1967 *Erdöl und -gas* gefördert wird. Die Einnahmen aus dem Export entsprechen 90% der Staatseinnahmen und machen auch den Oman zu einem außerordentlich wohlhabenden Staat. Raffinerien und Exporthafen befinden sich nahe der Hauptstadt Maskat. Allerdings verdienen noch rund 40% der Omanis in *Landwirtschaft* und *Fischerei* ihren Lebensunterhalt. Trockenfisch, Datteln, Granatäpfel, Zitrusfrüchte und Tabak werden exportiert, die Hochseejagd auf Haie und Thunfische ist staatlich subventioniert. Eine traditionell wichtige Einnahmequelle ist nach wie vor das Sammeln von *Weihrauch*, einem wohlriechenden Baumharz, das im Süden des Oman gewonnen wird.

Unterkunft

Die Emirate sind für ihre erstklassigen Hotels berühmt und auch im Oman haben Urlauber zumindest in der Capital Area die Qual der Wahl. Neben den zahlreichen 5- und 4-Sterne-Unterkünften nach internationalem Standard gibt es eine ganze Reihe von einfacheren – und preisgünstigeren – Quartieren, die am bequemsten über das Internet oder nach Anfrage vor Ort zu buchen sind. Eine zentrale Vermittlung gibt es nicht. Während in *Abu Dhabi City* die gehobenen Geschäftshotels dominieren, ist in *Dubai City* vom Youth Hostel bis zum Luxus- und Resorthotel alles vertreten. Um Enttäuschungen zu vermeiden, ist jedoch ein minimaler Standard von wenigstens drei Sternen zu empfehlen. Im direkten Vergleich dazu möchte sich *Sharjah City* gern als dubainahe, aber ruhige Alternative etablieren, *Ras al-Khaimah* setzt auf Erholung und *Fujairah* samt *Khor Fakkan* zieht in erster Linie Taucher und Wassersportler an. Sehr breit ist auch das Unterkunftsangebot in *Maskat*, das gepflegte Privatpensionen ebenso umfasst wie effiziente Stadt- und gestylte Strandhotels. Auch an Omans Küste finden sich in allen größeren Orten akzeptable Hotels, anders als in den Bergen im Landesinneren.

Besondere Empfehlungen sind unter den Praktischen Hinweisen bei den Ortsbeschreibungen im Hauptteil aufgeführt.

Verkehrsmittel

Bus

Alle größeren Städte in den Emiraten verfügen ebenso wie Maskat im Oman über ein gut funktionierendes *innerstädtisches Busnetz*, das Touristen angesichts der günstigen Taxi-Alternative jedoch nur selten nutzen.

Auf *Überlandstrecken*, auch zwischen den Emiraten und dem Oman, verkehren sowohl Minibusse als auch komfortable klimatisierte Großbusse; die Fahrpreise sind sehr gering. Am einfachsten lässt man sich von einem Taxi zum jeweiligen zentralen Omnibusbahnhof fahren, von dem aus sich die Fahrt per Bus fortsetzen lässt.

Flugzeug

Mit dem Flugzeug kann man bequem von der Ost- an die Westküste oder auch in die Oasenstädte im Landesinneren reisen. Jeder größere Ort besitzt mindestens einen nationalen, meist sogar einen kleinen internationalen Flughafen. Regelmäßig verkehren die nationalen Airlines Ethihad (Abu Dhabi), Emirates (Dubai) und Oman Air (Oman) sowie mehrere weitere, meist in der Region beheimatete Fluglinien.

Mietwagen

Um die Emirate und den Oman unabhängig und auch einmal abseits der Hauptverkehrsstraßen zu erkunden, ist ein Mietwagen genau das Richtige. Alle großen internationalen und zahlreiche nationale Autoverleiher sind auf den Flughäfen in Abu Dhabi, Dubai, Sharjah und Maskat sowie in allen größeren Städten vertreten. Man kann auch einen Wagen mit Chauffeur mieten, die Preise für eine längere Mietdauer sind verhandelbar.

Die meisten Straßen sind sehr gut ausgebaut und auch harte Sandpisten sind in aller Regel kein Problem für einen normalen Pkw. Wer jedoch Offroad fahren will, in Wadis etwa, ins Hajar-Gebirge oder in die Sandwüste der Rub al-Khali, sollte sich besser für einen Wagen mit Allradantrieb (4x4) entscheiden. Alle Fahrzeuge sind mit Klimaanlage ausgestattet, Benzin ist überall in der Gegend für unsere Verhältnisse mehr als günstig.

Wer von den Emiraten in den Oman oder umgekehrt fahren will, sollte das bei der Buchung erwähnen, denn man kann die Grenze nur mit einer speziellen, für das jeweils andere Land gültigen Mietwagen-Versicherung passieren. Das gilt auch für die Einreise von Ras al-Khaimah nach Musandam, nicht jedoch beim bloßen Durchqueren von Enklaven. Nicht eindeutig geregelt ist, wie die Fahrt mit dem Mietwagen vom südlichen Teil des Oman aus in den Norden nach Musandam gehandhabt wird, während der man ein ganzes Stück durch die VAE fährt. Auskunft gibt der jeweilige Autoverleiher.

Taxi

Taxi fahren ist in den Emiraten und im Oman sehr preiswert. In Abu Dhabi und Dubai sowie in Maskat sind alle Taxis mit Taxameter ausgestattet, der mit einer geringen Grundgebühr startet. Ansonsten vereinbart man vor Fahrtantritt mit dem Fahrer einen festen Preis. Für Nachtfahrten wird meist ein Zuschlag erhoben.

Man sollte darauf gefasst sein, dass Taxifahrer das gewünschte Fahrtziel nicht immer kennen, auch wenn sie eine entsprechende Frage mit einem überzeugten »Yes!« beantwortet haben. Gut ist es, wenn man in einem solchen Fall selbst die Richtung angeben kann, ansonsten fragen die Fahrer unterwegs meist einen Kollegen – jedenfalls kommt man immer an.

U-Bahn

Dubai City plant den Bau von zwei Metro-Linien, die sich über eine Länge von insgesamt 69 km erstrecken und bis zum Jahr 2012 fertiggestellt sein sollen. Die **Grüne Linie** soll von den Flughafen-Terminals 1 und 3 aus zur Al-Gharoud-Brücke und dann unterirdisch bis zum Bur Juman Centre verlaufen, die **Rote Linie** vom Al-Ghurair Centre in Deira aus in Tunneln bis zur Sheikh Zayed Road, dann parallel dazu oberirdisch weiter stadtauswärts bis zur American University.

Sprachführer
Arabisch für die Reise

Das Wichtigste in Kürze

Ja / Nein	*na'am / lâ*	نعم/لا
Bitte / Danke	*'afwan / schukran*	عفوا/شكرا
Bitte (anbietend)	*tafaddal*	تفضل
Bitte (fragend)	*min fadlika (-ki)**	من فضلك
Entschuldigung!	*ana âsif (-fa)*!*	أنا آسف (فة)!
Wie bitte?	*na'am?*	نعم؟
Ich verstehe Sie nicht.	*ana la afhamuk (-ki)*.*	أنا لا أفهمك.
Gut! / In Ordnung!	*jayyed!*	جيد!
Können Sie mir bitte helfen?	*mumkin an tusâ'idni min fadlik?*	ممكن أن تساعدني من فضلك؟
Das gefällt mir (nicht).	*had̲â yu'jibni (lâ yu'jibni).*	هذا يعجبني (لا يعجبني).
Ich möchte ...	*urîd ...*	أريد ...
Wie viel kostet das?	*mâda yukallif had̲â?*	ماذا يكلف هذا؟
Kann ich mit Kreditkarte bezahlen?	*mumkin an adfa' bibitâqat bank?*	ممكن أن أدفع ببطاقة بنك؟
Guten Morgen!	*sabâh-al-chêr!*	صباح الخير!
Antwort:	*sabâh-an-nûr!*	صباح النور!
Guten Tag!	*as-salâmu 'alaikum!*	السلام عليكم!
Antwort:	*'alaikum as-salâm!*	عليكم السلام!
Guten Abend!	*masâ-al-chêr!*	مساء الخير!
Antwort:	*masâ-an-nûr!*	مساء النور!
Gute Nacht!	*laila sa'îda!*	ليلة سعيدة!

Wochentage

Montag	*al-it̲nain*	الإثنين
Dienstag	*at-t̲alât̲â*	الثلاثاء
Mittwoch	*al-irba'â*	الإربعاء
Donnerstag	*al-chamîs*	الخميس
Freitag	*al-jum'a*	الجمعة
Samstag	*as-sabt*	السبت
Sonntag	*al-ahad*	الأحد

Monate

Januar	*yanâîr*	يناير
Februar	*fibrâîr*	فبراير
März	*mârs*	مارس
April	*âbrîl*	أبريل
Mai	*mâyû*	مايو
Juni	*yûnyû*	يونيو
Juli	*yûlyû*	يوليو
August	*âghustus*	أغسطس
September	*sibtambar*	سبتمبر
Oktober	*uktûbar*	أكتوبر
November	*nûfambar*	نوفمبر
Dezember	*dîsambar*	ديسمبر

Zahlen

0	*sifr*	صفر	٠
1	*wâhid*	واحد	١
2	*it̲nân*	اثنان	٢
3	*t̲alât̲a*	ثلاثة	٣
4	*arba'a*	أربعة	٤
5	*chamsa*	خمسة	٥
6	*sitta*	ستة	٦
7	*sab'a*	سبعة	٧
8	*t̲amâniya*	ثمانية	٨
9	*tis'a*	تسعة	٩
10	*'aschara*	عشرة	١٠
11	*ahada 'aschar*	أحد عشر	١١
12	*it̲nâ 'aschar*	إثنا عشر	١٢
13	*t̲alât̲at 'aschar*	ثلاثة عشر	١٣
14	*arba'at 'aschar*	أربعة عشر	١٤
15	*chamsat 'aschar*	خمسة عشر	١٥
16	*sittat 'aschar*	ستة عشر	١٦
17	*sab'at 'aschar*	سبعة عشر	١٧
18	*t̲amâniyat' aschar*	ثمانية عشر	١٨
19	*tis'at 'aschar*	تسعة عشر	١٩
20	*'ischrîn*	عشرين	٢٠
21	*wâhid wa'ischrîn*	واحد وعشرين	٢١
22	*it̲nân wa'ischrîn*	إثنان وعشرين	٢٢
30	*t̲alât̲în*	ثلاثين	٣٠
40	*arba'în*	أربعين	٤٠
50	*chamsîn*	خمسين	٥٠
60	*sittîn*	ستين	٦٠
70	*sab'în*	سبعين	٧٠
80	*t̲amânîn*	ثمانين	٨٠
90	*tis'în*	تسعين	٩٠
100	*mia*	مئة	١٠٠
200	*miatain*	مئتين	٢٠٠
1000	*alf*	ألف	١٠٠٠
2000	*alfain*	ألفين	٢٠٠٠
10000	*'aschrat âlâf*	عشرة آلاف	١٠٠٠٠
100000	*miat alf*	مئة ألف	١٠٠٠٠٠
1/2	*nisf*	نصف	٢/١
1/4	*rub'*	ربع	٤/١

Hallo! / Grüß dich!	*marhaba!*	مرحبا!
Wie ist Ihr Name, bitte?	*ma ismuka (-ki)* min fadlik?*	ما اسمك من فضلك؟
Mein Name ist …	*ismi …*	إسمي...
Auf Wiedersehen!	*ma'as-salama!*	مع السلامة!
Bis morgen!	*ilal-ghadd!*	إلى الغد!
gestern / heute / morgen	*al-bâriha / al-yaum / al-ghadd*	البارحة/اليوم/الغد
am Vormittag / am Nachmittag	*qablad-duhr / ba'dad-duhr*	قبل الظهر/بعد الظهر
am Abend / in der Nacht	*fil-masâ / fil-lail*	في المساء/في الليل
um 1 Uhr / 2 Uhr …	*fis-sâ'al-wâhida / at-tâniya …*	في الساعة الواحدة/الثانية ...
um … Uhr 30	*fis-sâ'a ... wa nisf*	في الساعة...ونصف
Minute(n) / Stunde(n)	*daqîqa (daqâiq) / sâ'a (sâ'ât)*	دقيقة (دقائق)/ساعة(ساعات)
Tag(e) / Woche(n)	*yaum (ayyâm) /usbû' (asâbî')*	يوم (أيام)/ أسبوع (أسابيع)
Monat(e) / Jahr(e)	*schahr (aschhur) / sana (sinîn)*	شهر (أشهر)/سنة (سنين)

Unterwegs

Nord / Süd / West / Ost	*schamâl / janûb / gharb / scharq*	شمال/جنوب/غرب/شرق
geöffnet / geschlossen	*maftûh / mughlaq*	مفتوح/مغلق
geradeaus / links / rechts / zurück	*ilal-amâm / ilal-yasâr / ilal-yamîn / ilal-warâ*	إلى الأمام/ إلى اليسار/ إلى اليمين/ إلى الوراء
nah / weit	*qarîb / ba'îd*	قريب/ بعيد
Wie weit ist das?	*kam il-masâfa?*	كم المسافة؟
Wo sind die Toiletten?	*ain al-mirhâd min fadlik?*	أين المرحاض من فضلك؟
Wo ist die (der) nächste …	*aina yûjad hunâ …*	أين يوجد هنا ...
Telefonzelle / Bank /	*telefon / bank /*	تلفون/بنك/
Polizei / Post?	*schorta / barîd ?*	شرطة/ بريد؟
Bitte, wo ist …	*min fadlik aina …*	من فضلك أين...
der Flughafen /	*al-matâr /*	المطار/
der Fährhafen /	*al-mîna /*	الميناء/
der Bahnhof /	*mahattat al-qitâr /*	محطة القطار/
der Busbahnhof?	*mahattat al-bâs?*	محطة الباص؟
Wo finde ich …	*aina yûjad …*	أين يوجد ...
eine Bäckerei / den Markt /	*dukkan chubs / as-sûq /*	دكان خبز/ السوق/
ein Lebensmittelgeschäft?	*biqâla?*	بقالة؟
Ist das der Weg nach …?	*hal yuwassil hadâ-attarîq ilâ ...?*	هل يوصل هذا الطريق إلى...؟
Ich möchte mit …	*urîd an usâfir …*	أريد أن أسافر...
dem Bus / der Fähre /	*bil-bâs / bis-safîna /*	بالباص/ بالسفينة/
dem Flugzeug / dem Zug	*bit-tâira / bil-qitâr*	بالطائرة/ بالقطار
nach … fahren.	*ilâ …*	إلى...
Wo ist …	*aina …*	أين ...
das Fremdenverkehrsamt /	*maktab as-siyâha /*	مكتب السياحة/
ein Reisebüro?	*maktab as-safar?*	مكتب السفر؟
Ich benötige eine Hotelunterkunft.	*ana ahtâj ilâ funduq.*	أنا أحتاج إلى فندق.
Ich möchte eine Anzeige erstatten.	*lurîd an uqaddim schakwa.*	أريد أن أقدم شكوى.
Man hat mir ….	*saraqû li …*	سرقوا لي...
Geld / die Tasche /	*nuqûd /asch-schanta /*	نقود/الشنطة/
die Papiere / die Schlüssel /	*al-awraaq /al-mafâtîh /*	الأوراق/ المفاتيح/
den Fotoapparat /	*âlat at-taswîr /*	آلة التصوير/
den Koffer gestohlen.	*al-haqîba.*	الحقيبة.

Hinweise zur Aussprache

â, û, î, ô, ê	lange Vokale wie in H**ah**n, H**uh**n, M**ie**te, B**oh**ne, M**ee**r
ch	wie ›ch‹ in Bu**ch**
d	wie das stimmhafte englische ›th‹ in **th**e
gh	›r‹ wie in **R**and
j	›dsch‹ wie in **J**ournal
t	wie das stimmlose englische ›th‹ in **th**ing
w	wie das englische ›w‹ in **w**all
z	wie ›s‹ in **s**ehr
'	stimmhafter Kehllaut, klingt wie ein aus der Kehle gepresstes ›a‹
( )*	die jeweilige weibliche Form

Bank, Post Telefon

Ich möchte Geld wechseln.	*urîd an usarref nuqûd.*	أريد أن أصرف نقود.
Brauchen Sie meinen Reisepass?	*hal tahtâj ilâ jawas safarî?*	هل تحتاج إلى جواز سفري؟
Ich möchte eine Telefon-verbindung nach …	*urîd an attasil bi …*	أريد أن أتصل بـ...
Haben Sie … Telefonkarten / Briefmarken?	*hal 'indak … kart telefon / tawabi' barîd?*	هل عندك ... كرت تلفون/ طوابع بريد؟

Tankstelle

Wo ist die nächste Tankstelle?	*aina tûjad mahattat banzîn qarîba?*	أين توجد محطة بنزين قريبة؟
Ich möchte … Liter … Benzin / Super / Diesel / bleifrei.	*urîd … liter banzîn / super / diesel / bidûn rasâs.*	أريد ... لتر بنزين/ سوبر/ ديزل/ بدون رصاص.
Volltanken, bitte!	*imla il-chazzân min fadlik!*	إملا الخزان من فضلك!
Bitte prüfen Sie … den Reifendruck / Ölstand / den Wasserstand / die Batterie.	*mumkin an tafhas … al-hawa / az-zêt / al-mai / al-battariyya.*	ممكن أن تفحص ... الهواء/ الزيت/ الماء/ البطارية.

Panne

Ich habe eine Panne.	*ta'attalat sayyarati.*	تعطلت سيارتي.
Der Motor startet nicht.	*al-mator la yadûr.*	المتور لا يدور.
Gibt es hier in der Nähe eine Werkstatt?	*aina yûjad huna garaj?*	أين يوجد هنا جراج؟
Können Sie mir einen Abschleppwagen schicken?	*mumkin an tab'at li sayyara lis-sahb?*	ممكن أن تبعث لي سيارة للسحب؟
Können Sie den Wagen reparieren?	*mumkin an tusalleh as-sayyara?*	ممكن أن تصلح السيارة؟
Bis wann?	*ilâ matâ?*	إلى متى؟
Ich möchte ein Auto mieten.	*urîd an astâjir sayyara.*	أريد أن أستأجر سيارة.
Was kostet die Miete … pro Tag / pro Woche / mit unbegrenzter km-Zahl / mit Kaskoversicherung / mit Kaution?	*kam al-îjâr fi … al-yaum / al-usbû' / ma' tahdîd al-kîlometrat / ma' tamîn kâmil / ma' kafâla?*	كم الإيجار في... اليوم/ الأسبوع/ مع تحديد الكيلومترات/ مع تأمين كامل/ مع كفالة؟
Wo kann ich den Wagen zurückgeben?	*ilâ aina urajje' as-sayyara?*	إلى أين أرجع السيارة؟

Unfall

Hilfe!	*an-najda!*	النجدة!
Achtung! / Vorsicht!	*intabeh! / al-hadar!*	إنتبه!/الحذر!
Rufen Sie bitte schnell … einen Krankenwagen / die Polizei / die Feuerwehr.	*utlub bi-sur'a min fadlik … sayyârat is'âf / asch-schurta / al-itfâiyya.*	أطلب بسرعة من فضلك ... سيارة إسعاف/ الشرطة/الإطفائية.
Es war (nicht) meine Schuld.	*ana-l-masûl (lastul-masûl) 'an wuqû' al-hâdit.*	أنا المسؤول (لست المسؤول) عن وقوع الحادث.
Ich brauche die Angaben zu Ihrer Autoversicherung.	*a'tini al-ma'lûmât 'an tamîn as-sayyâra.*	أعطني المعلومات عن تأمين السيارة.
Geben Sie mir bitte Ihren Namen und Ihre Adresse.	*a'tini ismak wa'unwanak min fadlik.*	أعطني إسمك وعنوانك من فضلك.

Krankheit

Können Sie mir einen Arzt / Zahnarzt empfehlen?	*mumkin an turschidnî ilâ tabîb / tabîb asnân?*	ممكن أن ترشدني إلى طبيب/ طبيب أسنان؟
Wann hat er Sprechstunde?	*matâ mawâîd al-'iyâda?*	متى مواعيد العيادة؟
Wo ist die nächste Apotheke?	*aina aqrab saidaliyya?*	أين أقرب صيدلية؟

Ich brauche ein Mittel gegen …	*ahtâj ilâ dawâ dedd …*	أحتاج إلى دواء ضد…
Durchfall / Fieber /	*ishâl / hummâ /*	إسهال/حمى/
Insektenstiche /	*lad' al-hascharât /*	لذع الحشرات/
Kopfschmerzen / Verstopfung /	*sudâ'/ imsâk /*	صداع/ إمساك/
Zahnschmerzen.	*waja' asnân.*	وجع أسنان.

Im Hotel

Ich habe bei Ihnen ein Zimmer reserviert.	*ana hajazt ghurfa 'indakum.*	أنا حجزت غرفة عندكم.
Haben Sie …	*hal yûjad 'indakum …*	هل يوجد عندكم …
ein Einzelzimmer /	*ghurfa bi-sarîr wâhid /*	غرفة بسرير واحد/
Doppelzimmer …	*ghurfa bi-sarîrain …*	غرفة بسريرين …
mit Dusche /	*ma' dûsch /*	مع دوش/
mit Bad / WC …	*ma' hammâm / mirhâd …*	مع حمام/مرحاض …
für eine Nacht /	*li laila wahida /*	لليلة واحدة/
für eine Woche ?	*li usbû' wâhid ?*	لأسبوع واحد؟
Was kostet das Zimmer mit …	*kam tukallif al-ghurfa ma'…*	كم تكلف الغرفة مع …
Frühstück /	*al-futûr /*	الفطور/
Halbpension?	*wajbatein?*	وجبتين؟

Im Restaurant

Wo gibt es ein gutes und günstiges Restaurant?	*aina yûjad huna mat'am jayyed wa rachîs ?*	أين يوجد هنا مطعم جيد ورخيص؟
Die Speisekarte, bitte.	*qâimat at-ta'âm min fadlik.*	قائمة الطعام من فضلك.
Haben Sie vegetarische Gerichte?	*'indakum akl nabâti?*	عندكم أكل نباتي؟
Die Rechnung! / Bezahlen, bitte!	*al-hisâb min fadlik!*	الحساب من فضلك!

Essen und Trinken

Apfel	*tuffâh*	تفاح
Banane	*mauz*	موز
Brot / Toast	*chubs / tôst*	خبز/توست
Datteln	*tamr*	تمر
Essig	*chall*	خل
Fisch	*samak*	سمك
Fladenbrot	*chubz baladi*	خبز بلدي
Fleisch	*lahm*	لحم
Fruchtsaft	*'asîr fawakeh*	عصير فواكه
Gemüse	*chudra*	خضرة
Huhn	*dajâja*	دجاجة
Kartoffeln	*batâta*	بطاطا
Meeresfrüchte	*makûlât bahriyya*	مأكولات بحرية
Milch	*halîb*	حليب
Milchkaffee	*qahwa bi-halîb*	قهوة بحليب
Mineralwasser	*mâ ma'daniyya*	ماء معدنية
Nudeln	*makrûna*	مكرونة
Öl	*zait*	زيت
Oliven	*zaitûn*	زيتون
Orange	*burtuqâl*	برتقال
Reis	*ruzz*	رز
Schafskäse	*jubn ghanam*	جبن غنم
Süßigkeiten	*halwayât*	حلويات
Tee	*schâi*	شاي
Thunfisch	*samak tûna*	سمك تونة
Wassermelone	*battîch*	بطيخ
Zucker	*sukkar*	سكر

Register

Bildnachweis

Umschlag-Vorderseite: Luxus unter Palmen im Garten des Jumeirah Beach Hotels in Dubai mit Blick auf das Burj al-Arab. Foto: *Huber Bildagentur, Garmisch-Partenkirchen* (R. Schmid)

Titelseite
Oben: Selbstbewusst überragen die Geschäfts- und Wohnhäuser Abu Dhabi Citys eine kleine Moschee (Wh. v. Seite 17)
Mitte: Ausritt am Strand von Jebel Ali in Dubai. Foto: *Rainer Hackenberg, Köln*
Unten: Sanddüne um Sanddüne erstreckt sich die Wüste Rub al-Khali bis zum Horizont (Wh. v. Seite 6)

Abu Dhabi Tourism Authority/c/o Aviareps Mangum, München: 19 – *AKG, Berlin:* 10, 11 (2) – *Bodo Bondzio, Bad Honnef:* 59 Mitte – *Ralf Freyer, Freiburg:* 5 oben, 8 unten, 14/15, 18, 23 oben, 25, 35 oben, 36 unten, 37 oben, 42/43, 46 unten, 48, 49 unten, 53, 57, 66, 70/71, 71, 72 oben, 76, 78 oben, 81, 82, 83, 85 unten, 103, 105, 106 links oben, 106 Mitte, 106 rechts unten, 111, 113 unten – *Hartmuth Friedrichsmeier, Hamburg:* 17 (T. Stankiewicz),23 unten (T. Stankiewicz),32, 34 (M. Heimbach), 35 unten (T. Stankiewicz), 39 (M. Heimbach), 44 (Bernhart), 46 oben, 59 rechts oben (M. Heimbach), 59 links unten (T. Stankiewicz), 62, 68, S. 69 oben, 73, (M. Heimbach), 88 oben (T. Stankiewicz), 98 unten, 102, 118, 120 oben, 128, 131 (M. Heimbach) – *Sabina Gaßner, Augsburg:* 13, 30/31, 38, 72 unten, 91 unten, 106 rechts oben, 106 links unten, 117, 119 (2), 126 – *Rainer Hackenberg, Köln:* 6 links oben, 6/7, 7 unten, 12, 24, 40, 49 oben, 50 oben, 51, 56, 63 oben/unten, 78 unten, 85 oben, 86, 88 unten, 91 oben, 92, 93, 94, 95, 96, 101, 107, 109, 110, 112 (2), 114, 115 rechts, 116 (2) – *Huber Bildagentur, Garmisch-Partenkirchen:* 2 (Damm), 5 Mitte (Udo Bernhart), 5 unten, 6 (R. Schmid), 7 Mitte (N.N.), 37 unten, 64, 69, 120 Mitte (R. Schmid), 127 (Udo Bernhart) – *IFA, Ottobrunn:* 9 oben (Aberham), 27 (Hasenkopf), 47 (NOK), 54 (Aberham), 98 oben (Shashin Koubou), 113 oben (Aberham) – *Gerold Jung, Ottobrunn:* 8 oben – *Kempinski Emirates Palace:* 29 – *Laif, Köln:* 2 zweites von unten (Sasse), 2 ganz unten, 4 (Kirchgessner), 9 Mitte (Hughes), 36 oben (Krause), 45 (Sasse), 50 unten (Piepenburg), 52, 59 links oben (Kirchgessner), 59 rechts unten (Rodtmann), 61, 77 (Kirchgessner), 120 unten (N.N.), 124 (Piepenburg) – *Look, München:* 6 Mitte (Hauke Dressler), 97 (Reinhard Dirscherl) – *Harald Mielke, Sachsenried:* 75 – *Nakheel, Dubai City:* 55 – *Photo Press, Stockdorf:* 115 links (JBE)

ADAC
reisemagazin
Reisen mit Lust
und Laune.
ADAC reisemagazin
BRETAGNE
Rau, aber herzlich
ADAC reisemagazin
DÄNEMARK
Wo Dänemark
einsame Spitze ist
ADAC reisemagazin
KUBA
Im Rhythmus
der Karibik
ADAC reisemagazin
MALLORCA
Mallorca
zum Träumen
ADAC reisemagazin
ROM
Ewig schön, ewig jung
Die Reisemagazine
vom ADAC
gibt es für Städte,
Länder und
Regionen.
Alle zwei Monate
neu.
ADAC reisemagazin
POLEN
Neue Horizonte
ADAC reisemagazin
SPANIENS SÜDEN UND MADRID
Flamenco
und die Seele
des Südens
ADAC reisemagazin
INDIEN
Zwischen Mythos
und Morgenrot

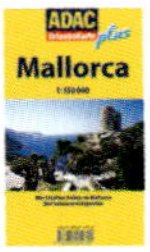

Ägypten
Algarve
Allgäu
Amsterdam
Andalusien
Australien
Bali und Lombok
Barcelona*
Berlin*
Bodensee
Brandenburg
Brasilien
Bretagne
Budapest
Bulgarische Schwarzmeerküste
Burgund
Costa Brava und Costa Daurada
Côte d'Azur
Dalmatien
Dänemark*
Deutschland, City Guide
Dominikanische Republik
Dresden*
Dubai, Vereinigte Arabische Emirate, Oman
Elsass
Emilia Romagna
Florenz
Florida
Französische Atlantikküste
Fuerteventura
Gardasee*
Germany, City Guide (engl.)
Golf von Neapel
Gran Canaria
Hamburg*
Hongkong und Macau
Ibiza und Formentera
Irland
Israel
Istrien und Kvarner Golf*
Italienische Adria
Italienische Riviera
Jamaika
Kalifornien
Kanada – Der Osten
Kanada – Der Westen
Karibik
Kenia
Korfu und Ionische Inseln
Kreta*
Kuba
Kykladen
Lanzarote
Leipzig
London*
Madeira
Mallorca*
Malta
Marokko
Mauritius und Rodrigues
Mecklenburg-Vorpommern*
Mexiko
München*
Neuengland
Neuseeland
New York*
Niederlande
Norwegen
Oberbayern*
Österreich*
Paris*
Peloponnes
Piemont, Lombardei, Valle d'Aosta
Polen*
Portugal
Prag*
Provence
Rhodos
Rom*
Rügen, Hiddensee, Stralsund
Salzburg
Sardinien
Schleswig-Holstein*
Schottland
Schwarzwald*
Schweden*
Schweiz*
Sizilien
Spanien
St. Petersburg
Südafrika
Südengland
Südtirol*
Sylt
Teneriffa*
Tessin
Thailand
Toskana
Tunesien
Türkei-Südküste
Türkei-Westküste
Umbrien
Ungarn
USA-Südstaaten
USA-Südwest
Usedom*
Venedig*
Venetien und Friaul
Wien*
Zypern

* auch als ADAC Reiseführer Plus mit CityPlan bzw. UrlaubsKarte

Leserforum

Die Meinung unserer Leserinnen und Leser ist wichtig, daher freuen wir uns von Ihnen zu hören. Wenn Ihnen dieser Reiseführer gefallen hat, wenn Sie wichtige Hinweise zu den Inhalten haben – Ergänzungs- und Verbesserungsvorschläge, Tipps und Korrekturen – dann schreiben Sie uns:

Redaktion ADAC Reiseführer
ADAC Verlag GmbH
81365 München
verlag@adac.de

Impressum

Lektorat und Bildredaktion: Thomas Paulsen
Aktualisierung: Elisabeth Schnurrer
Karten: Computerkartografie Carrle, München
Herstellung: Martina Baur
Printed in Germany

Ansprechpartner für den Anzeigenverkauf:
Kommunalverlag GmbH & Co KG,
MediaCenterMünchen, Tel. 089/92 80 96-44

ISBN 10: 3-89905-234-X
ISBN 13: 978-3-89905-234-3

Gedruckt auf chlorfrei gebleichtem Papier

Neu bearbeitete Auflage 2006